滨海地理学理论与实践指导丛书

丛书主编　李佳林　马仁锋

# 地理科学师范生培养与中学地理教学研究

主　编　李加林

副主编　徐　皓　曹罗丹

刘永超　马仁锋

ZHEJIANG UNIVERSITY PRESS

浙江大学出版社

·杭州·

**图书在版编目（CIP）数据**

地理科学师范生培养与中学地理教学研究 / 李加林主编. 杭州 ：浙江大学出版社，2025. 7. -- ISBN 978-7-308-25848-7

Ⅰ. G633.552

中国国家版本馆CIP数据核字第2025L7R368号

**地理科学师范生培养与中学地理教学研究**

李加林　主编

徐　皓　曹罗丹　刘永超　马仁锋　副主编

---

| | |
|---|---|
| **责任编辑** | 伍秀芳 |
| **责任校对** | 林汉枫 |
| **封面设计** | 周　灵 |
| **出版发行** | 浙江大学出版社<br>（杭州市天目山路148号　邮政编码310007）<br>（网址：http://www.zjupress.com） |
| **排　　版** | 杭州晨特广告有限公司 |
| **印　　刷** | 浙江新华数码印务有限公司 |
| **开　　本** | 787mm×1092mm　1/16 |
| **印　　张** | 14.75 |
| **字　　数** | 262千 |
| **版 印 次** | 2025年7月第1版　2025年7月第1次印刷 |
| **书　　号** | ISBN 978-7-308-25848-7 |
| **定　　价** | 78.00元 |

---



浙江大学出版社市场运营中心联系方式：0571-88925591；http://zjdxcbs.tmall.com

# 丛书序

随着中国经济社会发展由陆域主导转向陆海统筹，海岸、海洋也已成为社会经济发展的策源地和主战场。改革开放40多年来，滨海地区作为中国经济高速增长带与资源环境陆海统筹保护和利用的过渡带，备受地理科学工作者的重视。作为新兴的分支学科，滨海地理学从无到有、从弱到强，其学术影响力也从国内延伸至国外。宁波大学地理与空间信息技术系的中青年教师群体，运用地理学原理、方法论、技术工具，研究浙江乃至整个东海区域的海岸海洋资源环境保护与可持续利用问题，形成了以滨海地区为样带、涵盖地理科学类专业三类课程（地理学课程、教师教育课程、地理学与教师教育融合型课程）的实践教学系列教材，反映了浙江省地理学科新方向，是中国地理学事业的重要事件。

地理学是一门实践性很强的学科，野外实习、教育实践是地理学本、硕、博专业教学的重要环节。随着学科各层次专业的发展和地理学综合性在社会经济建设中作用的日益凸显，自然地理各要素之间的相互关系、自然地理要素与经济社会发展之间的相互关系日益受到重视。地理学综合实践聚焦地表关键样带，将若干地理现象的自然地理、人文地理、信息地理、教师教育联系起来，实现以人地（海）关系为主线的自然、人文、信息有机融合与综合分析、阐释、模拟，对培养学生的区域观点、综合观点和陆海统筹可持续发展意识具有非常重要的意义，是新时代中国高校地理学教育改革的重要方向与趋势。

浙江沿海地区是开展滨海地理综合实践的理想基地。钱塘江、甬江、瓯江流域等的河口平原是研究第四纪构造运动、河流水文特性、泥沙沉积规律以及河口区河海相互作用的重要场所。宁波—舟山区域地貌类型多样、河网密布，区位优越，近代工业发展早，交通发达，开放程度高，在浙江沿江、沿海以及共建“一带一路”倡议中处于核心位置；该区域拥有我国面积最大的海岛群、多样的海岸滩涂类型，海陆交互作用也十分显著，是具有较高的滨海地理学综合实践价值的典型代表。

宁波大学地理学学科发端于宁波师范学院1982年创建的地理系地理教育专业，1983年招首届专科生，1994年招地理教育本科生，培养中学地理教师。1996年，“三校合并”设置宁波大学地理学系，招收地理科学（师范）、资源环境与城乡规划管理（1999年始）专业本科生，培养地理学本科专门人才。2006年，获批人文地理学硕士学位授权点（2007年开始招生）；2012年，地理学成为“十二五”浙江省高校重点学科（浙教高科〔2012〕80号）；2018年，获批地理学一级学科学术硕士学位授权点（2019年开始招生）；2021年，地理科学、人文地理与城乡规划分别入选国家级和省级一流本科专业建设点；2024年获批地理学一级学科博士点及资源与环境专硕士授权点。

宁波大学地理与空间信息技术系十分重视地理学综合实习，40多年来进行了大量的实践探索。早在20世纪80年代地理系初创时期，就先后建立了杭州地质、西天目山土壤地理和植物地理、普陀山海岸地貌、奉化亭下水库水文、宁波天童森林公园植物地理、余姚区域地理、厦门区域地理、苏州城市规划、镇海勤勇乡村地理等野外调查与实习基地，编写了相应的野外调查与实习指导书用于实践教学。杭州地质野外调查与实习、宁波四明山南区自然地理综合野外调查与实习教学成果获得浙江省优秀教学成果奖，其中“杭州地质学基础野外实习基地建设”获得第一届（1989年）浙江省优秀教学成果奖二等奖。

随着地理学科的发展和区域地理资料的不断积累完善，在“浙江省‘十二五’重点学科——宁波大学地理学”的支持下，宁波大学地理学科于2016—2023年在浙江大学出版社出版了五本普通高等学校地理与城乡规划专业教材，即《现代自然地理学实验与实习指导》《人文地理学野外实习方法指导与案例研究》《地方综合性大学地理科学专业教师教育实践指导》《四明山南区地学野外调查及案例研究》《经济地理学专创融合探索》。这五本教材被省内外兄弟高校地理科学类专业作为实践教材广泛使用，产生了积极影响。

2020年以来，宁波大学地理学学科建设进一步聚焦海岸海洋地理学，产出了李加林、马仁锋主编的“滨海地理学理论与实践指导丛书”。该丛书基于国家理科类“强基计划”与“新师范”总体要求，充分利用浙江山海兼备的自然实验场，发挥研究性实习在区域资源环境与人类活动及地理信息数据获取和空间分析的优势，是一套符合区域性和陆海一体省份地理科学（师范）本科创新人才培养模式的实践教学用书。该丛书具有如下三方面的特色与创新之处。

(1)该丛书各卷内容设计总体突出专业构建的多维协同的人才培养体系，持续优化课程结构与内涵。该丛书在各卷内容设计上总体聚焦地理学理论与方法的前沿性、创新性；整合教师科研前沿与野外观测工具系统实践案例；依据学生项目式学习、混合式教学等教学互动需求，优化实践教材内容，形成进阶形式，并纳入探究实习和竞赛实践内容。在此基础上，形成了富有宁波大学地理学科人才培养特色的“专业实践＋教育实践＋社会实践”教材体系及实践平台。

(2)该丛书着力推进通识教育、地理学专业教育和中学地理教师职业教育的理论课程融合实践。聚焦理论课程与专业实习课程、教育实践课程的三结合，第一课堂的“理论—实践”课程与第二课堂的“实践—竞赛”活动相结合，有效融合了国家理科类“强基计划”与“新师范”相关要求，创造性地构建了地理学理论课程与教师教育融合的综合性实践教学模式。

(3)该丛书贯通了地理科学类高年级本科生、硕士生的培养需求，着眼于地理学毕业生解决问题能力的提升，提出研究性实习和探究性分组野外考察能力育成路径。围绕解决资源环境与经济社会发展现实问题的技术路线的确定、野外考察和样品采集、室内分析、数据获取、分析和综合，直到得出研究结论等环节组织教材内容体系，形成了将地理学的野外考察现场方法、室内分析新技术、遥感及地理信息系统等先进技术方法、汇聚人人地(海)数据的储存、分析、表达、建模能力的实践教学体系。

该丛书构建了滨海关键带综合性、研究型地理学实习基地与体系化实习模式，充分体现地理学的综合性特点，帮助学生树立地理学的综合性、地域性、陆海统筹的观念；同时注重能力培养，突出学生的自主学习和研究性实习，并强化信息地理学及其关键技术的应用。该丛书力图为滨海地理学综合实习提供一套全新的参考资料，也期望能为推动我国地理教育向更高层次迈进作出一定的贡献。

是为序。

杨树锋

中国科学院院士，浙江大学地球科学学院教授、博导

2025年2月8日

# Preface 前言

随着全球环境问题日益严峻,地理科学在社会经济发展中的重要性愈发凸显。作为培养学生科学素养和解决实际问题能力的重要学科,地理科学在基础教育阶段也受到越来越多的关注。尤其是在全球化、城市化和气候变化等复杂地理现象对人类社会产生广泛影响的背景下,中学地理教育已不仅仅是传授地理知识的过程,更是培养学生地理思维、空间认知和应对全球性挑战能力的重要途径。如何培养出高素质的中学地理教师,并在教学中有效提升学生的地理核心素养,已成为当前地理教育领域的重要议题。

党的二十大报告提出“教育、科技、人才是全面建设社会主义现代化国家的基础性、战略性支撑”,将实施科教兴国战略摆在了推动现代化强国建设和实现民族复兴的重要位置。习近平总书记在主持中共中央政治局第五次集体学习时指出,“强教必先强师。要把加强教师队伍建设作为建设教育强国最重要的基础工作来抓……大力培养造就一支师德高尚、业务精湛、结构合理、充满活力的高素质专业化教师队伍”。①由此可见,高素质教师是高质量教育发展的中坚力量,是发展教育事业的第一资源,也是立教之本、兴教之源。

本书正是在这一大背景下应运而生的。它不仅回应了当今教育改革的迫切需求,也为地理科学师范生的培养与中学地理教学的实际研究提供了理论支持与实践指导。书中既总结了地理科学师范教育的发展历程和趋势,又深入探讨了中学地理教学研究的现状和挑战,旨在为教育从业者、研究者和政策制定者提供科学依据和实用参考。

---

① 习近平主持中央政治局第五次集体学习并发表重要讲话.(2023-05-29)[2025-01-14]. https://www.gov.cn/yaowen/liebiao/202305/content_6883632.htm.

首先，地理科学师范生培养作为教师教育的重要组成部分，其发展历程反映了我国师范教育改革的历次进步和转型。进入21世纪以来，随着我国基础教育改革的深化，教师素质要求逐步提高，特别是在"双减"政策和新时代育人要求的背景下，如何培养具备现代教育理念和教学能力的地理教师成为重要任务。本书第一章通过对地理科学师范生培养现状的系统分析，回顾了这一领域的发展历程，提出了未来发展的趋势和方向。

其次，中学地理教学研究作为提升教学质量、优化教学实践的核心途径，近年来取得了长足的发展，不仅涵盖了地理课程设计、教学模式创新、学生核心素养培育等多个方面，也越来越重视如何将教育理念融入实际教学中，帮助学生更好地理解复杂的地理问题。本书深入分析了中学地理教学研究的定义、特征和发展成就，并针对当前研究中存在的问题提出了启示和改进建议，为未来的研究和实践提供了宝贵的思路。

本书的第二章特别关注地理科学师范生培养与中学地理教学研究之间的互动关系。师范生的培养与中学地理教学研究并非独立存在，而是彼此交织、相辅相成的。地理科学师范生不仅是未来中学地理教育的主力军，也是中学地理教学研究的重要参与者。通过培养具有研究能力和实践经验的地理师范生，能够促进地理教学的创新和改革，推动教育质量的不断提升。同时，本书还探讨了新时代背景下，如何通过政策引导和实践创新，将地理科学师范生的培养与中学地理教学研究更好地融合，以适应教育现代化发展的需求。

在此基础上，本书进一步从理论和实践两个维度，详细探讨了地理科学师范生培养的模式和中学地理教学研究的路径。在专业认证背景下，如何构建符合时代要求的地理科学师范生培养模式？如何优化微格教学等实践环节，以提升师范生的教学能力？如何通过协同机制提高师范生培养质量？这些问题构成本书第三章的核心内容。通过具体案例的分析，书中提供了宁波大学地理科学师范专业的实践经验和优化路径，展示了高校如何通过创新人才培养模式，为中学地理教育输送高素质教师。

本书的第四章和第五章则转向中学地理教学研究的具体实践，特别是在课程开发和教学模式创新方面的探索。现代地理教育不仅需要传授基础知识，更要引导学生关注现实问题，提升地理实践能力和核心素养。书中通过多个实地案例，如基于乡土情怀的宁波市海洋文化校本教材开发、基于地理实践力的研学课程设计、结合国家安全教育的"双碳"目标融入地理教学等，展示了如何在中学地理教学中融入实践和创新元素，丰富教学内容，提升教学效果。

此外,本书还探讨了情境教学、跨学科教学、深度学习和课程思政等现代教学理念在地理教学中的应用。这些教学模式的创新不仅符合当前教育改革的方向,也为中学地理教育提供了新的思路,帮助教师更好地培养学生的综合思维能力、空间认知能力和问题解决能力。

综上所述,本书通过系统梳理地理科学师范生的培养模式与中学地理教学研究的发展历程,深入探讨两者之间的互动关系,并结合实际案例提供了丰富的教学研究与实践经验。希望本书不仅能为师范院校地理教育的研究与实践提供有益的参考,也能为中学地理教学的改革与创新带来启发,为我国地理教育事业的进一步发展贡献力量。

本书的研究与出版得到浙江省普通本科高校“十四五”教学改革项目“高中地理育人模式改革的宁波案例——基于‘五位一体’协同视角分析”(项目编号:jg20220177)、浙江省普通高校党建研究专项课题“党建统领下高中地理师范人才校地协同育人模式研究”(项目编号:2023DJYJ076)、浙江省教师教育创新实验区建设项目“区域高中地理‘五位一体’协同育人模式的探索和实践”(项目编号:2021024)的资助。

本书由宁波大学李加林、徐皓、曹罗丹负责拟定提纲并统稿,刘永超、马仁锋参与研讨与写作,张悦、曹琪、陆雄风、施冰雁、朱宇等研究生参与了书稿部分章节的资料收集与编写工作。在此,对他们的辛勤付出深表谢意。书稿在写作过程中参考、引用了大量文献,但限于篇幅未能一一列出,在此谨向这些文献的作者表示敬意和感谢。

由于编者学术水平有限,加之编写时间较短,书中难免存在疏漏之处,敬请读者谅解和指正。

Contents 目 录

# 第一章　绪　论

## 第一节　地理科学师范生培养现状分析

2023年7月5日，教育部发布了《2022年全国教育事业发展统计公报》。数据显示，全国现有学前教育专任教师324.42万人，义务教育专任教师1065.46万人，普通高中教育专任教师213.32万人，中等职业教育专任教师71.83万人，高等教育专任教师197.78万人。这个庞大的教师群体的素质直接影响学生的成长与发展，如何培养合格的教师已成为师范教育发展的重要议题。在新高考改革背景下，选考地理的人数逐年增加，这对中学地理教师的专业能力提出了更高的要求。作为新高考改革中培养学生地理核心素养的主力军，中学地理教师的教学理念、教学能力和知识水平将直接影响新高考改革下中学地理教育的成效。因此，高校需要建立和完善多元化的人才培养方案，以满足新高考背景下对未来中学地理教师的培养需求。

### 一、地理科学师范生培养发展历程

我国高等教育起步较晚，发展也相对缓慢，尤其是地理专业经历了较大的波动，但不同阶段仍各自具有特点。不同历史时期的社会环境及教育方针政策的变化，必然导致人才培养模式的多样化。对不同历史时期人才培养模式的系统研究，有助于更好地了解从新中国成立至今的人才培养模式的变化及其影响，为完善地理科学专业的人才培养方案提供可靠的基础与依据。

#### （一）新中国成立初期的培养模式

新中国成立初期，我国在经济建设和人才培养方面普遍照搬苏联的教育模式。1950年6月，我国召开第一次高等教育会议，就此拉开了我国高等院校改革的序幕。该会议旨在摒弃欧美国家的通才教育模式，沿用苏联的“专才”教育模式。该时期的人才培养模式的特点主要体现在以下几个方面。

#### 1. 教学方式单一

新中国成立初期，教师主要采用口头讲解和直观演示的方式教授地理知识。尽管这种以讲授为主的教学方式可以在短时间内传授更多的地理知识，但缺乏互动和深入的讨论。虽然教师通过教学工具的直观演示能够使教学内容更加形象化，从而增强学生对地理知识的理解，但从长远来看，这种单一的教学方式难以培养学生的批判性思维能力和自主学习能力。

#### 2. 课程体系简单

在课程体系设置上，与欧美大学的通才教育模式相比，新中国成立初期主要采用苏联的专才教育模式。除了加强思想政治和外语的学习外，高等师范院校普遍设置了数学、物理、化学等基础知识课程。同时，野外实习也受到重视，尤其是在水文、土壤和植物等领域的地理实践课程。然而，由于选修课程有限，学生几乎没有自由选择课程的空间，导致地理专业学生所学知识单一化，这不利于学生兴趣与特长的培养，也不利于多样化人才的培养。

总体而言，新中国成立初期我国高校对人才的培养模式较为单一，主要目标是培养一线地理教师。这种模式在短时间内为中小学输送了大量教育工作者，对基础教育的发展起到了积极作用。然而，1957年国家提出课程精简后，地理课程的削弱限制了人才培养模式的创新与改革，这一状况一直延续到改革开放前。

### （二）改革开放到20世纪末的人才培养模式

1978年改革开放后，国外的文化思想、经济与科技等因素影响了我国的高等教育。随着我国经济的发展和科技的进步，优秀人才的培养成为当务之急。在这一时期，我国高校的人才培养模式发生了相应的变化。1985年，《中共中央关于教育体制改革的决定》中首次提出："教育体制改革的根本目的是提高民族素质，多出人才、出好人才。"1999年6月13日，中共中央、国务院作出的《关于深化教育改革全面推进素质教育的决定》中明确提出："实施素质教育就是全面贯彻党的教育方针，以提高国民素质为根本宗旨，以培养学生的创新能力和实践能力为重点"。在这一时代背景下，各大院校对不同学科的人才培养模式进行了探索，主要特点如下。

#### 1. 教学方式仍较传统

尽管改革开放后社会各界的理念有所更新，但教育理念与行为的更新仍相对滞后。在这一时期的高校地理教育中，传统的讲授教育仍占主导地位。教学形态以"教师、教室、课本"为中心，师生之间的交流较少，这在很大程度上阻碍了学生批判性思维和怀疑精神的培养。同时，在课堂上很少使用现代教学媒体，如幻灯片和投影仪，先进的教育技术未得到充分利用，这导致教学目标难以实现。

**2.课程体系变化不大**

从20世纪70年代末期到90年代初期，地理专业的人才培养仍然遵循传统教育模式，对基础知识的重视远超能力培养与素质教育。在课程设置方面，存在单一化现象，必修课程过多，综合性较差，理论讲授型课程仍占主导地位，与地方经济发展和学生生活相关的课程设置薄弱，使学生与实际脱节[①]。尽管地理信息系统（GIS）、环境科学和土地管理等相关学科不断涌入地理学科，为其注入新活力，但课程安排仍重理论、轻实践，学生的实际操作能力和创新能力普遍较低，教育实习与实践训练内容单一，教学效果不佳。

20世纪90年代末，由于高校扩招，地理科学专业的学生人数激增，同时高考改革取消了地理科目考试，导致中学地理教师市场供大于求。在此背景下，各大院校不断调整地理科学专业的课程设置，增加与市场需求相适应的应用型专业。然而，新的培养模式并未形成系统化，人才培养方面存在新旧模式混杂现象，影响了高素质人才的培养。

综上所述，从改革开放到20世纪末，我国高等教育的过度专业化问题逐渐显现，重专业知识、轻复合知识，重知识积累、轻能力与素质提升所致的弊端引起了广泛关注。在这一时期，地理科学专业人才的培养不再局限于地理教育与研究领域的人员，而是更加注重与社会发展的需求相适应，逐步由专才培养模式转向专才教育与通识教育相结合的模式，期望培养出既具专业知识又具通识素养的高素质人才。

**（三）21世纪以来的地理科学专业人才培养状况**

进入21世纪，我国高等教育进入大众化阶段。与以往培养理论型、学术型精英教育不同，现阶段高等教育要求培养目标向实用型、职业型人才转变。这必然要求高校在人才培养目标、教学内容和教学方法上不同于精英教育的模式。教育部在《关于2013年深化教育领域综合改革的意见》中明确指出[②]，教育改革的重点任务是围绕考试与招生、课程内容以及人才培养等方面推进人才培养模式的改革。同时，新的地理课程标准要求学生掌握有用且对终身发展有价值的

---

① 葛淑萍.论合理课程结构的构建[J].四川教育学院学报，2006(12)：19-22.

② 教育部关于2013年深化教育领域综合改革的意见[EB/OL].(2013-01-26)[2025-01-08].http://www.law-lib.com/law/law_view.asp? id=412022.

地理知识，并强调以学生发展为中心的教育理念。21世纪地理专业人才培养模式的总体特点如下。

**1.教学方式逐渐多样化**

自21世纪以来，随着计算机技术的迅猛发展及其在教育领域的广泛应用，高校教学方式发生了显著变化。教师在教学过程中利用丰富的教学资源，如精美的课件、音频视频和生动的图示，激发了学生的学习动机。同时，微格教学在高校地理师范生培养中得到广泛应用，使学生能够明确自身问题，通过反复训练加以改正，从而提升自己的教学能力，为今后的教学工作奠定基础。此外，地理课程的实践性较强，高校增加了更多的实习与实践环节，例如自然地理和区域人文地理的实习，不仅丰富了教学内容，而且加强了师生之间的交流与互动。总之，新时代的教学方式不再是单一的灌输式教学，而是在信息技术的支持下，以学生为中心，促进其全面发展的灵活多样的教学。

**2.课程体系逐渐丰富**

随着高等师范教育的改革与发展，以及基础教育改革的不断推进，高等师范院校地理科学专业的课程体系也发生了相应的调整与丰富[①]。由于培养模式的多样化，不同学校的课程设置呈现出差异化特点，但总体上仍由通识课程、学科专业课程、教师教育课程、实践课程等模块组成。尽管地理科学专业的课程类型较为丰富，但在课程比例的分配上仍存在不平衡的问题，尤其在基础教育改革深入推进的背景下，这一问题更加突出[②]。

首先，课程设置在理念上相对滞后，过于强调学生理论知识的学习而忽视了对学生动手能力和实际操作技能的培养。此外，课程内容不够全面，未能充分满足学生多样化发展的需求。课程结构上，必修课程占比过高，而选修课程相对较少，课程体系缺乏灵活性和协调性，难以充分适应新课程改革背景下地理教师的培养要求。在实践教学方面，虽然培养方案中已列出了相关内容，但在实施过程中依然存在不少问题，例如实践地点有限、实践时间短、带队教师数量不足且质量参差不齐、实验仪器设备也不够完善等。因此，学生的实践机会有限，理论与实践结合不够紧密，动手能力的提高未能得到充分保障。

---

① 谷晓红.高师学科教学论课程设置的转变与发展路向分析[J].黑龙江高教研究，2012(4)：140-142.

② 胡晓东.新课改背景下高师地理科学专业课程体系改革研究[J].内江师范学院学报，2013(8)：92-95.

### 3.人才培养模式逐渐灵活多样

新时代社会对人才的需求日益多元化。国务院《关于深化教育改革全面推进素质教育的决定》指出,“要调整师范院校的层次与布局,鼓励综合性院校与非师范院校共同参与师范生的培养工作,并在符合条件的综合性院校中建立师范专业”。这一政策打破了传统上仅由师范院校培养师范生的局面,体现了高等教育的开放性[①]。在这样的背景下,高等师范院校地理专业的人才培养模式不能再固守成规,必须呈现出灵活、开放和多样化的特点[②]。新建的地方本科院校由于起步较晚,各项条件尚不成熟,在师资力量、办学水平和科研能力等方面与老牌院校存在较大差距。为了与老牌院校形成错位发展,地方高等师范院校的应用型人才培养模式必然成为改革发展的重要方向。地理科学专业对学生的综合素质与实践能力要求较高,因此,应用型人才培养模式的发展将成为地方院校地理科学专业未来一段时间内的主要改革目标。

此外,近年来地理教师行业的热度上升,越来越多的综合性大学毕业生开始与师范院校的学生竞争地理教师职位,导致地理专业师范生面临更大的就业压力。同时,随着社会对环境与生态问题关注度的提升,城市规划和环境治理等与地理行业相关的人才需求也在增加。为此,许多高校开始采用复合型人才培养模式,以更好地满足社会需求。例如,一些高等院校根据中学改革的现状和师资需求设置了地理(历史)双学位培养模式,满足中学对复合型师范类人才的需求,这种模式在竞争中具有明显优势。此外,部分高校还探索创新型人才培养模式,如近年来设立的地理实验班成为我国地理创新教育的重要实践平台。

## 二、地理科学师范生培养发展趋势

为拓宽大学生就业渠道并满足经济发展对多样化人才的需求,教育部提出了“厚基础、宽口径、重实践”的指导原则[③]。根据这一方针,各大高校及不同专业的管理人员对人才培养模式进行了多方面的探索。就地理科学专业而言,其培养模式的发展趋势主要体现在复合型、应用型和创新型等方面。

---

① 张宝歌.教师教育转型期地方高师院校师范性问题研究[D].长春:东北师范大学,2008.

② 蔡运龙.我国高校地理教育现状分析与发展建议[J].中国大学教学,2010(10):4-8.

③ 罗伟.我国高校BPO人才培养模式创新研究[D].青岛:青岛大学,2009.

### （一）复合型人才培养模式

复合型人才培养模式不同于以往的专才和通才模式，它强调学生在学习本专业的同时，还需修读第二专业，从而使学生在掌握本专业知识的基础上，获得第二专业的知识与技能，以适应跨专业、跨学科的工作与研究①。培养复合型人才的需求源于社会主义市场经济体制下就业压力的增加，这也是高校人才培养模式创新与改革的重要体现。该培养模式的特征如下：①专业知识复合化。进入21世纪以来，现代学科发展呈现出高度分化与高度综合的趋势，各学科之间相互交叉、渗透与融合。为适应社会经济的发展，高校在课程设置上逐步探索跨学科教育，增加其他学科的选修课程，使学生不仅具备扎实的专业知识，还能掌握相邻学科的基本知识。②能力复合化。这要求学生在理论知识掌握扎实的同时，不断提升实践能力，特别是在野外实习、GIS软件操作及教育教学能力等方面。

在课程设置上，复合型人才培养模式具有以下特点：①通识课程种类丰富且具有新颖性。除了思想政治课程和外语等基本课程外，高校还开设大学语文、美育、音乐等课程，以促进学生德智体美的全面发展。②调整专业结构。通过合并和重组，减少专业种类，扩宽专业口径，增加专业通识教育内容。例如，将自然地理与资源环境、人文地理与城乡规划等专业基础课程整合为统一的地学基础课程。③注重文理结合。通过改变以往明确的文理分科，实施文理渗透，促进学生的全面发展。

### （二）应用型人才培养模式

应用型人才培养模式不以研究为主，而是侧重于教导学生通过理论知识的学习，将所学的原理和技能应用于社会实践中，从而将抽象的概念具体化②。这种模式特别适合地理科学专业，因为该学科实践性较强，对学生的实践能力有较高要求。该培养模式的特征如下：①知识结构以行业和职位需求为导向。应用型人才培养的目标是培养能够熟练运用知识、解决实际问题，并适应社会多样化需求的人才。近年来，地理科学专业在课程设置中增加了环境地理、地理信息系统等课程，以不断与社会需求相适应。②实践能力较强。应用型人才培养模式要求学生具备较强的问题分析和解决能力，既要掌握扎实的基础知识，又需具备

---

① 秦悦悦．高校应用型本科人才培养模式改革与实践[D]．重庆：重庆大学，2009.

② 周惠．新建本科院校应用型人才培养模式的现状研究——以A学院为例[D]．南昌：南昌大学，2010.

解决实际问题和技术创新的能力。

在课程设置上,应用型人才培养模式具有以下特点:①调整课程结构,增加实训和实习周期。该模式主要旨在提高学生理论应用与实践能力。一些高校将自然地理基础课程设为必修课,其余课程则作为选修课,通过灵活压缩理论课时来增加实践时间。②设置课程模块群,有针对性地锻炼学生的实践能力。课程设置从以往培养中学地理教师的单一目标转变为实行课程模块群,例如自然地理模块、人文地理模块和教师教学技能模块,以便有针对性地提升学生的实践能力,努力与基础教育的实际需求和社会经济发展相结合。

**(三)创新型人才培养模式**

创新型人才培养模式的主要目标是培养学生的创新能力,通过创新的教学内容、方法和理念来实现学生的全面发展[①]。这种培养模式具有以下特征:①对问题具有高度敏感性,能够发现微小的问题并寻求解决方案;②思维灵活,能够打破固定思维模式,寻找新的解决途径;③观念开放,能够在相同的时间内形成多种观点或想法;④认知新颖,具备独特的视角。

在课程设置上,创新型人才培养模式具有以下特点:①增加人文学科课程。在通识课程设置中,除了基本课程外,增加文学修养和艺术欣赏等课程,以提升学生的文化素养。②在专业课程中减少自然地理教学内容,增加经济地理和乡土地理等人文地理学科课程,增设实践环节,培养学生观察、分析和解决问题的能力,提升创新思维。③增加教育教学理论与实践课程,以促进学生掌握地理教学技能。同时,建立自然地理、人文地理、地理信息系统等实验室,强化地理科学专业学生的实验操作能力。④加强地理实践环节,将校内实验与校外实习相结合,专业实习与教育实习相结合,并将毕业论文与社会经济发展相结合,培养学生的综合能力,促进地理科学创新思维的提升。

此外,我国高等教育人才培养模式正处于大胆改革和积极创新的阶段。许多高校依据自身学科特点和社会对人才的需求,积极探索新的人才培养模式。人才培养模式的多样化反映了社会对人才能力的多样性需求,这种多样化的培养方式使得培养出的人才能更好地满足社会需求,有助于实现人尽其才和缓解大学生就业难的问题。

---

① 王梅.我国高校人才培养模式的演变及未来走向[J].课程教育研究,2016(1):4-5.

## 第二节 中学地理教学研究现状分析

### 一、中学地理教学研究的定义与特征

中学地理教学研究旨在丰富地理教育理论并解决地理教育中的实际问题。该研究以教育理论为指导,采用科学的方法和手段,系统地收集、分析和解读地理教育中的各种现象与事实,从而认识和掌握地理教育活动中的各种联系与规律,以便为后续的地理教育实践提供指导。这项研究的重要意义在于,通过了解中学生地理学习的特点以及学习需求,探索有效的教学方法和策略,以不断提升地理教学的质量和改善教学效果,推动中小学地理教育的改革与发展。

中学地理教学研究的特征包括:①聚焦内容与方法,通过合理设置中学地理课程的内容和选择适当的教学方法,激发学生的学习兴趣,提升地理教学的互动性和趣味性,促进学生的多元化学习。②既注重教学理论的探讨,又强调教学实践的指导。研究成果需能够有效落实到实际的教学活动中,实现理论研究与实际教学的相互促进。③研究者关注如何科学、全面地评估学生的地理学习成果,建立有效的反馈机制,以帮助学生发现和解决学习中的问题,促进他们的学习进步。④中学地理教学研究还关注教师的专业发展和教学能力提升,通过教师培训、教学资源共享等方式,支持教师不断提高教学水平和专业素养。⑤深入了解中学生的认知特点和学习需求,探索符合学生认知发展规律的教学策略,促进他们对地理知识的深入理解与应用,提高其综合素质。

### 二、中学地理教学研究的发展与成就

近20年来,自上而下的基础教育改革取得了显著成就。新的课程理念得到了广泛传播,深刻改变了地理课堂的组织方式、教学方式和学习方式。结合推动地理课程改革的重大事件,可以进一步划分出4个阶段,以梳理近20年来我国中学地理教学研究主题的演变。

#### (一)第一阶段(2000—2005年):第八次基础教育课程改革初期

2001年,国务院发布了关于基础教育改革与发展的决定,明确要求“深化教育教学改革,扎实推进素质教育”。此次改革的目标是将基础教育由“应试教育”转变为“素质教育”,重视培养适应中国现代社会发展的公民。同年,教育部制定

并颁布了《全日制普通高级中学地理教学大纲》(试验修订版)。2001年,教育部还发布了《基础教育课程改革纲要(试行)》及《全日制义务教育地理课程标准(实验稿)》。此时,初中地理课程标准的制定与实施逐步展开,义务教育阶段的课程标准实验教材的编写、审查和试验也相继开展。

新一轮课程改革要求转变教学和学习方式,摒弃以往的灌输式知识传授,凸显学生的主体地位,倡导自主、合作和探究式学习。这些理念明确体现在初中地理课程标准和高中地理教学大纲中。以此为标志,中学地理教育研究对地理学习和地理研究性学习的关注逐渐增强。关键词"地理学习"开始频繁出现,此时期关于地理学习的研究多侧重于学习方法,主要是一些一线地理教育工作者的经验总结。这些研究引入地图、诗歌和信息技术等多种媒介,以丰富地理学习的内容。

在地理学习心理研究中,对学生地理学习兴趣的培养成为一个重要课题,但对地理学习评估的研究仍显不足。同时,"地理研究性学习"也开始受到研究者的关注,研究内容涵盖了如何开展研究性学习,学段涉及初高中,主要探讨选题、学习目标确立、活动设计、实践和评价体系等方面。2002年,高中阶段课程标准的研制工作启动。2003年,教育部颁布了《普通高中地理课程标准(实验)》。2004年秋季,第一批经教育部审定通过的高中教材正式进入试验阶段,关键词"地理教科书"和"新教材"大量涌现。在高中学段的新课标和新教材改革背景下,以地理新课程为中心的课程标准解读、对应教学策略以及教师应对等研究逐渐增多。

**(二)第二阶段(2006—2010年):第八次基础教育课程改革中期**

2005—2009年,高中地理新课程改革和新教材的使用处于初步阶段,关键词"高中地理新课程"和"新课标"频繁出现。同时,新高考的到来使"素质教育"理念下的高考试题变化与复习策略等成为研究热点。在新课程改革倡导"学生为主体,教师为主导"的教育理念指导下,地理课堂教学更加重视学生的自主、合作和探究学习,关注提问方式、组织方式、教学活动和作业布置等是否能够激发学生的自主学习和合作学习,进而促进他们的地理思维发展。此外,关键词"有效教学"逐渐成为地理课堂相关研究的关注点。

随着2003年《普通高中地理课程标准(实验)》的颁布,新教材逐步在广东、海南、山东等地推广,打破了原有"一纲一本"的局限,形成了"一标多本"的格局。因此,该阶段的教学设计类文章相比第一阶段有所增加,内容主要围绕新课标和新教材进行设计,特别是人教版地理教材及初中七年级地理教材的教学设计较为丰富,发文作者多为一线地理教育工作者。此时期,高考地理研究占据较大比重,地理教学的应用研究仍是中学地理教育研究的核心,而在教学评价和学习评价方面的研究有待进一步加强。

### (三)第三阶段(2011—2013年):第八次基础教育课程改革后期

这一时期,基础教育改革进一步深化,地理课堂教学的有效性受到更多关注,尤其是在课堂组织、有效性和教学策略方面。同时,2011年颁布的初中各科目的课标修订稿明确了初中地理课程的基本理念,即学习对生活有用的地理、学习对终身发展有用的地理,构建开放的地理课程。这一变化直接推动了乡土地理和生活化地理案例的应用研究,相关关键词"乡土地理"的出现频次显著增加。

在地理教学方法上,研究者不仅反思课堂教学的有效性,还探讨了问题情境教学法、问题探究式教学、范例教学法、发现合作法和尝试教学法等多种新教学方法在高中地理教学中的应用。此外,高考地理研究进一步增强,涉及命题特点、试题分析和解题策略等。综上所述,该阶段的中学地理教育研究重心集中在地理教学形式上,教学设计类文章占据较大比重,而地理学习心理研究和地理教学评估研究相对较少。

### (四)第四阶段(2014年至今):新一轮基础教育改革初期

2014年,教育部出台《关于全面深化课程改革 落实立德树人根本任务的意见》,标志着新一轮基础教育改革的启动。此时,"地理教科书"研究逐渐淡出研究者的视野。2015年,"地理核心素养"成为研究的关注焦点。随着2018年《普通高中地理课程标准(2017年版)》的发布,围绕培养学生必备的地理学科核心素养、构建以地理学科核心素养为主导的地理课程以及创新培育相关学习方式的课程理念不断丰富,相关研究不断增多,出现了"区域认知""综合思维""研学旅行"等关联词。

在地理核心素养的培养方面,课堂教学中深入学习、情境教学、问题式教学以及思维导图的运用受到重视。中学地理教育工作者通过具体的教学设计展示他们对课堂教学中渗透地理核心素养的理解,案例选取多集中于自然地理,对人文地理的挖掘相对较少。此外,关键词"地理教学"的出现频率呈现先升后降的变化趋势,而"地理核心素养"和"地理知识"的频次却显著增加,间接表明地理核心素养正逐渐成为研究的核心。地理教学设计类论文仍占较大比重,多围绕人教版和湘教版的地理教材展开。地理教学研究主要集中在教师如何组织实施教学,涉及归因理论、观察学习理论、建构主义、SOLO(structure of the observed learning outcome，可观察的学习结果的结构）分类理论、有意义学习理论等众多理论在教学中的应用，以及“三板”技能、语言、微课教学、地理教态技能、地图和诗歌等教学媒体的应用研究。同时，新课程和新高考背景下的地理教学效率等实证研究也受到广泛关注。

## 三、中学地理教学研究的问题与启示

### （一）中学地理教学研究的问题

#### 1.地理教学研究内容有待完备

近20年来，我国中学地理教育研究的范围逐步扩大，基本涵盖了大多数相关内容，但仍存在以下不足之处。①地理教师专业发展研究不足。地理教师是教学过程中的关键因素，其专业发展直接影响地理教学活动及教育的整体进步。因此，地理教师的专业发展应成为教学研究的重要方向。目前，虽然在这一领域已有一定研究，但整体上缺乏系统性，研究水平尚待提高。②地理教育国际化研究不足。随着社会经济的快速发展，教育国际化已成为未来教育的重要特征。地理教育研究需加强国际视野，关注国外地理教育改革动态，引入先进的教育理念，促进国内外教育工作者的思想交流与碰撞。③教学反思研究不够深入。教学反思是优化课堂的重要环节，也是教师成长的重要途径。新课程要求地理教师成为反思型实践者，进而培养科研能力，促进角色和行为的转变。因此，针对地理教学反思的研究显得尤为重要。然而，目前相关研究仍较少，且大多停留在经验层面，缺乏系统的理论指导。④课程设置和教材选择的研究不足。高中地理新课程包括三个必修模块和七个选修模块，内容上较旧课程有所丰富，但课时数变化不大。如何在有限时间内合理安排地理教学，需要引起重视。此外，新课程标准下出现的多版本教材，各具特色，如何根据区域特点合理选择教材也亟待研究。

#### 2.地理教学研究方法较为单一

地理教学研究应体现学科特点并符合科学研究的方法论。从不同角度看，研究方法可分为理论研究与实验研究、文献查阅与现场调查、经验总结与理论演绎、横向与纵向研究、个案研究与全面研究、定量研究与定性研究等。目前，绝大多数研究者主要采用文献查阅法和经验总结法，而现场调查和实验研究的运用则相对较少。这表明我国地理教学研究仍处于较感性的阶段。研究方法的单一性带来了局限性，因此从事地理教育研究的工作者应在研究视角和内容上寻求创新，同时提高自身的科学研究素养，合理选择适合的研究方法与手段。

## (二)中学地理教学研究的启示

### 1.加强国内外地理教育比较研究

重视国内外地理教育的比较研究,首先应树立国际大地理教育的观念①。地理教育的比较研究不仅旨在解决我国中学地理教育当前存在的一些问题,更重要的是通过比较研究揭示地理教育发展的普遍规律,从而找到适合我国地理教育的特色道路。通过分析国内外地理教育比较研究中出现的问题,采用定性研究与定量研究相结合、文献研究与调查研究相结合等方法,以实现地理教育比较研究的科学化和规范化。此外,除了研究国外地理教育的现状外,还应关注其教育过程以及影响因素,从根源出发探讨国际地理教育发展的规律,并在理论上提供支持。

### 2.加强地理学科与其他学科的渗透研究

地理是一门文理兼容的学科,融合了自然科学与人文科学的特点,既包含感性知识,也涉及理性知识。这一学科的教学既需要独立完成,又需与其他学科紧密合作。因此,教师需树立整体观,强调各学科之间的相互联系,以最大限度地提升教学效果。随着课程改革的深入,学科渗透的空间不断增大,理论与实践支持下的交叉研究愈发重要②。地理学科跨越自然科学与社会科学的特点,促进了在地理教育中加强学科间的横向联系与渗透的可行性。因此,地理教育工作者应加强这一方面的研究,如其他学科学习方法的迁移运用、地理综合实践活动的开展等。

### 3.加强对学生学习心理和学法指导的研究

素质教育的深入推广使教师的角色从知识的灌输者转变为学生学习的引导者,学生也从被动接受者变为主动学习者。在这一过程中,地理教学研究不仅应关注教师的教学,还应重视学生的学习心理。研究学生的学习心理为地理教师实施各种教学活动和改革教学方式提供了基础。学生的学习心理并非一成不变,而是随着时代的发展和外部环境的变化不断演变。尽管我国在地理教学研究中已涉及学生学习心理,但研究的广度和深度仍显不足,因此需加强相关研究。与此同时,地理学习方法的指导与学生学习心理密切相关,是地理教育研究

① 刘学梅,李家清,闻民勇.我国地理教育比较研究的回顾与前瞻[J].中学地理教学参考,2005(1-2):5-6.

② 李琪.在中学地理教育中加强学科渗透的研究与实践[J].福建教育学院学报,2008(12):35-37.

的重要课题。虽然我国对地理教学方法的研究较多,但对地理学习方法的研究仍显不足。在以学生为本的教学理念指导下,需加强对学生地理学习方法的研究,促进学生的全面自主发展。

4.加强对地理素质教育和地理考试的研究

地理教学研究应关注世界地理教育的进展以及学生的终身发展,涵盖课堂教学与课外学习,研究学生的地理知识、能力、情感和价值观。虽然中学地理教学研究始终关注地理素质教育,但也不能忽视对地理考试的研究。我国的考试制度依然存在,因此需找到素质教育与地理考试之间的平衡点,既提高学生的地理素养,又重视知识迁移与应用能力的培养。现代公民必备的地理素养应包括地理知识素养、地理技能素养、获取地理信息的能力、探究地理问题的能力、关爱乡土的意识、关心全球问题的意识、可持续发展的素养以及学习与合作的能力①。素质教育的实施在我国将是一个长期的过程,而应试教育制度仍将存在相当一段时间。应试教育作为一种学习评价方式,从某种程度上反映了学生对所学知识的迁移与应用能力②。因此,加强对地理考试的研究,重视学生知识迁移应用能力的培养,这是符合我国地理教育实际情况的。

5.加强地理校本研究

地理校本研究涵盖校本地理课程开发、校本教材研究、校本教学模式创新以及课堂教学效能研究。校本研究不仅是解决地理新课程理念与教学实践脱节的有效途径,也是地理教师专业发展的重要手段。持续进行地理校本研究能够增强地理教师的教学研究能力,促使他们从经验型教师转变为研究型教师,从"教书型教师"转变为"学者型教师"③。尽管地理校本研究仍在探索与发展中,但其潜在价值不容忽视。因此,需加强对地理校本研究的规范化,以形成教研网络,并将其作为地理教师专业发展的内在需求,充分发挥其作用,实现其价值。

6.加强对地理教师专业发展的研究

地理新课程的实施对教师提出了新要求,促使教师不断提升自身素质,走向专业化发展。在这一背景下,地理教师面临多重挑战,因而加快自身持续发展势

① 李家清,张丽英,陈芳.走进新课程:论"培养现代公民必备的地理素养"——解读高中地理课程标准[J].中学地理教学参考,2004(1-2):14-18.

② 朱娜.新世纪我国地理教育科研的回顾与前瞻[J].华中师范大学研究生学报,2007(3):139-143.

③ 赫兴无.中学地理教师专业化发展的途径[J].继续教育研究,2008(1):62-63.

在必行。目前,建设一支高素质的教师队伍已成为全面推进素质教育的关键任务。特别是地理素质教育的实施,要求教师具备广博的科学文化知识,这不仅有助于教师开阔视野,还能更好地指导学生深入理解地理知识。地理教师需要熟悉课程体系,掌握扎实的基本功,了解最新的地理课程发展动态和教学方法。在新时代的背景下,应更加注重对中学地理教师专业发展和自我价值实现的研究,探索如何使更多的中学地理教师符合职业要求,助力学科与学校的发展,实现教师的自我发展与自我实现。

# 第二章　地理科学师范生培养与中学地理教学研究的联系

## 第一节　适应新时代需求的发展方向

### 一、政策导向

教师是教育的根基，建设一支高素质的教师队伍离不开优质的教师教育。近年来，随着《关于全面深化新时代教师队伍建设改革的意见》（2017年）的发布，教师教育模式的改革步伐加快。该文件提出要构建地方教育行政部门、高中和高校三方协同育师的新模式，并提出了“新师范”理念。这一理念顺应了时代发展的需要，标志着我国教师教育模式进入了新的阶段[①②]。随着《普通高中地理课程标准（2017年版）》的颁布，完善学科知识体系、更新课程教学理念也成为高中地理教师专业发展的新要求[③]。在这一背景下，高中地理教育的目标、内容、教学方法与手段面临着深刻的改革。这不仅对高中地理教学提出了新的挑战，而且对高校地理师范专业人才培养模式产生了深远影响[④⑤]。地方高校与中学开展深度合作，共同探索区域地理综合育人的新模式，已成为提升地理教师培

---

① 林一钢，王换芳．以评促建：构建教师发展学校建设长效机制的路径——浙江省的经验与反思[J]．教师发展研究，2021，5(1)：54-59.

② 张译文．浙江省教师发展学校协同机制研究[D]．金华：浙江师范大学，2021.

③ 张家辉，徐峰，邓若男．最新高中地理课标对地理教师专业素养的要求[J]．天津师范大学学报（基础教育版），2018，19(3)：8-11.

④ 朱雪梅，张延福，陈冉．新时代背景下中学地理课程改革的趋向思考[J]．地理教育，2019(11)：4-7.

⑤ 彭俊芳，李冰洁．地理高考引领地理课程改革及其对高中和高师地理教学改进的启示[J]．地理教学，2020(23)：32-36.

养质量的有效途径[①]。2018年,中共中央、国务院发布了《关于全面深化新时代教师队伍建设改革的意见》,明确指出要实施教师教育振兴行动计划,建立以师范院校为主体、高水平非师范院校参与的中国特色师范教育体系。该文件强调了地方教育行政主管部门、高等学校和中学协同育人的"三位一体"模式[②]。这一模式通过教学研究、培养目标的制定和实践基地的建设,全面促进教师的专业发展。2021年,教育部发布了《中学教育专业师范生教师职业能力标准(试行)》等文件,进一步明确了师范生应具备的职业能力,包括专业知识、教学能力、教育科研能力和教师职业素养[③]。为此,教育部启动了卓越教师培养计划,提出要通过高校、地方教育部门与中学协同培养的机制,提升师范生的培养质量。这一机制通过多方合作,不仅能提高教师的教学研究能力,还能增强实践教学的效果。

作为新高考改革的试点省份,浙江省在教师队伍建设方面进行了许多探索。早在2015年,浙江省就提出了教师发展学校(teacher development schools,简称TDS)模式,并发布了《浙江省教师发展学校建设实施方案》,推动了教师发展模式的创新。2018年中共中央、国务院发布的《关于全面深化新时代教师队伍建设改革的意见》、2022年教育部等八部门印发的《新时代基础教育强师计划》,以及《教育部办公厅关于进一步做好"优师计划"师范生培养工作的通知》,都为进一步提升教师教育提供了政策支持。这些政策文件为师范院校的改革指明了方向,并为教师专业能力的提升提供了保障。基于这些政策导向,浙江省通过构建三方协同机制,推动高校、地方教育部门和中学的深度合作,逐步形成了适应区域需求的高中地理教师发展模式。通过实践指导标准的统一和资源供求体系的建设,浙江省为教师职后发展提供了支持,助力教师队伍的现代化建设。这一协同机制不仅有助于提升地理教师的教学质量,也能有效应对新时代基础教育改革的需求[④]。总之,研究地理科学师范生培养质量的提升,与我国教师教育改革

① 唐艳,刘富刚,袁晓兰,等.新课标下地方高校与中学协作开展地理实践的可行性探讨[J].德州学院学报,2020,36(6):70-73.

② 中共中央 国务院关于全面深化新时代教师队伍建设改革的意见[EB/OL].(2018-01-31)[2019-11-29].http://www.gov.cn/zhengce/2018-01/31/content_5262659.htm.

③ 教育部办公厅关于印发《中学教育专业师范生教师职业能力标准(试行)》等五个文件的通知[EB/OL].(2021-04-06)[2025-01-08].http://www.moe.gov.cn/srcsite/A10/s6991/202104/t20210412_525943.html

④ 陆雄风,李加林,徐皓,等.基于TDS的高中地理教师发展模式探索——以浙江省宁波市为例[J].地理教育,2022(11):71-75.

的总体方向相一致,具有重要的理论与现实意义。这一研究不仅为教师教育模式的创新提供了理论支撑,也为实践中的教师培养与发展指明了方向。不断深化协同机制的研究与实践,推动地理教师教育迈向新高度,是提升我国整体教育质量的关键步骤。

## 二、提高教育质量的现实需要

地理科学专业是一门综合性和实践性极强的学科,涵盖自然地理学与人文地理学两个主要领域,研究内容包括地形、地质、气候和海洋等自然环境因素,以及人口、城市、交通和文化等人文因素。近年来,高校师范生的就业形势愈发严峻,主要原因在于社会对教师这一职业的期望和要求日益提高。这些要求喻示了师范生在大学期间需努力学习、培养和提升的能力。为应对这一挑战,部分地方和师范高校提出了"新师范"理念,并推出一系列配套举措。

"新师范"教育是一种新型教育模式,基于传统师范教育,强调高水平、智能化和系统化。在"新师范"的背景下,地理科学师范生需要掌握更为扎实的地理专业知识、先进的教学方法和教育理念,并具备丰富的实践创新能力。地理科学专业毕业生应具备以下能力:扎实的地理学和环境学基本理论知识,掌握基本实验技能和思维方法;良好的教师素养以及从事地理和环境教育的基本能力;对地理科学及相关专业的最新研究成果和教育发展动态有一定了解,并具备广泛的人文科学素养;运用现代教育技术进行地理教学和环境教育的基本能力;掌握资料查询、文献检索及现代信息技术获取信息的方法,并具备一定的科研能力[①]。这些能力通常需要通过实践获得,而教学实践是培养地理科学师范生综合能力、实践素养和创新意识的重要途径。在教育实践中,地理科学师范生不仅要解决教学问题,还需养成中学地理教师所需的专业素养。

在浙江省,高考中地理学科的选考热度持续上升,地理教师的发展已成为热议话题。在新高考背景下,中学地理教学与考核也随之变化。新高考改革突出了地理学科核心素养在人才培养中的重要地位,考试内容强调基础性、综合性和应用性,注重考查学生综合运用所学知识分析和解决问题的能力;同时,考试形式重视能力考查,要求学生掌握地理信息提取与加工的基本方法。作为新高考改革中培养学生地理核心素养的主力军,中学地理教师的教学理念、能力和知识

---

① 林小盾.12大学科门类详解之理学——地理科学类[EB/OL].(2018-12-16)[2025-01-08].https://mp.weixin.qq.com/s/7yXJRdK73PI62tZFTPKuWg.

水平将直接影响地理教育的成效。根据2021年颁布的《普通高等学校招生全国统一考试大纲》,高考命题应遵循“三个突出”原则:突出能力考查的导向作用;突出核心素养和必备知识的考查要求;突出基础性、综合性和应用性。因此,高校需建立完善且多元化的人才培养方案,以满足新高考背景下未来中学地理教师的培养需求。目前,浙江省仅有浙江师范大学和宁波大学两所高校设有地理科学专业,导致省内地理教师供给出现严重短缺。为满足各地区学校的基本需求,完善高中地理教师的发展模式,培育立足于地方、服务于地方的高中地理教师显得尤为迫切。

## 第二节 实践视角

### 一、地理科学师范生是进行中学地理教学研究的主体之一

地理学科的发展离不开高素质的地理基础教育人才,只有成功开展地理基础教育,才能确保地理学科在未来的持续发展和竞争力。因此,提升师范生的核心素养是培养地理基础教育人才的关键。目前,高校对地理师范生的培养给予了高度重视,通过开设教育教学理论课程、开展地理教育教学实训、普通高中观摩教学与见习等多种方式,加强本科地理教育师范生的培养,取得了显著的成果。然而,在最新教学方式与内容的应用方面,师范生培养仍有提升空间。特别是在探究式教学和学生自主学习等领域,相关工作亟须进一步展开。未来,应深入探讨地理师范生优质人才培养的模式,除了常规的培养方法外,还应借鉴和学习其他先进、前沿、高效的教学模式。例如,可以考虑实施小班化针对性训练,选派优秀师范生赴国家级示范中学进行优质课堂的观摩等多样化的培养方式。通过这些措施,可以促进师范生的学习主动性和积极性,促使他们具备扎实的地理科学素养,成为拥有正确世界观和健全独立人格的社会有用之才。这不仅为他们未来的教学工作提供了有力支持,也为地方地理基础教育体系输送了更多优秀人才。

### 二、地理科学师范生培养是中学地理教学研究的内容之一

20世纪80—90年代,国外率先开展了教师教育合作共同体的研究。例如,美国建立了“专业发展学校”(professional development school),旨在为师范生提

供专业准备，并指导中小学教师进行教育实践的改进研究；英国则设立了“教师伙伴学校”（teacher partnership school），以中小学为基地协商课程设置和教学指导①。在国内，师范院校也逐步借鉴欧美的相关研究成果，通过实践摸索和反思总结，开展了各种形式的大、中、小学合作，常见的做法包括大学与中小学合作办学、开展合作项目等。进入21世纪以来，香港中文大学的“优质学校改进计划”、东北师范大学的“优质学校”建设项目、华东师范大学的“新基础教育”、首都师范大学的“教师发展学校”等，均成为具有代表性的本土化教师教育合作体模式②。近年来，高校在联合培养职前教师、构建职前职后一体化教师教育体系方面不断探索。例如，首都师范大学设立了“教师专业意识品质养成”实验班，并与北京其他高校共同建立“协同创新中心”；华南师范大学则提出《华南师范大学“新师范”建设行动计划（2018—2022年）》，将教师培训升级为人才培养的核心职能，将师范生培养和教师培训列为学校的重要职责。这些探索成果得到了国家的认可，八部委明确将其写入《强师计划》③。在基础教育领域，已提出通过“专业成长共同体”来提升教师专业化水平的建设方式。所谓“共同体”是基于共同目标和条件而组织的团队，成员之间相互合作与支持。中学教师的专业成长共同体则是指由教师团队与外部力量（包括专家团队和合作单位等）共同构成的团体，其目标是通过完成教育教学任务，促进教师团队的全面成长。在这一过程中，强调以相互作用的发展观为指导，通过合作、交流、沟通和分享各种教育教学资源，实现成员之间的相互影响与促进④。

---

① 祁玉梅．“U-S”合作办学机制下教师专业发展的现状及困境突破[J]．黑龙江高教研究，2018，36（6）：96-99．

② 朱洪翠，张景斌．国内U-S教师教育合作共同体实践研究：回顾与前瞻[J]．教学研究，2013，36（5）：15-19，23，123．

③ 徐倩．如何打造高水平有特色的“新师范”[N]．中国教育报，2021-4-26（5）．

④ 刘智清，王锡婷．构建教师专业成长共同体，促进教师整体发展[J]．北京教育（普教版），2022（3）：53-54．

## 第三节 理论构建

### 一、理论基础

#### (一)教师专业发展理论

20世纪70年代中期,美国提出了教师专业化的口号。自20世纪80年代以来,“教师成为研究者”的理念逐渐成为社会普遍追求的目标。进入90年代,在中国教育教学领域,教师专业发展成了重点研究内容。教师专业发展是一个持续不断的过程,涵盖了教师的概念、知识、能力、专业态度和动机等多个方面的学习、思考与探究,最终使教师成长为教育领域的专业人士[①]。教师专业发展的整个过程是教师从职场新人逐步成长为经验丰富的教育工作者的完整历程。该过程强调教师应保持终身学习的态度,即坚持“活到老,学到老”。教师专业发展的内涵主要包括以下几个方面:①强调教师是具有无限潜力和可持续发展能力的个体;②强调教师作为专业教学人员的角色;③要求教师在教学中成为指导者、探究者和开拓者;④强调教师发展的自主性。教师的能力不仅包括学习能力和创新能力,还应涵盖撰写教育教学论文的能力、进行教育教学创新的能力及开展教育教学研究的能力。教师具备自我完善和发展的能力,有助于促进思想、业务及人格的不断提升。因此,教师应重视自身的专业发展,始终坚持学习,以更好地从事教学工作。

#### (二)教师发展因素论

美国学者费斯勒和格拉特·霍恩提出了教师发展影响因素论。费斯勒将教师发展影响因素划分为个人因素和组织因素。个人因素包括家庭背景、积极的关键事件、生活危机、个人情感与意图、兴趣爱好以及生命阶段等;组织因素则包括学校规章制度、管理风格、公共信任、社会期望、专业组织和教师协会等。格拉特·霍恩进一步将教师发展影响因素划分为个人因素、情境因素和相关活动。个人因素包括认知发展、生涯发展、自我发展、品德发展、人际关系发展及动机发展等;情境因素则涵盖社会与社区环境、学校系统、学校、教学小组或院系,以及教

① 卢乃桂,钟亚妮.国际视野中的教师专业发展[J].比较教育研究,2006,27(2):71-76.

室等。教师的发展是一个连续的、动态的过程,贯穿整个职业生涯。在此过程中,来自教师个体和周围环境的各方面因素对教师的发展具有重要影响。由于影响因素的不同,教师的发展状态可能大相径庭。例如,支持性的情境因素能够有效推动教师追求有意义且积极的职业生涯,而影响因素的干预及其带来的压力则可能阻碍、抑制甚至中断教师的发展。因此,各种因素对教师发展的作用可以是推动力,也可以是阻碍力。要协助教师发展,必须重视并区分不同情境因素的影响,从而为教师的发展提供有针对性的支持与协助。

### (三)人本主义学习理论

人本主义学习理论兴起于20世纪50—60年代,主要代表人物包括卡尔·罗杰斯和亚伯拉罕·马斯洛。该理论强调以人为本,主张将人视为一个整体进行研究,注重人的本性、潜能和价值,并强调对学习者的尊重。人本主义学习理论致力于为学习者创造一个舒适且良好的学习环境,关注个体的发展需求,凸显人性教育的价值。一方面,它促进学习者人格的全面发展,充分体现学习者的主体作用,激发其内在潜力,提高学习的主动性与积极性;另一方面,它帮助教师从传统的"以教师为中心"和"以教材为中心"的课堂教学模式转变为"以学生为中心"的情境教学和案例教学[①]。人本主义学习理论在课堂教学中的指导意义主要体现在以下几个方面:①在教学目标上,强调知识的探索以及课堂情感的投入;②在教学过程中,注重学生的需求与兴趣;③在教学服务方面,强调学生的主体地位,认为教师应充当学生的辅助者、引导者和课堂的服务者。人本主义学习理论与师范类专业认证中"以学生为中心"的基本理念相吻合,强调学习者在学习过程中的中心地位,从而将课堂教学的重心从教师转向学生,更加关注教学过程与方法的优化。以人本主义为理论基础,有助于在师范类专业认证背景下深入剖析学生发展的真实需求,同时营造良好的学习环境与氛围,改善课堂教学方式方法,将教学内容与中学地理课程有效衔接,进而更好地探寻适宜地理师范生专业成长的路径。

### (四)有效教学理论

有效教学理论的核心在于教师应以顺应教学活动客观规律为前提,尽可能减少时间、物力和精力的投入,以达成预定的教学目标。这一理论旨在促进学生

---

① 许高蕊.浅谈师范专业认证[J].才智,2018(10):41.

的全面发展和个性化培养，实现尽可能多的教学效果①。随着高等教育的不断深入发展，对高校教师能力的要求也愈加多元化。教师不仅需要传授专业知识，培养学生的专业素养与科研能力，还需重视对学生的人格塑造和思想政治教育。教师的角色不仅限于关注学生的学习成绩，更应发挥导向作用，帮助学生自主学习，激发其积极性，提升学生创新能力，从而促进学生高素质的发展。有效教学理论的实施将对构建高校课堂教学体系、提升教师教学能力、适应学生发展需求以及有效落实课程思政起到重要作用。在有效教学理论的指导下，教师应具备扎实的专业基础知识及职业技能，同时致力于自身的专业发展，不断提升文化素养、信息素养和科学精神，以身作则地引导和影响学生，从而多维度拓展学生的视野与思维深度，实质性地落实“立德树人”的教育目标，提升教学效果及思想政治教育的成效。

有效教学要求教师深入挖掘教材并开发相关课程资源，通过多种方式激发学生的学习兴趣与潜能，发挥学生的主动性，力求在自主探究的过程中达成教学目标，从而实现学生的“知、情、意”的全面发展。此外，有效教学理论还助力专业教师全面理解课堂成效的评价方式及其作用，从而优化教学模式，增强教师的“双全意识”，提升教学效益。

## 二、建立联系的必要性与可行性

目前，高等师范教育与中小学的需求衔接普遍不足，导致师范生难以快速适应中小学课堂教学的要求。随着新高考政策逐步从地区试点推广到全国，地理学科在选课模式中日益受到重视，尤其是高中地理教师的需求逐渐增加。然而，当前地理师范生在毕业后进入中学任教时，面临一些挑战，包括对教材理解的不足、对高考改革和课程改革的认识不够深入、课件制作水平较低，以及课堂掌控能力的不足。因此，高师教育需要构建一个有效衔接基础教育与高师教育的课程体系，以培养满足基础教育新变化与新要求的高素质应用型人才②。为此，高师院校、教师与地理师范生之间应相互协调配合，共同构建“三位一体”的教学改

① 柴翔宇．基于有效教学理论的高中数学教学设计策略探微[J]．成才之路，2022(22)：117-120.

② 闫慧，殷学永，韩冰雪，等．基于高等师范教育与基础教育衔接的地理类应用型课程建设研究[J]．课程教育研究，2018(16)：26-27.

革模式，促使地理师范生巩固基础技能、强化核心技能，并提高拓展技能①。

近年来，关于中学地理教学与地理师范生培养的研究成果逐渐增加。师范类专业认证制度作为一种宏观“结构”，在很大程度上推动了高校师范类专业的发展。随着时间的推移，不论是部属师范院校还是地方师范院校，都在这一“结构”框架下积极尝试建设课程体系，逐步构建出相对独立的师范专业课程体系。同时，学界对专业认证背景下高校师范类专业课程体系建设的关注也日益增强，相关研究主题变得更加广泛，主要围绕结构主义与建构主义两大视角聚焦于高校课程体系的构建。在结构主义的理论视角下，研究者通常基于对专业认证制度的理解，来考量高校课程体系建设的现实状况。

① 李曼秋，张向敏，王露苇．基于实践导向的地理师范生教学技能培养对策探究[J]．信阳农林学院学报，2015，25(2)：143-145，149.

# 第三章　地理科学师范生培养的理论与实践研究

## 第一节　专业认证背景下高校地理科学师范专业人才培养模式构建

师范专业认证是评估高校师范素质教育的重要指标，对于指导地方综合性大学教师教育专业的人才培养具有重大意义。基于师范认证的核心理念，结合宁波大学地理科学（师范）专业的现状，我们提出了“1234”新课程体系人才培养模式。在此基础上，探讨了通识课程、专业课程、教师教育课程以及综合实践课程等教育平台的建设与改革：以区域综合为特色，打造通识课程平台；以学生兴趣为导向，构建专业课程平台；以师范性为中心，建立教师教育课程中心；以实践教学资源为依托，搭建综合实践课程平台。最后，构建了一套完整的评价与持续改进体系，以期为师范认证背景下的专业建设和人才培养提供参考。

### 一、研究背景

2017年，教育部颁布了《普通高等学校师范类专业认证实施办法（暂行）》，提出了“以学生为中心、产出导向和持续改进”的师范类专业认证理念。这一文件成为规范高校师范类专业建设、提升师范教育质量的重要评定依据①。师范专业认证的内涵主要聚焦于全体师范生的发展，通过一系列认证标准对师范专业的人才培养条件和质量进行专业评估，旨在通过评估结果促进师范人才培养的持续自我优化，从而提升高校的师范教育办学水平，确保师范生的输出

① 教育部.教育部关于印发《通高等学校师范类专业认证实施办法（暂行）》的通知[EB/OL].(2017-10-26)[2025-01-08]. http://www.moe.gov.cn/srcsite/A10/s7011/201711/t20171106_318535.html

质量[1]。

在地方高校转向综合应用型发展的大背景下，地方综合性大学的师范类专业也逐步从基础性师资人才培养转向综合性的应用型人才培养。随着师范类专业认证的实施，为了有效提升地方综合院校师范专业的育人质量，结合区域发展，凝练办学特色，搭建高质量的基础教育师资人才培养模式显得尤为必要[2]。结合地方综合性大学宁波大学地理科学（师范）专业的培养现状，以师范专业认证为契机，围绕学校的“双一流”建设，以浙江省地理科学实验示范中心为依托，我们对构建具有鲜明区域特色的地理科学基础教育人才培养模式进行了优化探讨。

## 二、宁波大学地理科学（师范）专业人才培养现状剖析

宁波大学地理科学（师范）专业是浙江省仅有的两个培养地理师范生的本科专业之一，尽管人才输出口径小，但社会需求量较大。总体来看，地理科学专业毕业生的主要就业方向包括中学教研、科研深造以及企业和政府等相关单位，其中从事中学基础教育的比例较高[3]。该专业依托浙江省重点学科地理学、宁波市重点A类学科地理学及教育硕士学科教学（地理）方向等优势，专业建设和人才培养质量稳步提升，发展势头良好。该专业的实践教学条件充足，现有地理专业实验室十余个，并与宁波市内合作建立了七所教师发展学校，为地理科学师范生提供了良好的实验实习环境。专业课程结构由“地理学＋教育学”组成，采用“平台＋模块”的课程体系，通过“理论＋实践”相结合的方式，培养高质量的中学地理师资。必修课程119.5学分，占71.99％；选修课程46.5学分，占28.01％。实践课程24学分，占14.45％，其中教育实践课程10学分。然而，与地理师范教育相关的“专业教育课程平台”学分占比仅为12.05％，一定程度上影响了教育实践课程的实际学习效果。尽管该专业经过多年的建设与发展，积累了雄厚的师资力量，形成了成熟的教学模式和完善的硬件设施，为中学教育输送了大量优质的地理师资，但仍需建立一套完善的毕业生培养质量追踪反馈体系，以持续提升人

① 刘颖．师范专业认证背景下高校地理科学专业人才培养模式优化探讨——以西华师范大学为例[J].地理教育，2019(S1)：26-27.

② 陈洪全，许勇．以服务区域为导向的地方高校应用型人才培养模式——以盐城师范学院地理科学类专业为例[J].盐城师范学院学报（人文社会科学版），2018，38(1)：108-111.

③ 黄忆梦，高超．地理类本科生创新实践能力培养体系研究——以宁波大学为例[J].地理教育，2020(12)：49-51.

才培养的质量。

## 三、地理科学专业人才培养优化模式的构建

### (一)“1234”新课程体系人才培养模式构建方案

坚持“学生中心、成果导向和持续改进”这一核心理念,旨在优化师范类专业的认证工作。首先,应以“学生为中心”的原则出发,明确毕业生应达到的成果导向,从而为人才培养方案的制定提供清晰的依据。同时,需要对课程教学平台进行必要的调整与重构,并建立完善的毕业生追踪反馈评价体系,以持续改进人才培养计划。基于以结果为导向(OBE)教育理念,宁波大学地理科学(师范)专业借鉴国内一些地方高校的成功办学经验,并在师范专业认证的推动下,提出“1234”人才培养模式(图3.1)①。其中,“1”中心指的是以学生为核心,重视人才培养质量的提升;“2”导向则明确了地理科学(师范)专业的人才培养方向,根据社会需求,划分为两类:适应基础教育要求的地理教师人才和面向地理相关单位的应用型人才;“3”要求涵盖了宁波大学地理科学(师范)专业毕业生应具备的知识、能力和素养;“4”平台则建立在毕业要求的指标点基础上,构建出以“学生为中心”的高质量人才培养途径,具体包括四大课程平台。课程设置是落实人才培养目标的关键环节。课程平台的构建遵循“纵、横两个维度,知识与功能两种结构”的主线。在横向维度上,以知识结构为主线构建四大课程平台,分别为通识

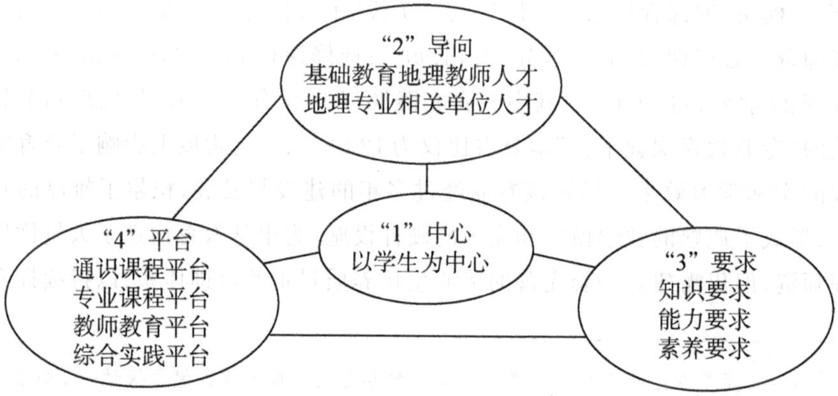


图3.1 师范专业认证背景下地理科学(师范)专业“1234”人才培养模式

① 杨洪,谌洪星.师范认证视域下地理科学专业“1234”人才培养模式——基于六盘水师范学院的实践[J].教书育人(高教论坛),2022(18):69-71.

课程平台、专业课程平台、师范教育课程平台和综合实践课程平台；在纵向维度上，以功能结构为主线，构建由综合素质课程、专业理论课程、专业技能课程和创新实践课程四个层次组成的课程群，层次分明，由低到高逐渐递进。

## （二）以学生为中心，设置地理科学人才培养新课程平台

### 1.以区域综合为特点，打造通识课程平台

通识课程平台的主要任务是培养学生的文化素质和思想素养。与专注于师范教育的高校相比，综合性大学的学科类型和专业设置更为多样。因此，应充分利用综合性大学在多学科交叉与师资力量方面的优势，创新性地将通识课程的育人功能最大化[①]。地域性和综合性是地理学区别于其他学科的重要特征，地理科学（师范）专业的通识课程平台改革应以区域特色为核心，发挥宁波大学作为"双一流"高校在综合性和学术性方面的优势，从而提升人才培养质量。在开设通识课程时，学校应鼓励学生选修其他院校提供的历史学、经济学、管理学等公共选修课程，以拓宽学生的知识面，提升其人文素养和社会科学素养。这为地理师范生进一步向教学型或研究型人才转型奠定了良好的基础。

### 2.以学生兴趣为导向，搭建专业课程平台

在专业必修课程的设置上，应坚持"以学生为中心"的原则，改变传统的"以教定学"模式，转而采取"以学定教"的方法。授课形式应增设研究型课程等以学生为主体的教学方式，以培养地理师范生的教学研究能力[②]。在专业课程建设方面，需坚持学科交叉的理念，加强与其他非教师教育专业的协作，以提升地理师范生的科研能力和学术素养。同时，构建具有地方特色的区域地理课程，突出地方性高校的区域课程优势。浙江省地理环境丰富，既有陆地，又有海洋，是地理学科发展的沃土[③]。宁波大学地理学专业应立足于这一区位优势，将海洋相关领域作为研究重点，增设"浙江地理""海洋资源开发与利用"等区域特色课程，从而形成具有地域特色的地理师范生教育体系。

在专业选修课程的设置上，构建线上与线下相融合的课程模式，以满足师范生个性发展的需求。当前，我国高校地理科学专业的选修课程主要以线下授课

---

① 韩同欣，张绪良．综合性大学地理科学专业本科教师教育改革初探[J]．地理教育，2013(Z2)：118-119.

② 李加林，童晨．地理学研究生专业思维与创新能力培养[J]．宁波大学学报(教育科学版)，2021，43(1)：45-52.

③ 马仁锋，侯勃，窦思敏，等．浙江高校地理学科发展特征及社会适应性改良[J]．宁波大学学报(教育科学版)，2018，40(1)：106-111.

为主。然而，由于现实条件的限制，选课人数不足导致课程频繁被取消的情况时有发生，这使得学生的个性化学习需求难以得到满足。随着"互联网＋"等信息技术的不断普及，各类新兴课堂形式如微课、慕课和翻转课堂应运而生，这为教育模式的创新提供了新的契机。在这一背景下，部分专业选修课程可以通过网络平台进行授课。例如，利用网易公开课、智慧树、学习通等优质在线资源，结合高校自身的特色和其他院校的精品课程，构建线上与线下融合的选修课程体系。在这一模式下，学生修读的线上选修课程可以计入总学分，这不仅满足了学生多样化的学习需求，也激发了他们的学习兴趣。通过灵活的课程安排，学生能够根据自身的兴趣和发展方向进行个性化选择，其综合素质与专业能力可以得到更好的提升。

**3.以师范性为中心原则，打造教师教育课程平台**

在师范专业认证的背景下，为进一步提高综合性大学师范教育的教学成效，建议从"师范性""技术性""研究性""地方性"四个方面增设相应课程。通过整合教师、社会和学生的多方力量，协同培养基础教育的高质量师资[①]。①在"师范性"方面，与地方中学和名师工作室建立合作关系，实施"大学＋中学"双导师制。这种模式旨在聘请中学一线地理教师进入大学课堂，为师范生提供示范课教学及教学技能训练的指导，同时可以优化教育人力资源，激发学生的学习动力。例如，可以通过中学一线地理教师主导的专业课程学习会、教师资格证考试分析会和中学地理教学分享会等形式，开展地理课程学习方法和中学教育改革的相关讨论。这一举措旨在实现师资培养与基础教育的有效对接[②]。②在"技术性"层面，课程设置应有机结合现代信息技术与地理学科知识，推动育人活动的创新。教师教育人才的培养应与时俱进，因此，应增设现代教育技术相关课程，例如"地理课件制作""Flash地理动画制作""地理AR沙盘"等计算机辅助地理教学课程。这些课程旨在帮助师范生掌握如何有效利用现代地理信息平台，将CAD、ArcGIS、MapInfo等地理信息技术高效融入中学地理课堂教学中，从而提升人才培养的时代性与创新性。③在"研究性"方面，培养卓越型地理教师至关重要。因此，应强化教研交流环节，增强地理师范生的教研能力。例如，开展师范生微

---

① 李明涛，王翠云，赵传成，等．师范认证视野下应用型高校地理科学专业人才培养模式探索与实践[J].教育教学论坛，2020(2)：220-222.

② 邓欧，李亦秋，杨广斌，等．师范专业认证背景下地理科学专业创新型实践教学体系构建[J].大学教育，2022(4)：192-195.

课堂和微课题研究等特色活动，通过选取特定实践目标与具体内容，分析和研究微课制作、微课视频及试讲的体会和感悟，以提升师范生的研究能力。④从“地方性”的角度出发，结合地方高校的区域特色，采取“田野式”师范教育，以培养立足浙江省并辐射全国各地的中学地理基础教育师资为目标。基于浙江省中高考的特点，在《地理课教学论》中应加入初中“社会”科目师资人才的培养，并增设不同地理教材版本的对比分析教育。此外，还需注重地理师范生户外教育理论与实践的学习，以培养他们的中学地理校本课程开发能力，从而为“双减”政策下的地理课后延时服务贡献力量。

**4.以实践教学资源为依托，搭建综合实践课程平台**

地方高校地理科学专业应以本地实践教学资源为基础，依托现有的地理实践平台，分阶段培养地理师范生的基础实践、应用实践和创新性实践能力。这种培养方式旨在实现学生地理专业知识的应用与转化，打造具有区域特色的实践教学基地，培养既具备应用型又兼具教学型的融合型人才。基于此，我们构建了“融合型、一体化、多层级”的教育实践体系(图3.2)。

在基础和应用实践方面，应该践行“以学生为中心”的理念，凸显地理师范生的培养特色。利用宁波大学已建设的校内外地理教育实践平台，构建“地理实验、技能实训、教育实习”互为补充的应用实践模式，以培养师范生在地理实验基本操作、基础教学技能及将理论应用于实践的能力。在创新性实践方面，从地理师范生专业核心素养的培养出发，强化诸如地理3S技术训练和地理教具制作等创新性实践课程的实施效果。通过“以赛促学、以赛促练”的形式，定期举办GIS制图、土壤动植物识别和地图“三板”等具备地理师范特色的比赛，积极利用“创

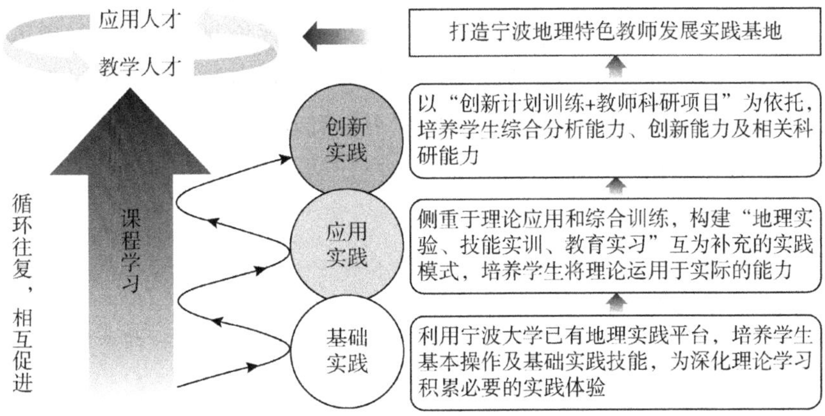


图3.2 “融合型、一体化、多层级”的综合实践体系

新创业训练平台＋教师科研项目＋毕业论文”等科研实践训练，以激发地理师范生参与教育教学研究和实践创新的积极性与主动性[①]。在实践基地建设上，建立宁波地理特色教师发展实践联盟，包括“地方大学—区域高中”和“综合性大学—知名师范大学”联盟。同时，提升教学实践导师的整体指导能力，积极选派教师到知名师范院校进行专业学习，共同建立地理科学研讨交流与教研实践平台。

## 四、以人才培养质量持续改进为动力，建立闭环评价反馈改进体系

在当前师范专业认证的背景下，建立以产出为导向的闭环评估反馈机制显得尤为重要。该机制应形成“评价—反馈—改进”的闭环，以持续提升人才培养质量，推动教育教学质量的稳步提升[②]。

首先，应借助师范认证及OBE(outcome-based education)教育理念，构建一个涵盖校内外全方位参与的评估体系。具体来说，内部评价应由教育局专家、校内专家、专业骨干教师和在校学生共同组成，确保评价的全面性与公正性。同时，外部评价则应邀请毕业约五年的校友、用人单位代表以及行业专家等利益相关方，以获取多元化的反馈。这种多层次的评价体系不仅能从不同视角审视人才培养的成效，还能为后续改进提供宝贵的依据。

特别需要强调的是，应建立地理专业毕业生的跟踪反馈机制。在人才培养过程中，社会评价反馈体系的完善至关重要。通过定期收集和分析社会各界的反馈，评定高校人才培养目标的达成度，从而有效促进地方高校在培养目标、毕业条件、课程体系和教学质量等方面的持续改进。这一过程不仅能帮助高校及时调整教育策略，还能确保培养出的教师能够适应基础教育的实际需求。

此外，地方高校应建立地理师范导师的激励与评价制度。这一制度可以包括教学业绩考核、优质课程奖励以及教师教学技能竞赛等内容。通过强化责任与反馈机制，不断完善教学质量保障体系，可以有效提升教师的教学水平与创新能力，进而提升教育团队的整体素质[③]。

---

① 杨晓东，曹罗丹，孙艳伟．依托科研平台的地理科学专业创新型本科人才培养模式[J].高教学刊，2021，7(26)：35-38.

② 陆艺，张英佳，韩会庆．OBE导向下人文地理与城乡规划专业人才培养质量评价体系的构建[J].黑龙江生态工程职业学院学报，2018，31(4)：135-137.

③ 王红军．基于工程教育专业认证OBE理念的毕业要求达成度评价解析[J].教育现代化，2017，4(49)：162-166.

以宁波大学为例，地理科学（师范）专业在人才培养探索与实践方面，已取得了一定的成绩。然而，作为基础教育教师队伍的主要培养力量，该专业应结合学校的区位优势与实际情况，开展多方面的探索。这种探索应贯彻“以认促改、以认促建、以认促优”的原则，力求实现高素质基础教育教师的培养目标。通过不断完善人才培养机制，宁波大学将持续为基础教育和地理相关单位提供更为优质的地理专业人才，为区域教育发展贡献力量。

综上所述，建立闭环评价反馈改进体系不仅是提升人才培养质量的必要措施，更是促进教育教学质量持续提升的关键所在。只有通过不断的自我审视与调整，地方高校才能更好地适应快速变化的教育环境，培养出符合时代需求的高素质教育人才。

## 第二节　专业认证背景下地理科学师范生微格教学内涵式发展分析

在高质量师范专业认证的背景下，研究课程体系设置及教学实践过程的特征对于分析宁波大学地理科学师范生的微格教学培养现状至关重要。本节将基于专业认证标准，从课程体系的指导思想、课程目标与设计的视角，对宁波大学地理师范生的微格教学内涵进行深入分析，并构建一个逐步提升的微格教学体系培养模式。此外，将提出优化地理师范生微格教学实践时需要注意的要点，包括：确立微格教学在师范生教育中的重要地位；重视地理师范生微格教学师资队伍的建设与培训；加强微格教学能力培养项目的申报与立项；强化微格教学能力培养的管理；完善微格教学过程的检查、评估与验收机制。

### 一、研究背景

“教师是立教之本、兴教之源。”[①]优秀的师资队伍是国家教育竞争、人才竞争，乃至综合国力竞争的基础[②]。师范生的培养是我国高校建设与发展的重要

① 朱永新.教师为立教之本和兴教之源——深入学习习近平总书记关于教师队伍建设的重要论述[J].人民教育，2019(17)：7-11.

② 刘一，唐垚瑶.“双高”建设背景下高校师资队伍建设路径研究[J].湖北开放职业学院学报，2021(10)：41-42.

组成部分，其培养质量直接关系到基础教育师资队伍的稳定性和教育质量的提升①。为贯彻落实党的教育方针，并适应国家基础教育改革与发展的要求，教育部于2017年印发了《普通高等学校师范类专业认证实施办法(暂行)》，2018年出台了《教育部关于实施卓越教师培养计划2.0的意见》。浙江省教育厅也于2018年出台了《浙江省普通高等学校师范类专业第二级认证实施方案(暂行)》。这些政策为师范专业的高质量建设提供了重要支持。

微格教学是由美国斯坦福大学的Allen等于1963年创立的一种教学方法，其核心理念是通过信息化手段，将课堂教学过程分解为多个环节，从而帮助培训者提升教学技能。微格教学自20世纪80年代中期引入我国以来，在师范生培养和在职教师教学技能提升的实践中不断发展，已成为教师教学技能培训的重要方式之一②。然而，传统的微格教学模式往往以教师、教材和课堂为中心，学生在学习过程中处于被动接受的状态，主要依赖填鸭式的知识传授。这样的教学方式在教案设计、角色扮演等环节上未能充分体现专业认证标准，难以适应新时代地理课程的改革及未来中学地理教育的实际需求。

在新时代高质量师范专业认证的新形势下，更需要通过创新专业课程的培养目标与模式，推动地理科学师范生教育的内涵式发展，提升人才培养质量，以满足国家发展与社会进步的需求。师范生的教育教学能力培养一直是国内外教育研究的热点之一③，而围绕教师质量保证体系的研究起步较早④。国家政策和教师专业标准的具体内容主要体现在以下几个方面：①在认证流程方面，强调教师教育评估的实践过程，以推动教师教育认证标准的制定与发展；②在培养模式方面，重视师生在培养过程中的紧密合作；③在管理方式方面，从政治、制度和专业的角度探讨师范生的管理模式，使其成为专业的终身学习者和实践者，进而提出在接受教育过程中需要注意的问题和所需的能力。

目前，与师范认证相关的研究主要集中在教师资格认定、师范生专业技能的培养等领域⑤，而针对师范专业认证标准导向的培养方案的深入研究仍显不足，

---

① 叔贵峰. 高等教育师范生创新素质结构研究[J]. 辽宁行政学院学报，2003(2)：84-85.

② 彭保发，郑俞. 微格教学与教学技能训练[M]. 南京：南京大学出版社，2019：1.

③ 赵迎冬. 师范专业认证背景下自然地理学课程评价体系构建与实例[J]. 教育观察，2022(35)：84-88.

④ 卢祥云，张燕萍，顾志良. 基于师范生能力培养的课程考核改革探索[J]. 高师理科学刊，2011(5)：110.

⑤ 许梦麟. 师范类专业认证工作现状、困境及对策研究[J]. 教育观察，2022(32)：52-54.

尤其是在兼顾教育管理标准和学生需求方面的对策与建议有待提升。

地理学作为一门研究地理环境及其与人类活动之间相互关系的学科，受到大众与决策者的广泛关注[①]。地理科学师范专业作为传统的教育专业，其现有的微格教学模式在适应新时代地理师范生课程的教学实践中存在一定的不足。在“互联网＋”背景下，信息技术的融入为地理师范专业的微格教学提供了新的发展思路与契机[②]。针对地理科学师范生微格教学的现状及其存在的问题，需要系统梳理新时代师范专业认证的理念与价值，将师范专业认证标准引入地理微格教学模式中。通过分析微格教学课程目标与师范认证毕业要求等标准的对应关系，探讨专业认证背景下地理科学师范生微格教学的协同效应，构建符合新时代需求的微格教学模式显得尤为重要。本书旨在响应国家高质量教育的要求，将师范专业认证理念与地理师范生微格教学课程发展诉求相结合，研究宁波大学地理科学师范生微格教学的培养现状，构建基于师范专业认证标准的宁波大学地理师范生微格教学课程优化模式，并提出微格教学优化建设的保障机制，以期为高水平的中学地理师资人才培养提供理论与实践参考。

## 二、宁波大学地理科学师范生微格教学培养现状分析

### (一)微格教学课程体系设置

自1982年起，宁波大学开始培养地理科学师范生。在此过程中，师范生教育的培养目标、课程体系和教学模式不断得到完善。学校先后出台了《地理科学(师范)培养方案》《地理科学(师范)专业人才培养质量达成情况评价机制和实施办法》《地理科学(师范)专业课程目标达成情况评价机制和实施办法》等一系列文件，为形成相对完整的教学体系奠定了坚实的基础。

专业课程设置采用“平台＋模块”的结构体系，其中微格教学作为专业教育平台中的必修课程，占17个学时、1个学分。这门课程的设计旨在促进学生全面发展，主要包括学生试讲、自我评价、互评以及教师评价等环节，还配有约15分钟的试讲录像。这些环节不仅帮助学生在课堂上识别自身的成长空间，也通过课后观看录像进行总结与反思，推动学生将传统的微格教学模式转变为以“学生、课堂、评价”为中心的互动学习方式。微格教学课程安排在大三上学期，每周

① 傅伯杰.新时代自然地理学发展的思考[J].地理科学进展，2018(1):1-7.

② 周颖.“互联网＋”背景下微格实践教学的问题及对策研究——以内江师范学院为例[J].林区教学，2021(8):72-74.

有4~5名学生进行试讲,为学生提供了一个良好的实践探索时机,确保每位学生都能得到足够的关注与反馈。在评价环节中,学生自评虽然还需进一步完善,但该环节已为学生提供了一个反思自身教学流程和设计的良好机会。师评环节通过详细的反馈,关注到板书、教姿和用词的准确性,帮助学生在细节上不断提升,促进其教学能力的整体提高。这一过程中,教师也在努力创造一个积极的氛围,帮助学生应对在试讲中可能产生的紧张情绪,使他们更加自信地表达自己的观点。整体而言,微格教学课程为学生提供了一个结构化的学习平台,帮助他们在不断实践与反馈中成长,从而有效提升其未来的教学能力。

### (二)微格教学实践过程特征

微格教学训练是提升师范生实践教学技能的重要途径之一,它模拟了教师在课前、课中和课后的教学过程。课前阶段包括确定教学主题、编写教案和制作课件,这些环节锻炼了学生的教学导入技能和现代教育技术能力;课中则侧重于语言语气、教态和板书的清晰度,训练学生的讲解、演示和表达能力;课后阶段包括自我总结、回答听课者提问和组织课后活动,帮助学生培养批判性思维和总结归纳能力。因此,通过微格教学的模拟讲课方式,期望实现培养方案中"践行师德、学会教学、学会育人和学会发展"的目标。这一过程使学生了解教师在课前、课中及课后的各个环节,初步掌握实践教学技能,为高年级的中学教育实习和毕业设计奠定基础。

微格教学以"学生、课堂、评价"为核心,实践过程包括准备、试讲、评价和反思四个阶段。①在准备阶段,学生在地理教学理论的基础上,选取教学内容进行备课、编写教案、制作课件并进行多次练习。②试讲阶段则要求学生结合课件和板书,明确教学主题,用大约10分钟的时间对教学内容进行演示。③评价阶段涵盖学生自评、互评和教师评价三个方面。学生自评时需要结合试讲情况分析教学内容的介绍和教学目标的达成效果;互评让听课学生对试讲内容提出问题并指出改进的方向;教师评价则基于丰富的教学经验,对试讲进行综合点评,提出优化建议,旨在提升学生的教育教学能力,促进对微格教学的深入理解和应用。④反思阶段中,学生观看录制的试讲视频,与同学分享心得,寻找教学实践中的问题,通过后期的反复训练进行改正。

通过对微格教学模式的分析,结合课程体系设置、培养定位、培养目标和课程构成特征,发现存在课时安排不足、专业师资力量薄弱以及教学设备不完善等问题。通过对大三和大四学生的座谈与调查,发现学生们在微格教学方式的选择上存在差异。大三学生往往选择自选课题进行准备,虽然有助于提升自主学习能力，但也容易出现班级内学生对相同课题的重复训练；而大四学生则多采用小组合作的方式进行试讲，虽然这种方式促进了团队协作，但常导致小组成员的试讲方式过于相似，缺乏创新。

因此，为了实现专业人才培养目标，宁波大学亟须持续优化毕业要求，修订人才培养方案并调整课程体系。通过识别教学短板，改进课程质量，针对性地调整教学内容和环节，推动人才培养质量的持续提升。同时，应针对地理师范生的微格教学模式进行调整，以确保学生能够更好地掌握中学地理课堂教学技能，提高其教学设计能力，从而推动地理师范专业的内涵式建设，提升宁波大学地理师范专业的人才培养质量。

## 三、师范专业认证标准的宁波大学地理师范生微格教学内涵分析

### （一）地理师范生微格教学课程体系建设的指导思想

地理师范生的微格教学旨在深化教师教育改革，提高教学实践能力，从而建设高素质的教育类教师队伍。《教师教育课程标准》和《宁波大学教师教育类教师实践能力培养实施办法（试行）》明确指出教师实践能力的培养是加强师资队伍建设的重要组成部分，能够有效提升学生的培养质量。在师范专业认证的背景下，需要致力于构建师范教育质量的长效约束机制。通过专门的教育评估认证机构，依据师范专业认证标准对人才培养质量进行评价，确保与《宁波大学地理科学（师范）专业培养方案及教学计划》的对标优化。这一系列措施的实施，旨在促进专业人才培养质量的持续提升，为未来的教育实践奠定坚实基础。

### （二）师范专业认证牵引下地理师范生微格教学课程目标与设计

教师不仅是教学的传授者，更是教学设计的创造者。师范生应当具备创造性地理解和使用教材的能力，能够根据不同类型的学生设计出有效的学习环境和教学活动[①]。这要求师范生在微格教学训练中，积极模拟教学过程，发现课堂上可能遇到的问题。同时，鼓励师范生在日常生活中观察周围环境，获取与教学相关的信息，以便组建丰富的素材储备库。这种方式将地理知识的学习与实际生活紧密结合，促使师范生及时创新教学设计方案，从而提升他们的教学设计水平。

师范生所需掌握的基本教学技能包括语言表达、板书与多媒体运用、提问与课堂调控、组织教学、评价以及课堂小结等。在微格教学的训练过程中，这些技

---

① 袁孝亭．地理课程与教学论[M]．长春：东北师范大学出版社，2006：1．

能被分为“三步走”策略，即：如何吸引学生的注意力、如何与学生进行有效交流以及如何启发学生的思维。通过反复训练这些环节，师范生能够逐步掌握课堂教学所需的各项技能。此外，微格教学训练帮助师范生模拟从学生到教师的身份转变，在“翻转课堂”模式中提升他们的教学能力。虽然微格教学作为一种模拟教学方式，其听众人数相对较少，但这为师范生提供了集中获取反馈信息的机会，帮助他们及时调整教学方法。通过回忆学生时代的经历或向前辈学习，师范生能够吸取经验，预防教学过程中的潜在问题。同时，提高随机应变能力也能帮助师范生应对教学中不可控因素带来的挑战。调控技能是课堂教学中最难掌握的部分，体现了教师的专业能力。因此，师范生需掌握多种调控方法，了解学生的知识接受程度，并在训练中提高自己的随机应变能力，以提升课堂教学的效率和质量。

### （三）地理师范生微格教学培养模式

微格教学作为师范专业独特的实践课程，在教育价值理念的指导下，重新构建微格教学课程的核心要素，促进各要素在实践中有序融入课程目标的实现。通过这一课程体系的实施，学生的基本教学技能得到了显著提高，为其成为合格的中学地理教师打下坚实基础。基于宁波大学地理师范生微格教学实践过程的特点，提出了“3＋1阶段性提升”的微格教学培养模式（图3.3），以促进该课程训练结果的有效达成。在这一模式中，“3”代表“准备、试讲和评价”三个阶段，而“1”则为反思阶段。通过这三个阶段的训练，师范生能够识别预测问题、展示新问题以及指出问题缺陷。最后，在反思阶段，师范生总结各个阶段的问题，提升微格教学的教育教学实践能力。

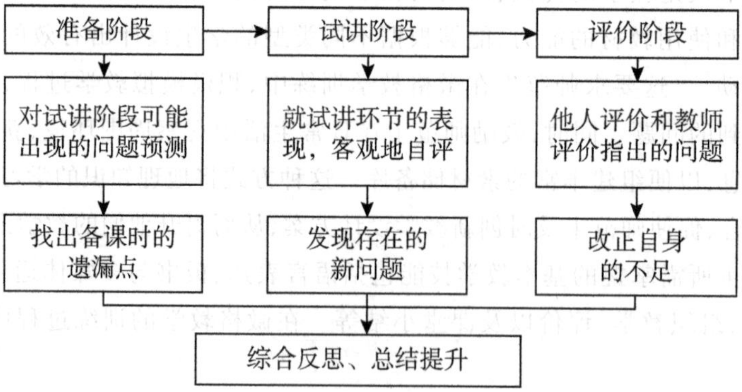


图3.3　“3+1阶段性提升”教学模式

针对宁波大学地理师范生微格教学模式的调查分析，提出了优化方案（图3.4）。①在学校层面，应加强师资队伍建设，增加相关专业设备设施，并提高课程学分比重；②在教师层面，需关注教学重点、技能训练与评价引导；③在学生层面，鼓励学生提升课程认知、自我素养与技能水平。希望通过多方共同努力，实现对微格教学课程体系的持续优化与改进。

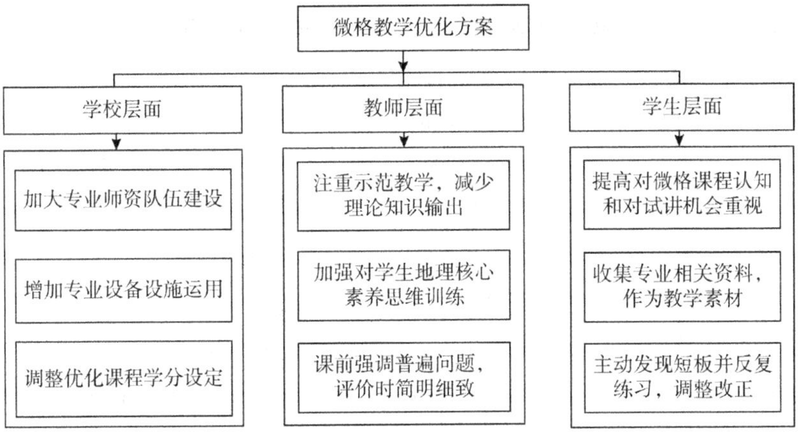


图3.4　基于“学校、教师、学生”层面的微格教学优化方案

## 四、宁波大学地理师范生微格教学实践优化提升路径

### （一）确立微格教学在师范生教育中的地位

作为地理科学师范专业的一门重要课程，微格教学虽然在学分和学时上所占比例相对较小，但仍然具有不可忽视的教育价值。然而，许多学生未能充分重视微格教学的重要性。微格训练是一项需要长期投入的实践课程，因而不适合在课堂上进行频繁的反复训练。此外，由于教师精力的有限性，无法全面照顾到每位学生的具体情况，因此，在微格教学的实施过程中必须确立其在师范生培养过程中的重要地位。为此，教师和学校需共同努力，通过合理调整课程安排和进行必要的改革，强化微格教学与教师职业素养之间的联系。这不仅有助于提高学生对这门课程的重视程度，也使微格教学能更好地适应现代高等教育的使命，即为国家培养优秀人才。

### （二）重视地理师范生微格教学师资队伍建设与培训

教师队伍的素质直接影响高校的教学质量和学术水平，这一点在地理师范生的教育中尤为重要。负责微格教学的教师通常是学生在中学教育实习中的带队指导老师,他们凭借对高中生的观察和对中学课堂的深入了解,能够有效把握课程的重点内容及学生的心理状态。这样的师资优势为微格教学的顺利实施提供了保障。然而,新时代的师范认证标准对教师的教学能力提出了更高的要求,因此,进行专业的建设与培训显得尤为重要。需要特别关注地理师范生微格教学师资队伍的能力提升,以确保微格教学在师范生技能培养中取得显著发展。

### (三)加强地理师范生微格教学能力培养项目的申报与立项

微格教学为培养高质量师范生打下了坚实基础。通过微格训练,师范生不仅能够掌握课堂所需的基本技能,如语言表达、板书技巧和思维逻辑等,还能在实践中获得全方位的锻炼与发展。为更好地促进师范生教学技能的提升,需要对微格教学的重要环节进行深入探讨,并以课题研究的形式进行申报与立项,通过系统的研究来规范每个阶段所应培养的教育教学能力。

### (四)加强地理师范生微格教学能力培养的管理

在明确微格教学地位的基础上,借助优质师资的引导,激发学生对职业目标的实践积极性。随着学生对该课程重视程度的提高,加强对微格教学过程的管理显得尤为重要。建议探索实施院系两级管理和专业负责人责任制,为微格教学的每个环节提出相应的管理措施。院系应统筹安排所有班级的课程质量评价工作,而专业负责人则负责对本专业的微格课程培养质量进行全面评估。在管理过程中,可以采用“监督与评价”相结合的方法,对微格教学每个环节的目标进行定性和定量的评价,以实现课程的持续改进。此外,鼓励学生在备课过程中增强独立思考能力,对完成的教案进行反复修改和深入研读,以确保其质量和实用性。

### (五)加强地理师范生微格教学过程的检查评估与验收

微格教学的检查评估与验收是对该课程教学实践过程和成效的重要总结。通过定期的课程检查评估,可以及时发现教学中的短板,并为课程质量的改进提供依据。评估不仅应关注学生的学习情况,还应帮助教师了解学生的学习水平,以便调整教学内容和方法。通过有效的微格教学实践,将提升师范生的教学水平,为他们的教育见习和实习打下坚实的基础,从而促进师范本科专业人才培养质量的不断提升。

综上所述,通过对微格教学的现状及课程进行分析,从学校、教师和学生三个层面提出了优化建议,构建阶段性提升的教学模式,以期促进宁波大学地理师范生微格教学的内涵式发展。作为师范生的必修课程，微格教学通过前置演练和模拟教学的方式，使师范生熟悉教学流程并掌握教学重点。同时，通过教师点评和同学互评的机制，及时弥补教学过程中的不足，增强实践教学与综合分析中积累的经验。这些努力将为培养合格的中学地理教师奠定坚实的基础。师范生应重视微格教学训练，发挥主观能动性，将课堂上学到的技能运用到课后进行反复练习，以便在新时代的地理课程改革中，培养出高水平的中学地理师资人才，为未来的教育事业贡献力量。

## 第三节　地理科学师范生培养质量提升的协同机制研究

### 一、背景分析

#### （一）新师范背景下师范生成才的需要

近年来，随着"新工科""新医科""新文科""新农科"等概念的提出，我国高等教育迎来了新一轮的改革浪潮。伴随这一改革趋势，一些地区和师范类高校提出了"新师范"的概念，并推出了相应的改革举措。这种新的教育模式不仅响应了社会对教师教育的关注，还有助于推动传统师范教育向更高水平、智能化、系统化方向的发展[①]。"新师范"教育模式旨在培养地理科学师范生具备更加扎实的专业知识、更加现代化的教学方法和观念，并能够在教学实践中展现创新能力。这些素质和能力的培养依赖于丰富的实践经验。特别是在教学实践环节中，师范生不仅要解决具体的教学问题，还要逐步养成作为中学地理教师所需的综合素质和专业能力。因此，地理科学师范生的培养需要通过更加系统化和创新化的实践环节来提升，进而适应新时代教育改革的要求。

#### （二）教师教育改革背景下协同育人的需要

随着我国教师教育改革的不断推进，教育部启动了"卓越教师培养计划"，提出建立高校、地方教育行政部门和中学"三位一体"的协同培养机制。这一机制旨在通过协同教学研究、共同制定培养目标以及建设实践基地，推动教师的专业

---

① 周春娟.新师范教育理念下地方师范院校体育师范生人才培养模式改革策略[J].西部素质教育,2022,8(14):20-22.

成长和发展[①]。中共中央、国务院2018年发布的《关于全面深化新时代教师队伍建设改革的意见》明确指出,要"实施教师教育振兴行动计划,建立以师范院校为主体、高水平非师范院校参与的中国特色师范教育体系,推动地方教育行政主管部门、高校与中学的协同育人"。这一政策要求在改革过程中强调高校与地方教育部门及中学的密切合作,构建教师教育一体化培养体系。浙江省在2015年发布了《浙江省教师发展学校建设实施方案》,提出通过TDS的形式,推动高校与中学共建协同培养机制。在这一机制下,高校和中学尽管承担的任务有所不同,但在共同培养高素质教师的目标驱动下,合作意愿极强,这为提升TDS的建设成效提供了有力支持。

### (三)新高考背景下中学地理教师的培养需要

随着我国新高考改革的深入推进,中学地理教学与考试形式也发生了显著变化。新高考改革强调地理学科核心素养的培养,特别是基础性、综合性和应用性方面的考查,要求学生具备通过地理知识解决实际问题的能力。考试形式上更加注重学生的地理思维,要求学生掌握地理信息的提取与处理方法,这对中学地理教师提出了更高的专业要求。然而,当前高校地理师范生培养的"2+1"模式存在诸多弊端,使得师范生在大学学习期间的知识储备与中学实际教学需求存在差距。为此,高校应建立更加完善和多元化的人才培养方案,适应新高考改革对未来中学地理教师的要求。这需要通过强化师范生的教学实践,提升他们在实际课堂教学中应对新高考改革挑战的能力。高校还应不断更新课程内容和教学方法,以满足社会对高素质地理教师的需求。

## 二、师范生协同育人内涵分析

"协同"这一概念起源于古希腊,后来广泛应用于社会学及其他多个领域,为人类社会的发展作出了重要贡献。在这一概念中,"协"指的是不同个体之间的合作,以达成共同目标;而"同"则强调各事物之间的协调与配合。《现代汉语词典》定义"协同"为各方互相配合或甲方协助乙方做某件事[②]。赫尔曼·哈肯作为

---

① 教育部关于实施卓越教师培养计划的意见[EB/OL].(2014-08-19)[2020-06-03]. http://www.moe.gov.cn/srcsite/A10/s7011/201408/t20140819_174307.html.

② 中国社会科学院语言研究所词典编辑室.现代汉语词典[M].7版.北京:商务印书馆,2016:1449.

“协同学”的创始人，认为“协同学”旨在通过统一的方法来处理复杂系统[1]。因此，本书所指的“协同”是指两个或两个以上的团体为了实现共同目标而紧密合作，相互协调。在当前我国教师教育的背景下，协同理念已逐渐融入教师培养的全过程。教师教育的主体呈现出多元化特征，培训体系也朝向开放化发展。由多个主体和要素共同发挥作用的“协同育师”过程，成了提升师范生培养质量的关键策略。因此，本书所探讨的协同育人概念是指高校、地方教育行政主管部门和中学等三方主体为提升地理科学师范生的培养质量，通过共享教育教学资源、参与教学指导及统筹管理等方式，形成的动态协同过程。

国外对“协同育人机制”的研究相对有限，鲜有直接探讨“师范生协同育人”及“协同育人机制”概念的文献。然而，西方教育研究中关于“协同”思想的内涵则较为丰富。德国学者赫尔曼·哈肯在20世纪70年代首次对“协同”进行了系统的研究，为协同理论的构建奠定了基础。他的研究不仅涵盖了不同子系统间的合作，也探讨了不同学科之间的交流与互动[2]。此后，许多学者在教育理念的研究中融入了“协同”的元素。例如，约翰·杜威强调道德教育应借助各种社会机构和学校生活素材来进行，提出了“学校共同体”和“学校即社会”的概念，强调成员之间的共同目的和充分的道德训练[3]。此外，约翰·范德格拉夫在对多个国家教育体制的比较研究中指出，各国高等教育的发展虽然在权力分配上存在差异，但整体上已形成庞大的教育系统，这一系统在社会经济中发挥着重要作用。他强调了“学”与“权”之间的关系对大学发展的影响，体现了教育发展是各方力量综合作用的结果[4]。道娜·马尔科娃和安吉·麦克阿瑟提出了以“协同商”为核心概念的思维共享理念，强调学习如何影响他人，促进个体的协同合作与思想交流。查尔斯·菲德尔等学者则认为，成功的学习者需从知识、技能、性格和元学习等四个维度进行全面提升，仅靠传统的授课模式无法实现有效的教育，还需通过各种

① 哈肯.信息与自组织——复杂系统的宏观方法[M].郭治安，译.成都：四川教育出版社，1988:1.

② 裴小倩，严运楼.高校创新创业教育协同机制研究[M].上海：上海交通大学出版社，2018:16.

③ 杜威.杜威全集·中期著作：第4卷[M].陈亚军，姬志闯，译.上海：华东师范大学出版社，2010:214-215.

④ 范德格拉夫.学术权力——七国高等教育管理体制比较[M].王承绪，张维平，徐辉，等，译.杭州：浙江教育出版社，2001:161.

活动与教育技术的交互来体现协同的互动性[①]。

与国外相比,国内对协同育人机制的研究起步较晚,且研究内容相对匮乏,主要集中在不同协同机制的构成要素上。研究对象的差异导致了对协同机制构成要素的不同解读。在协同机制的研究中,条件协同是主流,强调如何有效整合各主体之间的人力、资源与行为。目标协同机制、动力协同机制、人才共享机制及经费投入机制等,均体现了条件上的协同[②]。此外,协同实现也是重要的研究主题,指的是各协同主体通过系统内各要素的相互协作以达成目标的过程,具体表现为工作内容的协同,如建立协同培养机制、运行机制及沟通协调机制等。

综上所述,虽然国内外对"协同育人机制"的研究背景、研究范围和研究重点有所不同,但无论是从理论探讨还是实践应用,协同的理念在教育领域均显现出其重要性,为本书的研究提供了丰富的视角和理论支持。

## 三、宁波大学协同育人现状分析

地理科学师范生培养质量的提升是受多重因素影响的一个复杂过程,既涉及高校内部培养机制的优化,也需要外部资源的有效支持。宁波大学紧跟国家政策指引,借鉴浙江省教师协同育人的成功经验,逐步建立了以高校为主导的地理科学师范人才培养模式。这一模式的实践,不仅为高校地理师范生持续提供了良好的成长平台,也为地方基础教育的发展不断输送新生力量。宁波大学的地理科学师范生培养模式虽然取得了显著成效,但依然存在可以进一步优化的空间。当前的一些挑战包括:需要加强地方教育行政主管部门在协同培养中的参与度、优化高校内部的协同培养安排,以及更系统地保障师范生的实践活动。这些提升空间的存在,也为进一步推动高质量的地理科学师范生培养提供了明确的方向。具体包括以下几个方面。

### (一)地方教育行政主管部门的协同作用有待深化

宁波大学的地理科学师范生培养模式在已有基础上,可以进一步吸纳地方教育主管部门的深度参与,以实现教育资源的高效整合和优化配置。当前,师范生的培养主要依托高校与中学的直接合作,而在统筹资源配置、提供政策支持等

① 马尔科娃,麦克阿瑟.协同的力量[M].胡晓姣,陈志超,熊华杰,译.北京:中信出版社,2017:13.

② 刘冬梅."互联网+"背景下面向教师专业发展的EURS协同创新机制研究[D].兰州:西北师范大学,2018:4-26.

方面,地方教育部门的参与度尚待提升。未来,可以期待教育主管部门进一步加强对师范生培养项目的指导和支持,例如增设专项经费、派遣地理教研员指导教学实践等,从而为师范生提供更丰富的学习资源和更实用的实践机会。这种更紧密的合作将有助于提升协同育人的效果,使师范生的培养更契合实际教学需求。

### (二)高校内部的课程设置与协同安排需要进一步优化

宁波大学地理科学师范专业目前设置了教育学、教育心理学等教育理论课程,以及GIS、地图学等地理学科课程,帮助学生构建扎实的学科和教育理论基础。这种多元课程的安排,为师范生提供了全面的知识结构。然而,当前的课程体系中,中学一线教师的参与程度有待提升。引入更多中学教师在教学技能培训、教材分析等实践性强的课程中发挥指导作用,将有助于提升师范生的教学适应性,帮助他们将所学更好地运用到真实的教学场景中。同时,进一步完善高校与中学在课程设计上的互动,也将为协同育人注入更强的实践元素,增强培养效果。

### (三)师范生实践活动的保障机制需持续强化

教学实践是培养师范生教学技能的重要环节。宁波大学将实习环节安排在大四阶段,但在实践过程中,由于缺乏统一的评价标准,可能存在实习效果不均衡的问题。未来,可以考虑通过与中学的联合指导和考核机制,来保障实习效果,并通过增加实践时间、丰富教学实践内容,确保师范生在实习中能获得更加全面和深入的教学训练。同时,由教育主管部门、高校与中学共同参与制定的实习标准,将在规范实习过程、提升实践质量方面起到积极作用,为师范生带来更加优质的实习体验。

### (四)缺乏高校内部的模式创新

当高校的外部环境和竞争条件发生变化时,内部的调整往往较为缓慢,表现出一定的结构惯性。这种惯性既源于高校长期形成的文化、制度、人力资源和管理流程,也来自其作为相对稳定组织的运作特性。宁波大学在培养地理科学师范生的过程中,也形成了较为成熟的机制,但若要进一步提升培养质量、推动服务地方教育的功能,还需要在协同育人机制上进行更深入的创新探索。当前,高校在落实师范生的协同培养时,大多遵循上级部门的政策导向,并依据上级要求组织和开展人才培养工作。然而,单纯依靠惯性行为模式,容易使高校在协同育人中面临创新动力不足的问题,尤其是在缺乏地方教育主管部门的积极参与和中学实际需求的反馈时，更难以突破现有的工作模式。因此，为进一步推动地理科学师范生的高质量培养，高校应主动寻求与中学及地方教育行政主管部门的深度合作，创新协同育人的机制和模式，为培养方案注入新的活力，以更好地适应中学教学的实际需求，提升师范生培养的实效性。

## 四、地理科学师范生协同培养优化提升路径

### （一）强化高校的主体责任

高校作为地理科学师范生培养的核心主体，应积极承担育人的主导责任，避免将培养任务单方面依赖于中学或教育行政管理部门。高校的职责包括：培养能够适应基础教育和社会发展需求的高素质师范人才，切实实现地理科学师范生的培养目标；承担起新时代"新师范"教育的历史使命，不断提高办学质量，实现高校的可持续发展与创新突破。为进一步提升宁波大学地理科学师范生的实践能力和就业竞争力，学校需积极主导，与教育主管部门和中学建立长期稳定的合作关系，共同创建多样化的师范生实践基地。同时，高校应主动邀请相关用人单位的负责人和具有丰富经验的地理名师，为师范生提供就业指导和教学技能培训，帮助学生更好地适应中学教育环境。

宁波大学在培养地理科学师范生方面，拥有对师范生学习情况、技能需求和发展前景的深入了解。通过对外部资源的合理引导，高校能够为地理科学师范生提供全方位、多角度的实践机会和平台。然而，由于高校在培养过程中需兼顾自身发展利益，难免忽视教育行政管理部门和中学的需求与利益。因此，宁波大学尤其应加强与各方的密切沟通和资源整合。学校可设立专门的对接部门，配备专职人员，负责与教育主管部门、中学以及其他合作单位的日常联系，并在必要时开展定期的沟通交流活动，确保各方的意见和需求得到及时反馈和落实，确保协同育人工作朝着共赢的方向发展。

### （二）建立高校—中学利益共同体

中学作为提升地理科学师范生培养质量的重要实践场所，能够通过与高校及教育行政主管部门的紧密合作，实现互惠共赢。高校为中学带来前沿教育资源与理论支持，中学则为师范生提供宝贵的实践机会和职业成长空间，从而促进地方基础教育的高质量发展。为实现这一目标，中学在与高校合作中应承担以下三方面的责任：①中学肩负着基础教育的使命，应努力培养合格的中学生。在此基础上，中学有责任利用高校教师与师范生在教育实践中提供的先进教育资

源,结合最新的教育理念和教学方法,促进学校教学质量的提升。此外,通过借鉴高校教育中的新动向和新观点,中学能够不断更新教育内容和方式,更好地适应教育改革的要求,从而提升自身的教育水平。②中学在为高校教师和师范生提供实践服务中同样承担重要职责。教育部在《关于实施卓越教师培养计划的意见》中提出,需建立高校、地方教育主管部门与中学"三位一体"的协同培养机制,以促进教师专业发展。中学有义务为高校教师和师范生提供真实的教学环境,支持他们在实践中了解基础教育的实际需求与管理运作。同时,师范生在真实课堂中的教学管理经验积累,有助于其更快适应未来职业环境,并为教育工作奠定坚实基础。③中学作为地理科学师范生未来的潜在用人单位,应积极支持高校与中学之间的人才对接和合作,为毕业生开辟就业市场。在这一职责下,中学既可通过建立与高校的用人合作机制,获得符合学校发展需求的优秀师资,又能促进校内师资的长期储备和优化。这种模式不仅有利于高校向社会输出高质量的地理科学师范生,而且能帮助中学建立稳定的教师来源,实现双方的协同发展。

### (三)丰富多方交流形式

提升地理科学师范生的培养质量离不开高校、地方教育行政主管部门和中学之间的紧密协作,而丰富的交流形式则是促进协同育人效果和培养质量提升的关键。宁波大学应充分利用现代信息技术,加强各方的交流互动,不断创新多方协同的沟通方式。

宁波大学可以通过定期召开协同教育工作研讨会、学术交流会等活动,推动高校与地方教育部门和中学之间的深度合作。通过在线会议等现代化技术手段打破地理和空间限制,使各方交流更加高效、频繁,从而在教育政策、课程设置和教学实施等方面达成共识,有效推动地理科学师范生培养工作的顺利进行。

在教学设计方面,可以以传统课堂教学为基础,结合互联网资源和现代信息技术进行辅助教学。如通过网络直播、微课、在线讨论等形式,使地理科学师范生能及时了解最新的教育动态和教学案例。此外,利用虚拟实训和教学模拟系统等创新形式,不仅拓宽了师范生的视野,还能提供大量的教学资源支持,帮助他们深入理解并应用所学的理论知识。

在教学实践过程中,进一步拓展师范生的教学视角和思路也是提升其综合素质的重要途径。例如,通过"线上+线下"相结合的教研实践活动,鼓励师范生参与实际教学,积累真实的教学经验。同时,中学指导教师可以利用网络平台,将师范生的教学设计、课堂表现等上传至共享平台,供其他教师或师范生交流反馈,以此促进不同院校地理科学师范生之间的互评互学与经验分享,从而逐步构建起有效的多校师范生互动与交流机制。

(四)加强学院间的合作

目前,国内综合性大学的师范类专业大多由学科所在学院与教师教育学院协同培养,但在地理科学师范生的教育过程中,往往因学院间缺乏系统化的沟通与协作,出现师范课程和专业课程相对割裂的情况。这种培养模式使地理科学师范生在学科知识与教育理论的融合上存在不足,不利于其综合素质的全面提升。为解决这一问题,宁波大学的土木工程与地理环境学院应加强与教师教育学院的合作,携手制定科学合理的人才培养方案,共同商定明确的培养目标和培养模式。

具体而言,学院间的合作需从以下几个方面展开:①双方应协作设计培养方案,既包含地理科学领域的专业课程,也涵盖教师教育所需的基础课程,确保课程体系的协调性和系统性。②应规范师范生培养的流程和环节,从招生、培养到实习实践等方面设立明确的责任制度,清晰划分双方学院的职责和任务。为保障责任落实,应逐项设立负责岗位和指定负责人,并建立定期汇报机制,确保各项工作的推进。通过这种明晰的分工和职责制度,可以杜绝推诿、避免职责重叠等现象,提高培养工作的效率。③学院间应建立起常态化的沟通交流机制,以便及时协调和解决地理科学师范生培养中遇到的问题。可以通过定期召开联合教学会议、设立跨学院课程协调小组等形式,确保在课程设置、教学资源共享、实践活动安排等方面保持一致性和高效性。同时,双方还可以联合举办教育讲座、教学研讨会等活动,帮助师范生在理论和实践之间找到平衡,强化地理教学技能和教育实践经验。

在学院间紧密合作的支持下,不仅能为地理科学师范生的培养质量提供保障,更能在学院合作机制中不断优化和创新,稳步推动培养体制的完善,最终培养出满足基础教育需求的高素质地理教师,为地方教育发展提供有力的人才支撑。

(五)加强资金保障

确保地理科学师范生培养质量体系的良好运作与可持续发展,需要有效的资金保障。然而,随着教育成本的不断增加,这在一定程度上制约了协同体系内部各项制度、职能和活动的有效实施。因此,宁波大学必须积极拓宽资金筹措渠道，充分调动高校、中学及教育行政主管部门的积极性，以确保稳定的资金来源。宁波大学可以通过召开专项资金筹措大会，积极募集资金。这些大会可以吸引知名校友、家长和企业家参与到人才培养的过程中。通过建立校友基金、合作企业赞助等方式，不仅能够增加经费来源，还能加强校企合作，为地理科学师范生的实践和就业提供更多机会。宁波大学还可以探索与地方政府、社会组织及教育机构合作，共同设立奖学金、助学金，为师范生提供更多的经济支持。与此同时，中学作为师范生的重要培养基地，也应承担起一定的资金责任。中学可以通过设立专项资金，支持师范生的教学实践和科研活动，确保其在真实的教育环境中获得高质量的实践体验。这样的资金支持不仅有助于师范生的成长与发展，也将提升中学的教育质量和教学水平。

**（六）制定统一育人标准**

在人才培养过程中，高校必须始终坚持立德树人的根本任务，加强顶层设计，构建与学校特色相符的育人目标体系，并制定适合地区需求的育人标准。宁波大学应在充分调研学校与学生的实际情况的基础上，结合社会对人才的需求，明确人才培养目标，确保这些目标能够有效回应社会发展需求。此外，高校应从素质、能力、知识和态度等多个维度制定符合新时代地理教师要求的育人标准。这些标准不仅要反映教育部的相关政策，还需结合地方教育发展的实际情况。例如，地理科学（师范）专业的育人标准应强调实践能力的培养，以适应日益变化的教育环境。同时，还需注重创新思维和批判性思维的培养，以使学生能够在未来的教学中不断引领和启发学生。此外，定期评估和修订这些标准确保其与时俱进也是至关重要的。

**（七）完善师资保障**

高水平的师资队伍对于提升地理科学师范生的培养质量至关重要，师资的构成主要包括高校教师和中学教师两个方面。作为地理科学师范生协同培养模式的主导方，宁波大学应优先保障自身师资队伍的完整性与专业性。在招聘教师时，不仅要确保地理科学专业教师具备扎实的专业知识，还需确保学科的完整性，以满足学生的全面发展需求。面对地理科学（师范）专业本科生的扩招，宁波大学还应相应扩充教师队伍，以确保合理的师生比，从而实现更有效的导师制。此外，聘请更多中学一线地理教师作为校外兼职导师，可以有效弥补普通高校教师在理论与实践衔接上的不足。这些实践指导教师作为师范生未来的引导者，其教学水平显得尤为重要。在筛选实践指导教师并支付劳务费的过程中，宁波大学应注重对教师教龄、职称等条件的审查,优先选择具有五年以上教龄或高级职称的教师。这将有助于提高地理学科师范生的培养质量,确保他们在实践中获得专业的指导与支持。同时,定期举办师资培训与交流活动,以增强师资队伍的专业素养和教学能力,进一步提升地理科学师范生的教育体验和教学能力。

## 第四节 基于TDS的高中地理教师发展模式探索

浙江省教师发展学校在七年的建设过程中面临着协同机制不畅、学科资源分配不均、实践标准不一等问题。本书基于浙江省教师发展学校的现有优势,旨在通过构建三方协同机制、配置匹配的资源供求体系、满足教师职后发展需求以及统一实践指导标准,建立适应地方特点的高中地理教师发展模式,以提升地方高中地理教师的专业水平和区域地理教学质量。

### 一、研究背景

教师是教育事业的基石,是立教之本与兴教之源。建设一支高质量的教师团队,离不开优质的教师教育。近年来,《关于全面深化新时代教师队伍建设改革的意见》等政策文件的发布,加快了教师教育模式的改革与创新。这些文件提出了要建立地方教育行政部门、高中和高校三方协同育人的新模式,并引入了具有时代特色的"新师范"理念①②。在多主体协同参与的教师发展模式探索中,我国已取得了一定进展。东北师范大学和首都师范大学分别借鉴了美国的专业发展学校(PDS)模式,提出了"U-G-S"(大学—政府—学校)模式和"U-S"(大学—学校)模式②。其中,"U-G-S"模式率先将地方教育职能部门纳入教师发展体系。2015年,浙江省结合自身发展需求发布了《浙江省教师发展学校建设实施方案》,推动了TDS建设,为我国教师发展模式的创新迈出了重要一步①。

"教师发展学校"是由教育行政部门主导,在原有中小学的基础上,由高等院校与中小学共同建立的新型教师教育机构。它不仅为师范生提供教学实践的平台,还促进中小学教师的专业发展,推动高校与中小学合作开展教育研究,进而

---

① 林一钢,王换芳.以评促建:构建教师发展学校建设长效机制的路径——浙江省的经验与反思[J].教师发展研究,2021,5(1):54-59.

② 张译文.浙江省教师发展学校协同机制研究[D].金华:浙江师范大学,2021.

推动基础教育的教学改革①。教师发展学校建设旨在提升教师教育质量，促进教师专业发展②，以满足当前基础教育改革与高校教育学科建设的需要，承担起“新师范”建设的责任与使命③。

近年来，地理学科在浙江省高考选考中的热度持续上升，使得浙江省高中地理教师的发展成为社会关注的焦点。目前，省内只有浙江师范大学和宁波大学两所高校能够培养“地理科学”专业的学生，导致地理教师的供给出现严重短缺。因此，迫切需要在现有基础上，完善高中地理教师的发展模式，以满足各地区学校的基本需求，培育立足于地方、服务于地方的高中地理教师。

## 二、浙江教师发展学校经验优势

浙江省在建设TDS的过程中，充分吸取国内外的改革经验，并立足本土进行探索与创新。目前，已经在政府部门的统筹引领下，建立起了规范化的管理体系(图3.5)。在这一体系中，高校与中小学作为TDS建设的重要参与方，积极投入资源，为彼此提供所需的支持与服务。具体而言，中小学为高校提供师范生的教育实践机会，而高校则为中小学提供教研培训和教师培训等专业支持。教育行政部门在TDS建设中发挥着主导和负责的作用，承担着管理、监督和评估等

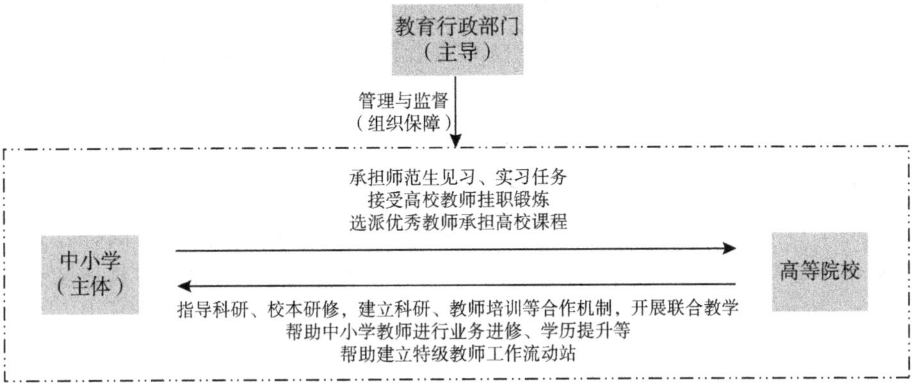


图3.5　教师发展学校模式图

① 浙江省教育厅.浙江省教师发展学校建设实施方案(试行)[EB/OL].(2015-06-17)[2020-08-08]. http://jyt.zj.gov.cn/art/2015/6/17/art_1532982_27487343.html.

② 舒志定，侯超杰.教师发展学校的角色定位与改进建议——以浙江省8所教师发展学校为例[J].教师教育论坛，2019，32(3)：25-30.

③ 胡敏，吴卫东，王真.“ZISU”联盟：教师发展学校建设的浙江经验——基于鲁曼社会系统理论的分析[J].教育发展研究，2020，40(8)：58-64.

责任。经过七年的建设，浙江省已初步建立起以三方协同为核心的组织与管理模式，并开发了一系列教师教育实践课程，显著提升了高校与中小学之间的师资共享和合作水平①。

截至2021年底，浙江省已在全省范围内建设了超过1000所TDS。此外，共有158所TDS参与了2021年的等级评估工作，其中有60所获得优秀等级，占比38%；88所获得良好及合格等级，占比56%。在此次评估中，还有11所学校被评为省级示范性TDS。这一系列成就充分显示了浙江省在教师发展学校建设方面所取得的显著进展②。

**（一）主体优势互补**

与U-G-S模式中强调高校主导作用的观点不同，TDS模式更为重视教育行政部门在协调和推动建设过程中的关键作用。作为TDS建设的主导部门，教育行政部门对地区教育发展的影响不可小觑。它不仅具备资金使用的能力，还能通过投入教育储备金来为教育科研、教师专业发展等方面提供必要的经费和条件保障。这种资金的支持能够显著激励教师积极性，使其能够充分发挥主观能动性。同时，教育行政部门还肩负着制定相关政策法规的重要责任，这些政策法规为教师教育工作的有效展开提供了必要的保障。高校作为教师教育工作的主阵地，承担着师范生的职前培训和在职教师的职后培训任务，具有丰富的学术资源和理论优势。在TDS模式下，高校的前沿教育理论和研究成果为中小学的教学实践提供了重要的理论支持，这也是中小学在教学实践中所缺乏的部分。中小学则作为TDS模式的实践平台，对高中地理教师的职前与职后实践效果起到检验和反馈的作用，为教师的发展提供了宝贵的实践场所，并为TDS模式的实施提供了可靠的人力保障③。为了实现各方优势的有效互补，教育行政部门、高校和中小学三方应明确各自的工作职责，制定相关规章制度，并制订具体的合作计划，以共同为TDS建设提供制度保障④。

---

① 黄晓，张飘洒．成绩、问题与省思：走向协同的浙江省教师发展学校建设[J]．教师教育研究，2019，31(5)：23-30.

② 浙江省教育厅．浙江省教育厅关于省十三届人大三次会议杭77号建议的答复[EB/OL]．(2020-06-30)[2020-08-08].http://jyt.zj.gov.cn/art/2020/6/30/art_1229266358_2385900.html.

③ 索日娜，孙中华．分析"U-G-S"教师教育模式[J]．智库时代，2019(52)：246-247.

④ 浙江省教育厅．浙江省教师发展学校建设实施方案（试行）[EB/OL]．(2015-06-17)[2020-08-08]. http://jyt.zj.gov.cn/art/2015/6/17/art_1532982_27487343.html.

### (二)评价体系优势

为充分发挥各方的优势,集中力量建设TDS,教育行政部门在评价过程中需承担组织、制定评价办法、监督评价过程以及验收评价结果的责任,同时参与具体的评价工作。这种多方参与的评价机制,有助于确保评价的公正性和有效性。高校与中小学不仅是TDS建设的主体,也是被考核的对象,承担着评价TDS的重要职责。浙江省在2017年颁布了《浙江省教师发展学校建设标准》,并制定了相关的评估细则,为TDS建设与评价提供了明确的规范和依据。这一标准构建了一套完整的"1+4"指标体系,其中"1"指一个特色项目,"4"则包括组织与管理、课程与教学、队伍与保障、服务与成效四个一级指标。这种体系的建立,有助于TDS评价与建设工作的有序开展,使各方在明确目标的基础上,进行针对性的改进和提升[①]。

### (三)职前"浸润"与职后"滋养"

教师职前培养在TDS模式中体现为多种形式。首先,教师发展学校安排具备相应资历的实践指导教师对师范生进行指导,并制定"师范生见习与实习"的具体要求,以确保师范生在实习期间能够获得实质性的成长。其次,教师发展学校在接收师范生实习之前,与高校就接收人数及实习工作方案进行充分商谈,做到严格管理,确保实习质量[②]。此外,教师发展学校还为师范生提供学习、实践和食宿等全方位的保障,以创造良好的实习环境。TDS模式不仅为师范生提供了丰富的实践机会,同时也为在职教师带来了前沿的教育思想和教学行为,促进了教师在实践中的自我成长。例如,高校教师通过开展讲座、合作研究课题和个人反思等方式,帮助中小学教师提升教研能力;而中小学教师则通过与高校共同开发课程的形式,提升了课程开发的能力。这种职前"浸润"与职后"滋养"的双向互动,不仅提升了教师的专业素养,也为基础教育的持续改革与发展奠定了坚实的基础[③]。

---

① 浙江省教育厅.教师发展学校建设标准[EB/OL].(2017-11-08)[2020-07-30].http://www.zjedu.gov.cn/news/151012607695137074.htm.

② 舒志定,侯超杰.教师发展学校的角色定位与改进建议——以浙江省8所教师发展学校为例[J].教师教育论坛,2019,32(3):25-30.

③ 王光华.浙江省示范性教师发展学校建设个案研究[D].金华:浙江师范大学,2020.

## 三、当前浙江教师发展学校建设面临的不足

### (一)教师发展学校的三方协同机制有待完善

尽管TDS的三方建设已经形成共识,但在实际操作中,各方职责分工仍不够明确,且在实践过程中,高校与政府的积极性不足,导致三方协同效果未能有效展现。这一问题的根源在于各方之间缺乏充分的研讨与沟通,各方总是怀着相互期待的心态,结果是各自的诉求并未得到妥善解决[①]。每个主体在TDS体系中都希望以最小的代价实现利益的最大化[②]。高校希望中小学能提供实践场所及匹配的实践指导教师,同时希望中小学为其教育理论的落地提供平台;而中小学则希望高校在资源、学术支持方面有所作为,同时也期望师范生的实践活动不会干扰学校正常的教学秩序或影响学生的学业成绩。这种矛盾的存在使得三方合作难以深入,亟须通过明确的角色分配和加强沟通来解决。

### (二)教师发展学校的匹配机制亟须优化

随着各地教师发展学校如雨后春笋般涌现,部分高校已在全省范围内协同地方政府积极开展TDS建设,导致TDS的数量远超高校数量[③]。然而,由于缺乏长远的战略布局,许多高校在资源配置上显得捉襟见肘。一些高校与多达百所TDS对接,而其他高校则可能仅与几所学校建立合作,这造成了部分高校在资源分配上面临"有心无力"的困境。以2021年参与TDS等级评选的学校为例,有13所与宁波大学合作,其中3所位于宁波市外;而23所TDS与浙江师范大学合作,其中16所位于金华市外。

不仅如此,从高校与TDS之间的地理距离来看,借助浙江省师训平台的条件下进行足够次数的交流和指导活动变得困难重重。这种遥远的距离感使得师范生前往外地TDS进行实践的意愿大大降低。此外,从人才培养的角度看,高校也难以为TDS提供所需的师范生人数。在地理学科方面,省内能够培养地理科学专业的高校仅宁波大学和浙江师范大学,且每年师范生的培养人数也仅在

---

① 焦瑶光,吕寿伟.复杂性与社会分化——卢曼社会系统理论研究[J].自然辩证法研究,2007(12):57-61.

② 胡敏,吴卫东,王真."ZISU"联盟:教师发展学校建设的浙江经验——基于鲁曼社会系统理论的分析[J].教育发展研究,2020,40(8):58-64.

③ 黄晓,张飘洒.成绩、问题与省思:走向协同的浙江省教师发展学校建设[J].教师教育研究,2019,31(5):23-30.

百人左右，远不能满足众多TDS的需求。因此，优化TDS的匹配机制，建立起合理的资源配置和支持体系，显得尤为迫切。这不仅需要各方增强协同意识，更需要在政策层面进行针对性的引导和支持，以确保TDS的健康可持续发展，从而真正提升教师专业素养和基础教育质量。

### (三)教师发展学校的学生实践标准亟待统一

根据《浙江省高校师范生教育实践规程(试行)》的要求，原则上TDS中每位实践指导教师所指导的师范生人数不应超过3名。这意味着需要形成一支规模庞大且专业资质过硬的实践指导教师队伍。同时，《浙江省教师发展学校建设标准(试行)》也将TDS的师资配备情况及接收师范生见习、实习的实际情况作为量化考核指标。然而，当前TDS建设中虽明确要求实践指导教师需隶属于TDS并具备师范生实践指导资格，但在具体操作中缺乏对师范生实践的统一标准和保障制度。

《浙江省高校师范生教育实践规程(试行)》对学生的实践时长和授课次数等方面作出规定，但未对实践成果、授课内容、教学效果、品行评价和考核成绩等方面提出具体要求。此外，保障师范生实践质量的制度和措施也较为欠缺。这导致师范生在职前实践过程中，各TDS学校的资源配备、学生情况以及实习活动组织等方面存在差异，出现了实践时长、内容和成果收获上的不一致，最终使得实践结果与预期目标不相符合。在实际操作中，实践学校的资源配给、课程内容与活动形式存在较大差异，有的学校能够提供系统的实习安排和充分的教学资源，使师范生获得全面的教学实践经验；而有些学校则因资源或管理上的限制，导致师范生的实践仅限于旁听和简单辅助活动，无法获得有效的教学实操经验。这种差异在教师培养过程中逐渐显现，直接影响了师范生的专业成长与未来发展。因此，亟须制定统一的学生实践标准，完善相关保障制度，以确保师范生在职前实践中获得公平且高质量的教学体验。

## 四、基于TDS的宁波地区高中地理教师发展模式探索

宁波地区的地理教师发展学校主要由宁波大学土木工程与地理环境学院协同建设，旨在为高中地理教师提供全面的专业成长路径。截至2022年3月，宁波市内已有7所中学成为地理教师发展学校，形成了具有区域特色的TDS模式。龙赛中学已获评浙江省级示范性教师发展学校，象山中学教师发展学校也以优秀等级通过了省教育厅的评估，这些成就充分展示了TDS模式在宁波地理教师发展中的突出成果。宁波大学土木工程与地理环境学院通过多年实践，探索出

了一个适合宁波地区的高中地理教师发展新模式(图3.6)。该模式强调高校和中学的分工与协同,高校在职前教育中承担了地理师范生培养方案的设计与跨校汇报课的展示工作,并通过系统的教学反馈提升师范生的教学能力。具体而言,地理师范生在实习期间,高中安排资深地理教师与师范生进行师徒结对,让"师父"教师为"徒弟"师范生提供教学指导,尤其是在汇报课的准备、点评和优质示范课的展示等环节给予实战支持,从而让师范生在真实的教学环境中锻炼和提升。

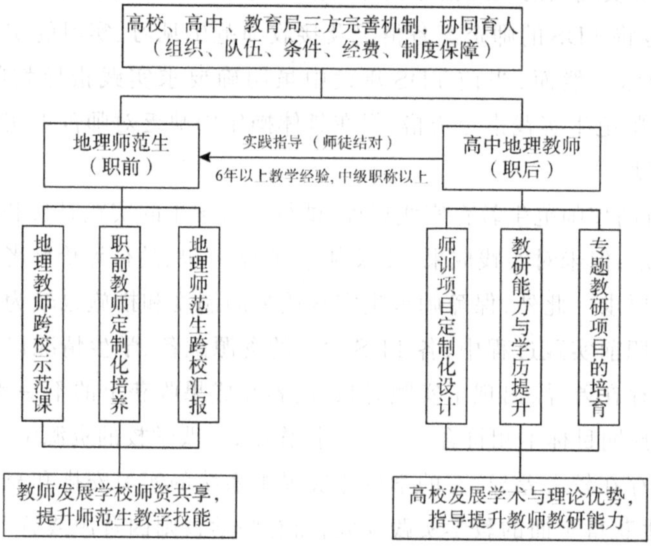


图3.6　宁波地区高中地理教师发展新模式

在职后教育中,高校不仅是地理教师发展的培训基地,还负责为教师发展学校量身定制一系列培训项目,以满足职后教师在新课程标准、课堂教学改革等方面的实际需求。此外,高校还提供学术资源与科研平台,帮助在职高中地理教师提升科研能力和学历层次,为其专业发展注入持续动力。这种双向互动的培养模式,让高校与中学紧密合作,形成了高校引领、实践驱动的教师发展机制。此外,高校和中学还合作开发教研项目,共同促进教育理论向教学实践的转化。例如,通过组建校地联合教研团队,宁波大学和各中学地理教师在新课程标准、区域地理特色课程等方面开展了联合研究和课题申报,探索了具有地方特色的教学资源,为地理教学提供了丰富的实践素材。这一模式有效促进了地理教师教学水平的提升,也为培养符合地域特色的教育人才奠定了坚实基础。通过这种基于TDS的培养模式，宁波大学和区域高中共同构建起了系统化的地理教师职前职后发展体系，帮助地理师范生顺利走上教育岗位，同时也支持了在职高中地理教师的专业成长。

### （一）构建教师发展学校的三方协同机制

基于卢曼社会系统理论，TDS三方协同机制旨在实现高等院校、中小学和教育行政部门的利益最大化[①]（图3.7）。高校作为理论支持方，为TDS提供校本课程开发、课程思政融合、高中生地理核心素养提升的理论指导。高校教师和地理专业师范生与高中地理教师共同合作，开发适合学校实际的校本课程。高校教师还积极参与指导高中地理教师的教研课题，帮助其提升教研能力，并在此基础上推动高校理论优势向实践优势的转化。为进一步响应TDS的发展需求，高校可以根据反馈调整师范生的培养方案，提供专为教师发展学校"量身定制"的本地师范生，以解决新入职教师在理论和实际操作上的脱节问题，加速其适应周期，提升教师团队的整体质量。这一做法不仅提高了区域教师队伍的稳定性，还减少了非本地户籍优秀教师资源的流失[②]。

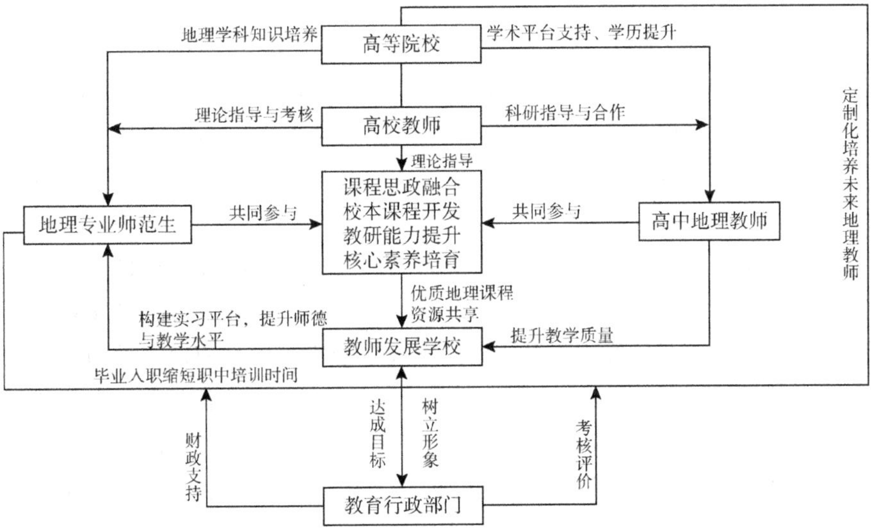


图3.7　宁波地区教师发展学校三方协同机制

① 焦瑶光，吕寿伟．复杂性与社会分化——卢曼社会系统理论研究[J]．自然辩证法研究，2007(12)：57-61．

② 葛佳浩，张建珍．地理户外教育教师专业素养调查及提升策略研究[J]．地理教育，2021，330(12)：43-46．

对高校而言，这一协同机制帮助解决了师范生的实习问题，师范生的职业道德与职业认同得到了显著提升，同时就业率也得到了改善[①]。高校通过与中学的深度合作，进一步推动“新师范”建设，并在此过程中提升社会对高校培养模式的认可度，实现了高校理论与实践的有机结合。教育行政部门则在TDS协同机制中承担着考核与资源支持的关键角色，通过对高校和教师发展学校的考核与财政支持，为协同体系的顺利运转提供了重要动力。此外，教育行政部门通过支持TDS协同建设，促进区域教育质量的提升，不仅完成了既定的教育发展目标，还有效维护了政府形象，提升了公众对教育行政部门的信任度。

TDS三方协同机制的核心动力来自各方利益的有效满足。通过这一协同机制的建设，高校、中小学和教育行政部门都能够在原有利益基础上获得进一步提升，实现各自利益的最大化。这一机制有效激发了各方参与的内在驱动力，使三方积极投入协作，共同推动区域高中地理教师队伍整体素养的提升，进而助力当地教育质量的全面提升。

#### （二）配置教师发展学校匹配的资源供求体系

宁波大学土木工程与地理环境学院每年可培养90余名地理科学师范生和15名左右学科教学（地理）教育硕士，这些毕业生构成了高中地理教师人才的重要储备来源。为合理配置资源，确保TDS与高校之间的有效合作与充分互动，学院在合作学校数量上进行了精简，确保每所TDS能分配到6~7名实习生。这种“少而精”的合作模式，不仅增强了资源的有效分配，也加深了高校与TDS的沟通，增加了交流的频次和合作深度，实现了双方的共赢。

在合作交流方面，TDS数量合理控制后，即使距离较远的象山中学，每学期也能获得至少两次线下的教学评估和互动机会，线上交流活动则更加频繁。这种高质量互动带来了显著的积极成效。宁波市李惠利中学的地理教师就曾多次在宁波大学的指导下，在核心期刊上发表学术论文，不仅显著提升了教师的教研能力，也进一步提高了学校的声誉。此外，双方还在研学旅行活动中深入合作，由高中地理教师主导、大学教师担任顾问，师范生辅助，高中生参与。这一模式不仅使高中地理教师在课程开发和研学组织上积累了宝贵经验，也为学生的地理核心素养的提升提供了重要平台。大学师范生在这一过程中通过与中学师生

① 邱坚坚，陈浩然，何亚琼．新时代普通高校地理师范生职业素养的测评体系构建与实证研究[J]．地理教育，2022，333(3)：74-78.

的互动，不断强化从教意愿，增强职业使命感，并陶冶了良好的师德[①]。过去三年，宁波大学已为七所TDS输送了多名地理科学专业毕业生，为这些学校补充了高质量的新教师力量，大大缩短了新教师的成长周期，提升了TDS的整体教学质量和人才储备能力。这种资源供需平衡体系不仅有效支持了TDS的建设，也促进了宁波大学在当地教育界的影响力，为进一步合作奠定了扎实基础。

**（三）满足教师发展学校的教师职后发展需求**

由于部分高中地理教师在本科阶段未能全面掌握地理教学所需的技能，或职后培训资源有限，常缺乏如ArcGIS建模、地图制图等技术技能。为促进这些教师的专业能力提升，宁波地区教育行政部门联合高校与各教师发展学校，建立需求汇总与资源对接机制，梳理在职教师的技能短板，定向拨款并依托高校资源，利用寒暑假等时间开展定制化职后培训。例如，宁波大学充分利用浙江省教师培训平台，广泛征集宁波市教育局教研室与高中地理教师的意见，结合区域地理教学实际，推出宁波市高中地理教师野外实践力提升培训项目和宁波市高中地理教师电子制图技巧提升培训班，以系统化课程解决教师们在野外实践、电子制图方面的技能不足。这些培训班在教师间获得了积极反响，进一步提升了教师们的专业技术素养。

为解决教师发展学校在资源和实践条件方面的限制，宁波大学在现有资源的基础上，探索区域跨校资源共享模式，促进多校协同培育与资源优势互补。例如，高校组织地理师范生在指导教师的带领下进入中学校园，协助地理教师为高中生开设诸如土壤分析、岩石观测、校园测绘等地理实践课程。这些课程不仅使师范生在教学实践中巩固了所学知识，提升了专业素养，同时也帮助高中地理教师在教学资源相对匮乏的情况下开展多样化的地理实践活动，打破了教师发展学校的资源瓶颈。

通过这一跨校资源共享的模式，宁波大学及其合作教师发展学校的协同效应显著提升，逐步实现了各类教育资源的优化配置，满足了高中地理教师职后发展的多元需求，有力促进了教师发展学校专业水平的整体提升。

**（四）统一教师发展学校的实践指导标准**

实践指导教师在“双导师”模式中扮演着重要角色，直接影响师范生从职前

① 葛佳浩，张建珍．地理户外教育教师专业素养调查及提升策略研究[J]．地理教育，2021，330(12)：43-46．

到职后在教学习惯和效果上的过渡质量。然而,在TDS的实际建设过程中,为减轻名师负担,部分学校安排刚入职的年轻教师作为师范生的实践指导教师,导致指导质量不稳定,影响了师范生的实践收获和效果。因此,严格把控实践指导教师的标准,成为提升教师发展学校水平及区域地理教学质量的关键环节①。

然而,筛选实践指导教师的标准存在较大难度。经验丰富的教师通常具备更高的职称,选择高级教师或特级教师担任指导教师可作为有效的筛选依据。职称不仅反映了教师的教学经验和水平,也有助于确保实践指导的专业性和质量。为增强这些教师的合作意愿,高校可以通过发放劳务费或签订兼职协议的方式,深化与名师的交流与合作。同时,可利用多样化的合作形式,如定期邀请特级教师进高校授课,通过线上平台开展一对一教学指导,以保证指导的频率与质量。

为了进一步提升指导效果,宁波大学实施了"微课比赛"制度,邀请各实践指导教师作为评审,针对师范生的教学展示进行点评和改进建议,强化课堂教学实战体验。这种方式有助于地理师范生在实习阶段逐步提升教学技能,为职后教学奠定扎实基础。类似地,首都师范大学为更紧密的校地合作搭建了模拟教学实验室,利用互联网技术与教师发展学校实现同步教学场景,通过信息交换和实时互动,使高校教师、师范生及中学教师有机会共同听课并进行教学反馈。这种远程共享的模式不仅能反复播放课程片段,还能深入研讨教学细节,为教师教育实践提供了先进的辅助工具。因此,各地可结合实际条件,探索不同路径的实践指导模式。

在这一背景下,提升高中地理教师的整体质量成为教育行政部门、高校和中学的共识,而职前与职后教师的培养同样不可忽视。职前培养应着重提升地理师范生的专业素养、教育情怀和创新能力;职后培养则聚焦于在职教师的技能提升、教研能力及理论与实际的结合能力。针对当前浙江省TDS存在的问题,需从以下几个方面进行改进:①构建三方协同机制,明确各方责任,整合资源;②建立匹配的资源供求体系,充分利用高校资源;③满足教师的职后发展需求,通过定制培训弥补技能短板;④统一实践指导标准,确保师范生在实践中获得高质量指导。这些措施的落实,将逐步构建出适应区域需求的高中地理教师发展模式,以支持新时代基础教育改革和教师发展目标的实现。

---

① 葛佳浩,张建珍.地理户外教育教师专业素养调查及提升策略研究[J].地理教育,2021,330(12):43-46.

# 第四章　中学地理教学研究：课程开发篇

## 第一节　基于乡土情怀培养的宁波市海洋文化校本教材开发

乡土情怀是深植家国意识的情感根基，是连接人与地方的文化纽带，也是推动地方社会发展的价值导向。在现代化进程中，学生乡土情怀的培养面临着严峻挑战。乡土地理校本教材因其独特的乡土性和教育功能，在这一领域具有重要的培育价值。我们以乡土情怀的内涵为基础，结合“经济文化类型”理论，以宁波市为例，依据“明确教材目标—开发教学资源—组织教学内容—评价乡土教材”的开发流程，深入挖掘并整合宁波市的海洋文化教学资源，设计出一部具有地域特色的宁波市海洋文化校本教材。同时，我们还构建了多元化的乡土教材评价体系，旨在更好地实现乡土地理校本教材对学生乡土情怀的培养，并为其他地区的乡土地理校本教材开发提供可借鉴的参考案例。

《义务教育地理课程标准》(2022年版)明确提出，乡土地理教材编写应纳入地方课程开发计划，鼓励各级学校积极开展乡土地理校本教材的开发工作，并在教学过程中安排学生进行一次实践考察或社会调查活动[①]。这一要求为乡土地理校本教材的开发与应用提供了政策保障，引起广泛关注。乡土地理校本教材凭借其浓厚的乡土性和贴近生活的特点，有效地将学生的日常生活与地理知识联系起来，帮助学生深化对乡土文化的理解，从而在情感上建立起对家乡的归属感和认同感。这对培养学生的乡土情怀、增强他们对家乡的责任感具有重要作用。

基于上述背景，我们首先在理论上分析了乡土地理校本教材开发的基本路径，并结合宁波市的海洋文化特色，从目标设定、资源挖掘、内容组织和评价体系

---

① 中华人民共和国教育部．义务教育地理课程标准(2022年版)[M].北京：北京师范大学出版社，2022：14-15.

构建等环节出发，开发宁波市海洋文化乡土地理校本教材，期望能为我国各地乡土地理教材的编写提供一个具备实用性和推广价值的范例。通过这一教材的推广应用，将帮助学生更好地理解宁波的地理特征和海洋文化，深化对家乡的热爱与情感联结，进而达到乡土地理教育的情感教育目标。

## 一、乡土情怀与乡土地理校本教材

### （一）乡土情怀内涵

乡土情怀是指个人基于地缘关系和血缘联系，对家乡的文化、历史、自然等要素所产生的自豪感和热爱之情，以及对乡土人群的感恩和回馈之心。它不仅包含对家乡的亲近与关爱，还涵盖了对家乡发展的关切与责任感[①]。通过对乡土情怀的深入解读，并类比家国情怀的构成，本研究将乡土情怀细化为四个层次：乡土认知、乡土情感、乡土意识、乡土行为。其中，乡土认知是培养乡土情怀的基础，是学生对家乡地理、历史与文化等知识的积累；乡土情感是学生对家乡产生的情感联结，是乡土认知的升华；乡土意识是乡土情怀的核心，反映了个体对家乡发展的关注与责任意识；乡土行为是乡土意识的外在表现，体现为具体的回馈家乡的行动。四个层次层层递进，相互作用，共同构成完整的乡土情怀体系。

### （二）乡土地理校本教材特点与意义

乡土地理校本教材是地方学校结合本地实际情况与学生需求编写的具有鲜明地方特色的教材。它兼具地理教材、校本教材和乡土教材的特点与功能（图4.1），既注重地理知识的传授，又重视乡土情怀的培养。其目的是在地理教学中传承乡土文化，提升学生的地方文化认同感。作为地理教学的有机组成部分，乡土地理校本教材具有知识拓展、能力培养与情感深化的三重育人功能，与地理核心素养的要求高度契合。教材以乡土情怀为核心，凸显其独特的乡土特征；以地理学科素养为导向，突出其教育性功能。通过融合地方特色和地理学科知识，乡土地理校本教材既能有效培养学生的乡土情怀，又能帮助落实地理学科素养，为“立德树人”教育目标的实现提供重要支持。乡土地理校本教材的开发不仅丰富了地理课程的内容，还为乡土情怀的教育提供了扎实的平台。教材通过融入地

① 杜华明.地理教师乡土情怀的价值意蕴及生成路径[J].中学地理教学参考，2019(17)：73-75.

方的历史、文化和生态环境，帮助学生在学习地理知识的过程中感受到家乡的独特魅力。通过对乡土地理教材的学习，学生能够更加全面地了解和理解家乡的自然与人文环境，从而增强对家乡的归属感、认同感与责任感。

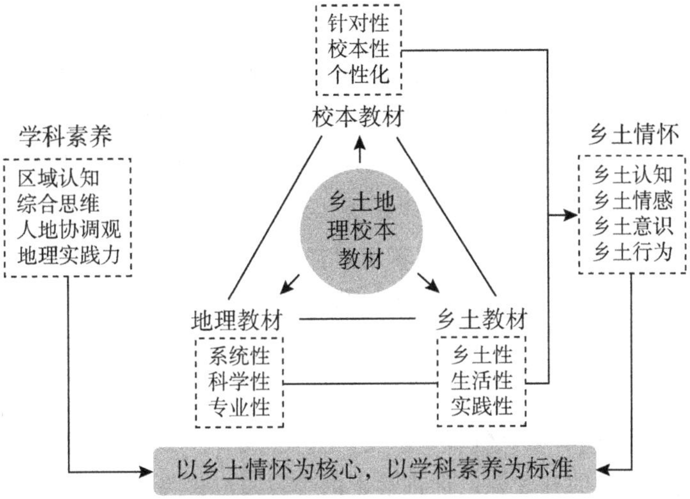


图4.1　乡土地理校本教材与乡土情怀关系图

## 二、乡土地理校本教材开发一般思路

### (一)理论导向，明确教材目标

“经济文化类型”理论为乡土地理校本教材的开发提供了重要的理论依据。该理论强调在不同的自然地理条件和社会经济背景下形成的各具特色的经济文化综合体，意味着“在社会经济发展水平相近、自然地理条件相似的不同民族中，形成一定的经济文化综合体”[①]。因此，在“经济文化类型”理论指导下，各地区应结合本地经济文化特色，精心选择具有代表性和典型性的乡土文化资源，开发反映地域特征的乡土地理校本教材。通过这种因地制宜的教材开发，能够更好地实现乡土情怀与乡土意识的教育目标，使学生在学习过程中体会到家乡的文化与地理特性，增强其对家乡的认同感和归属感。

① 切博克萨罗娃.民族、种族、文化[M].赵俊智，金天明，译.北京：东方出版社，1989:207.

**(二)立足乡土,开发教学资源**

乡土性是乡土地理校本教材的核心特征,而乡土性知识则是其重要组成部分。乡土性知识源自特定区域居民在长期生产生活中积累的独特经验,是地方社会发展的基石。开发乡土地理教材时,需立足于具体的乡土环境,深入挖掘并整合乡土特色资源,关注地方自然与人文要素的相互关系和影响。在这一过程中,乡土资源的教学开发不仅要考虑学生对地理知识的理解需求[①],还应将乡土性知识与地理课程内容紧密结合,形成拓展与整合的教材内容。

在具体开发中,乡土性教学资源的内容应具备知识性特征与教学价值。例如,在地方农业资源的介绍中,可以拓展出传统农耕习俗、地方特色作物的培育方式,以及这些资源对当地经济与文化的影响。通过这种方式,既保留了乡土资源的原始特点,又实现了知识的传递与教育的功能,从而在课堂中提升乡土资源的教学价值,满足学生对家乡认知的需求,有助于学生形成对家乡的认同、热爱与责任感。

**(三)学生为本,组织教材内容**

乡土地理教材的开发要以促进学生的学习与成长为核心。教材内容的组织编排应全方位满足学生的学习需求,力求激发兴趣并促进学生的思维发展。为此,教材的章节结构可以采用“导入情景—正文内容—探究活动”的模式编写。“导入情境”应紧扣乡土特征,结合趣味性设计以激发学生的学习兴趣;“正文内容”部分需充分考虑学生的文化认知基础,在已有知识的基础上层层递进;“探究活动”则应注重实践性,增强学生的参与度和体验感。此外,教材内容的组织建议结合区域列述法和中心问题法[②],通过介绍各区域的综合性特征帮助学生构建完整的乡土文化知识体系,提升学生的多元思维能力和独立学习能力。

**(四)多元整合,评价教材开发**

乡土地理校本教材不仅是乡土知识的载体,更是学生学习乡土地理的重要工具[③]。为确保教材的教学效果与乡土特色,教材评价需从多角度入手,构建系统的评价框架。具体来说,教材评价可以从知识内容、思想文化、乡土特色、可操

---

① 李桂芝.乡土地理教材编写探究——以《内蒙古通辽市地理》为例[J].地理教育,2005(1):75-76.

② 刘鹏.从培养学生属地文化角度浅谈乡土地理教材编制[J].地理教育,2013,227(5):52-53.

③ 高凌飚.教材评价维度与标准[J].教育发展研究,2007(12):8-12.

作性和编排设计五个维度展开[1]，并通过定量与定性相结合的评价方法形成乡土地理校本教材开发的综合评价量表。同时，在评价主体方面，应由传统的教师单一评价转向师生共同参与，既体现公平与客观性①，又能激发学生的主动参与，使他们在评价中加深对教材内容的理解。多元化的评价体系将推动乡土地理校本教材的不断完善，实现学生在乡土地理学习中的更好发展

## 三、宁波市海洋文化校本教材开发案例

宁波市位于我国东部沿海，深受海洋环境的影响，这一地理特征塑造了其独特而璀璨的海洋文化。因此，我们遵循教材开发的基本思路，围绕宁波市海洋文化的特征，设计乡土地理校本教材，旨在凸显宁波市的乡土文化，培养学生的乡土意识。

### （一）明确教材目标

基于“经济文化类型”理论，并结合宁波市的发展历史，可以看到，宁波市长期受到海洋环境的影响，形成了以“渔猎”为主的经济文化，并在城镇化进程中发展出“大工业”经济文化。因此，宁波市的海洋文化特征非常显著，成为乡土地理校本教材开发的核心。在此基础上，教材目标可以归纳为以下三个方面（图4.2）：①展现宁波市海洋文化特色，形成初步的乡土认知。通过海洋文化校本教材的内容，使学生对宁波市的海洋文化特征有初步的了解和认识，为后续学习奠定基础。②深化乡土情感与乡土意识的认同。结合宁波市的实际案例，通过情

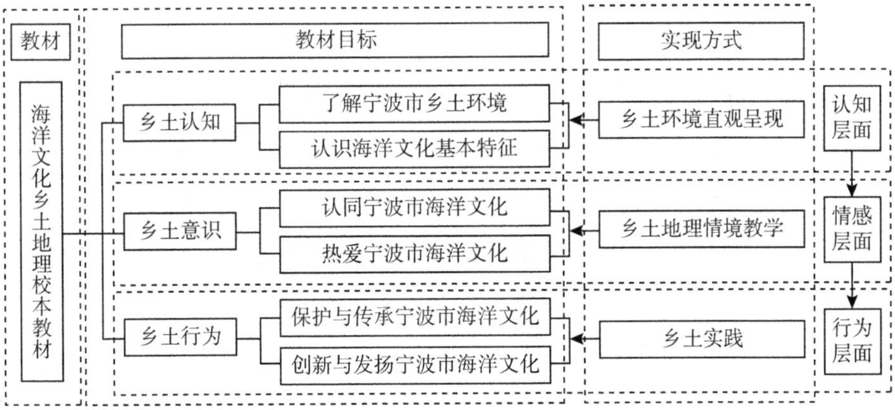


图4.2　宁波市海洋文化校本教材构成与目标

① 贺丹君，刘宇．地理课程评价的新策略[J]．地理教育，2004(3)：6-7.

境教学的方式,引导学生进一步理解和认同宁波市的海洋文化,激发他们的乡土情感和乡土意识,使其更加贴近本土文化。③促进乡土行为的发展。通过实践活动,将教材知识与现实问题相结合,引导学生在实践中探索,发展积极的乡土行为,培养他们的社会责任感与参与意识。教材设计三级目标由浅入深,层层递进,最终旨在形成稳定的乡土情怀,促进学生在知、情、意、行方面的和谐统一发展。

### (二)选择教材内容

宁波海洋文化校本教材的教学目标与新人教版高中地理必修二的教学目标高度契合。因此,本研究通过对比分析,从新人教版高中地理必修二中筛选出与海洋文化及乡土情怀相关的章节内容。这些内容被整合并归纳为四个层面:海洋景观文化、海洋经济文化、海洋军事文化和海洋环境保护。这四个层面被确立为宁波市海洋文化校本教材的四大专题。在确定教材专题后,结合宁波市独特的乡土文化特色,从以下四个方面选择相应的教学资源:自然与人文景观、产业结构与特色、海洋权益与发展战略、海洋环境现状与保护。通过对这些资源的整合与凝练,形成了一个完整的教材框架(图 4.3),从而为学生提供一个系统而丰富的学习平台。

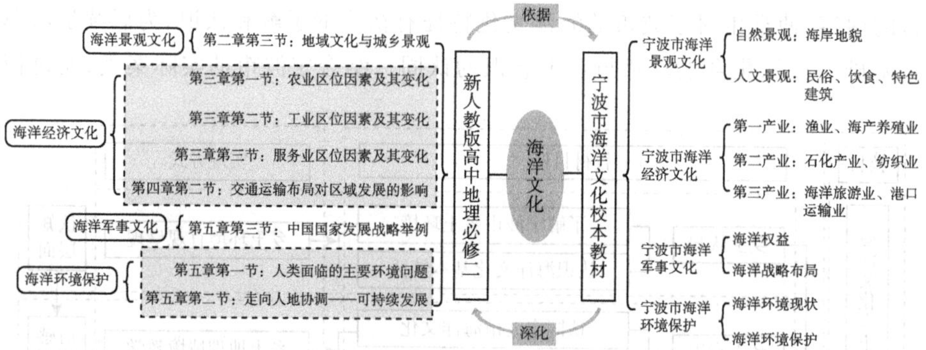


图 4.3 宁波市海洋文化校本教材内容选择

### (三)组织教材内容

情境教学法在乡土教学中能够有效地将抽象的文化概念转化为具体而生动的场景,促进学生对乡土情感的迁移与应用。因此,本研究基于情境教学法,从宁波市海洋景观文化、海洋经济文化、海洋军事文化和海洋环境保护四个专题中,选择了自河姆渡时期至当代具有典型乡土意义的教学情境(表 4.1)。根据这些教学情境，我们整合了丰富的乡土教学资源，以“导入一正文一探究活动”的结构组织教材内容，充分展现了宁波市海洋文化的时代变迁与乡土特色。这种教学方式不仅提升了学生的学习兴趣，还加深了他们对宁波海洋文化的理解与认同。

实践探究活动是校本教材的重要组成部分，是连接教材知识与乡土环境的关键桥梁。它不仅能够培养学生对地理学习的兴趣，还能满足乡土地理教学的实践性功能，因此在塑造学生的乡土行为中发挥着至关重要的作用①。实践探究活动的形式不仅限于课堂交流与讨论，更强调通过实地调查和亲身体验等方式，使学生能够深入体会海洋文化的独特性和丰富性。依据实践探究活动的设计原则，本研究将实践探究活动的设计思路概括为“一二三四”模式(图4.4)。①以培养学生乡土情怀为根本宗旨，提升学生的乡土意识。通过这种方式，学生不仅能够了解家乡的自然与人文环境，还能在情感上与乡土文化建立更深的连接。②提倡课堂实践与课外实践相结合，重视知识考查与能力考查并重的教学理念，充分发挥学生的主体地位。这种方法能够激发学生的主动性，鼓励他们在探索中学习，通过实践深化对理论知识的理解。③以帮助学生进一步认识、理解和认同乡土文化，进而保护与传承乡土文化为目标。这种目标导向不仅关注知识的获取，更强调情感与行动的统一，实现知情意行的和谐发展。④根据海洋文化的构成，学生的实践活动主要涵盖海洋景观、海洋经济、海洋军事和海洋环境四个方面，以使学生能够全面了解宁波市的海洋文化现状。通过这样的全方位探究，学生能够更深入地理解海洋文化对地方发展的重要影响，并培养出强烈的乡土责任感与归属感。

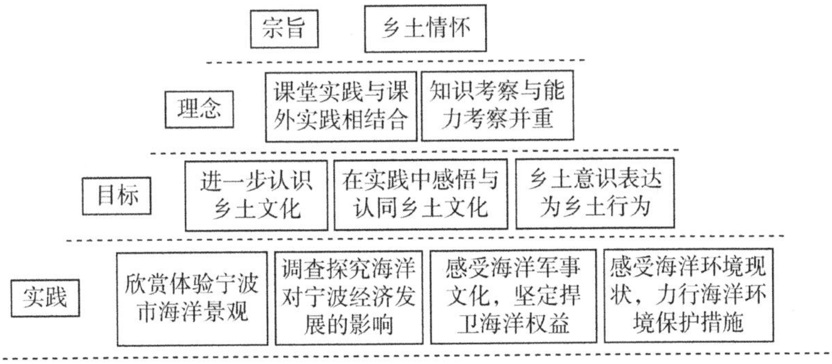


**图4.4　宁波市海洋文化校本教材实践活动设计模式图**

① 张言顺，唐开球．浅谈乡土地理教育改革的几个趋向[J]．地理教育，2003(05)：29.

**表 4.1　宁波市海洋文化校本教材内容组织框架**

| 专题 | | 导入情境 | 正文内容 | 实践探究活动 | 设计目的 |
|---|---|---|---|---|---|
| 宁波海洋景观文化 | 自然景观 | “一方水土养育一方人”——宁波市特色文化景观 | ①全新世河姆渡地区海进海退过程及其对宁波市地貌基本格局产生的影响。<br>②宁波海岛数量、面积、分布等特点，选取典型海岛对其特点进行简单介绍。<br>③宁波海岸地貌类型及其特点，以及各类海岸地貌形成过程与原因 | 查询相关资料并探究：基于可持续发展理念，宁波市应如何开发利用海岸地貌？ | 通过识别宁波市典型的海岸地貌、分析海岸地貌开发利用情况，了解宁波市自然景观，落实区域认知、地理实践力与人地协调观 |
| | 人文景观 | | ①河姆渡文化的特点、源起与衰落。<br>②天一阁博物馆中园林式藏书阁建造背景与特点。<br>③宁波咸、鲜、臭饮食特点的由来及其典型菜品，宁波六大特色美食的特点与发展历史。<br>④开渔节、十里红妆、宁海狮舞等民俗的发展历程及其特色 | ①结合7000多年前河姆渡的自然环境特点，分析影响干栏式建筑形成的原因。<br>②结合本节课所学内容，阐述对“一方水土养育一方人”的深刻理解 | 通过认识宁波市文化景观，了解宁波市乡土文化特色，理解自然环境对文化景观的影响，落实人地协调观、区域认知 |
| 宁波海洋经济文化 | 第一产业 | “华夏文明第一缕曙光”——河姆渡遗址 | ①宁波市渔业发展的有利条件；渔业发展的历史进程；不同时期渔业生产总值及其变化；渔业生产现状及其所面临的问题。<br>②宁波市海产养殖业发展的有利条件；海产养殖业发展的历史进程；不同时期海产养殖业生产总值及其变化；海产养殖业生产现状及其所面临的问题 | ①结合所学知识，分析渔业过度开发会带来哪些问题？<br>②为实现经济、社会、生态可持续发展，宁波市渔业生产应如何调整？ | 通过学习宁波市第一产业发展过程及现状，认识宁波渔业、海产养殖业特色，理解影响产业发展布局的区位因素，落实综合思维、人地协调观、区域认知 |
| | 第二产业 | | ①宁波石化产业不同时期生产总值；宁波石化产业生产模式及产业链特点；宁波石化产业主要分布区；发展石化产业的优势条件。<br>②宁波纺织业不同时期生产总值；宁波红帮裁缝的起源、发展、特色技艺，红帮裁缝的奋斗事迹与工匠精神；宁波雅戈尔企业产业地位及其产业特色 | 结合本节课所学内容，分析宁波石化产业链的特点，并针对其存在的不足之处提出合理建议 | 通过学习宁波市第二产业发展过程及现状，认识宁波石化产业、纺织业特色，理解影响产业发展布局的区位因素，落实综合思维、人地协调观、区域认知 |
| | 第三产业 | | ①宁波市旅游资源数量及分布特点，并列举典型的旅游景点；宁波市滨海旅游业发展现状及其开发前景。<br>②宁波港口自唐宋至现代的发展进程；当前宁波市港口数量及分布位置，各个港口年吞吐量、主要航线、运输的货物类型等；宁波港概况、经济腹地、自然区位条件 | ①分析滨海旅游业的发展会对宁波市带来哪些有利和不利的影响。<br>②查询相关资料，试分析宁波港如何带动宁波市经济发展 | 通过学习宁波市第三产业发展过程及现状，认识宁波旅游业、港口运输业特色，理解影响产业发展布局的区位因素，落实综合思维、人地协调观、区域认知 |

续表

| 专题 | | 导入情境 | 正文内容 | 实践探究活动 | 设计目的 |
|---|---|---|---|---|---|
| 宁波海洋军事文化 | 海洋权益 | “全球海洋中心城市”——宁波市发展战略目标 | ①明清时期宁波人民抗击倭寇、抗击英军入侵的主要事迹。<br>②宁波通商口岸形成的历史背景及其发展历程 | 列举2~4个中国维护海洋权益的重大事件 | 通过了解宁波市民维护海洋权益的历史事件，理解维护海洋权益的重要性，树立学生爱国意识 |
| | 海洋战略布局 | | 宁波市建设“全球海洋中心城市”的具体内涵与目标；建设“全球海洋中心城市”对宁波市发展带来的重要影响 | 列举2~4个中国沿海城市海洋战略布局目标 | 通过了解宁波海洋战略布局，认识宁波发展方向，树立学生乡土意识，推动家乡建设 |
| 宁波海洋环境保护 | 海洋环境现状 | “再现蓝色海湾”——梅山湾海洋环境综合治理 | ①当前宁波海域所面临的海洋污染问题。<br>②列举人类活动对海洋环境所带来的影响 | 通过实地调查，记录学校周边存在的环境污染问题，并针对其提出解决措施 | 通过了解宁波海洋污染问题，调查周边环境状况，树立学生环保意识，落实地理实践力、人地协调观 |
| | 海洋环境保护 | | ①海洋环境保护的社会意义、经济意义、生态意义。<br>②宁波市海洋环境保护取得的成效及存在的不足，并列举典型案例予以拓展 | 结合所学知识，为宁波市海洋环境保护提出更多合理的针对性建议 | 通过了解宁波市海洋环境治理现状，推动学生投入家乡建设，落实地理实践力、人地协调观 |

### (四)教材评价

教材评价是教材开发与实施过程中至关重要的环节。本研究基于乡土教材的特性,从基础知识、思想文化、乡土特色、可操作性和编写排版五个维度,对教材内容和教材组织这两个主要方面进行全面评价。同时,教材评价应体现评价主体的多元化,不仅要考虑教师对乡土教材的评价,还要充分纳入学生对教材的反馈和看法。这种综合的评价方式将有助于确保教材的全面性与适应性,反映出更为丰富的教学实际。综上所述,本研究依据定量评价法设计了宁波市海洋文化校本教材评价量表,以便系统化地评估教材的各个方面。具体内容如表4.2所示。

表4.2　宁波市海洋文化校本教材评价体系

| 一级指标 | 二级指标 | 评价标准 | | | 评价主体 | | 单项总分 |
|---|---|---|---|---|---|---|---|
| | | 优秀(8~10分) | 良好(4~7分) | 一般(1~3分) | 教师评价 | 学生评价 | |
| 教材内容 | 基础知识 | 内容丰富有趣且深入浅出,包括自然、人文等多方面地理知识,与学生认知水平相适应,学生能够通过教材学习深刻理解宁波市乡土文化 | 涵盖较为全面的自然、人文地理知识,有一定的乡土性知识,教材内容难度高于学生认知,学生掌握较困难 | 知识笼统且片面,没有深入探究乡土文化,没有涉及乡土性知识,难以激发学生学习兴趣 | | | |
| | 思想文化 | 有较高的科学性与逻辑性,能够有效地帮助学生提高乡土文化认同感,培养学生文化传承品质 | 较符合科学性与逻辑性,能够在一定程度上培养学生对乡土文化的认同感 | 缺乏科学性和逻辑性,在培养学生对乡土文化的认同感方面较差 | | | |
| | 乡土特色 | 完整地展现宁波市乡土文化,突出地域性与乡土性 | 较为完整地展现宁波市乡土文化,但未体现乡土文化全貌 | 乡土特性不足,没有体现出宁波市乡土特征与乡土文化 | | | |
| 教材组织 | 编写排版 | 排版简洁清晰,图表丰富,文字与图表相得益彰,编排形式灵活丰富 | 排版一般,可进一步优化,图表数量较少,图文匹配度较低 | 排版混乱,逻辑不清晰,可读性较差,图表引用不合适,编排形式单一,印刷不清晰 | | | |
| | 可操作性 | 结构清晰,便于教师进行教学,满足实际教学环境,实用性高 | 对教师教学能力要求较高,对教学环境有一定要求 | 教材逻辑不清晰,可读性较差,不便于教师教学及学生自学,与教学环境不匹配,实用性较差 | | | |

本书以“宁波海洋景观文化”专题中的“人文景观”为例，设计宁波市乡土地理校本教材，具体内容扫描二维码可见。

通过上述评价量表，教师与学生的反馈将有助于进一步改进和优化教材内容，从而更好地服务于教学实践，提升学生对乡土文化的理解与认同。同时，这一评价机制也将促进教材开发者对教材质量的不断追求和提升。

乡土地理校本教材在学生乡土情怀的形成与发展中发挥着重要的作用。在全球化迅速发展的背景下，培养学生正确的乡土意识与家国意识，不仅有助于他们对家乡与祖国文化事业的认同和贡献，更是乡土地理校本教材的核心教学目标。本节围绕乡土意识的构成，依据乡土地理校本教材开发的一般思路，明确了宁波市海洋文化校本教材的开发目标，深入挖掘宁波市海洋文化相关的教学资源。同时，通过合理组织这些乡土资源，确保教材结构完整且科学。此外，本节还设计了一个多维度的教材评价量表，旨在为教材的改进与发展提供可靠的评价依据。这样的评价机制不仅能有效推动乡土地理校本教材的进一步发展，还能促进教师和学生在教学过程中的互动，增强学生对乡土文化的认同感和归属感。

通过以上措施，期望能够为基础教育事业注入新的活力，助力学生在理解与传承乡土文化的过程中，形成对家乡和祖国深厚的情感与责任感。

## 第二节　国家安全教育背景下高中地理校本课程开发与设计——海洋教育主题案例

国家安全教育是推动教育事业发展和保障国家安全的重要途径之一。地理学科凭借其综合性和区域性特点，能够有效融入国家安全教育的内容，帮助学生形成全面的国家安全观。我们立足于国家安全教育的背景，基于宁波市优越的海洋资源条件，以海洋教育为主题，探讨宁波市海洋空间资源开发利用的进程作为主线，以及社会生产力发展引发的人地关系变化作为副线，进行校本课程的开发、设计与评价，旨在落实国家安全教育的要求。

### 一、研究背景

在当今世界百年未有之大变局下，维护国家安全已成为社会经济发展的重大挑战，因此，开展全民国家安全教育刻不容缓。国家安全教育的目标是维护国家安全，通过对全体公民进行品德、智力、能力等多方面的教育活动，以提升国民的安全意识与责任感①。我国的大中小学国家安全教育起点较高，通常从顶层设计的角度进行统筹规划。在党和国家的高度重视下，教育部颁布了一系列纲领性文件，形成了相对完善的大中小学国家安全教育体系。然而，由于国家安全教育起步较晚，仍存在一些不可忽视的短板②。2020年，教育部发布了《大中小学国家安全教育指导纲要》，针对不同学段的国家安全教育目标，明确了主要学习内容、实施途径和保障措施，推动国家安全教育向系统化、规范化和科学化发展。

作为一个海陆兼备的发展中大国，我国在进入21世纪后，面对时代发展的机遇与挑战，海洋安全问题已成为海洋资源开发和利用过程中不可忽视的重要内容，同时也是国家安全教育的重点领域。面向海洋的国家安全教育是增强全民海洋意识和加快建设海洋强国的有效途径。《普通高中地理课程标准(2017年版)》指出，地理学科课程内容应综合考虑科学发展观教育、国家安全教育、海洋意识教育等相关内容③。新课程标准下，高中地理的海洋教育内容有所增加，但仍显得分散且缺乏系统性④。对此，教师应挖掘和利用校内外相关教育资源，将海洋地理知识与面向海洋的国家安全教育紧密结合，开设校本课程，以完善中学地理教育体系⑤。校本课程的开发与设计应立足于学科体系，注重课程与社会需求之间的紧密联系，关注学生的成长需求和实践体验，以更好地培养学生的综合素养。

作为我国重要的沿海城市，宁波市的海洋经济和科教文化实力显著，拥有丰富的海洋教育资源，适合开设以海洋教育为主题的高中地理校本课程。因此，我们尝试依托宁波市地理资源，开发以海洋教育为主题的校本课程，进而完善中学

① 宋方静，方修琦．地理教育与国家安全教育刍议[J]．地理教育，2022(增刊)：121-122.

② 郭世杰．大中小学国家安全教育的回顾、反思与展望[J]．教育评论，2022(1)：98-106.

③ 中华人民共和国教育部．普通高中地理课程标准(2017版)[M]．北京：人民教育出版社，2018：5.

④ 何晓丹，高超，徐皓．面向海洋教育的高中地理研学旅行设计：以舟山渔场为例[J]．地理教学，2021(17)：54-58.

⑤ 中华人民共和国教育部．教育部关于印发《大中小学国家安全教育指导纲要》的通知．(2020-09-28)[2023-02-03]．http://www.gov.cn/zhengce/zhengceku/2020－10/28/content_5555255.htm.

地理学科教育体系，落实学生海洋教育和国家安全教育的培养。

## 二、海洋教育主题高中地理校本课程设计思路

在国家安全教育的大背景下，校本课程内容应与生活实际和社会需求紧密结合。依据高中地理课程标准，从综合思维、区域认知、地理实践能力和人地协调观四个维度提出课程教学标准，以专题式实践课程为手段，实现国家安全教育的根本目标。

宁波市作为我国重要的沿海城市，其优越的地理位置使其成为国家战略布局的重点城市。同时，依托丰富的“岛屿、滩涂、渔业资源、自然景观以及石油”等海洋资源和独特的港口优势，宁波市的海洋经济迅速发展。然而，随着经济的高速增长，人地矛盾愈发突出，海洋资源的开发利用程度不断提高，导致了一系列海洋生态、环境和资源问题。为了解决这些问题，我们梳理了高中地理课程标准中关于海洋地理知识的相关内容，明确了海洋教育各个模块与国家安全教育重点领域之间的内在联系，从而准确把握课程内容的编写逻辑（图4.5）。基于这一逻辑，以宁波市海洋空间资源的时空变化为主线，以社会生产力发展引发的人地关系变化为副线，设计以海洋教育为主题的宁波市高中地理实践类校本课程。

这种设计思路不仅有助于提升学生对海洋资源的认知和利用能力，还能够促进学生对海洋生态保护和可持续发展的理解。在具体实施过程中，课程将围绕海洋资源的开发与保护、海洋文化的传承与创新等主题，结合实际案例，开展多种形式的实践活动，鼓励学生深入探索和参与，从而增强他们的国家安全意识与海洋意识，培养出既具备地理知识又具备社会责任感的新时代人才。

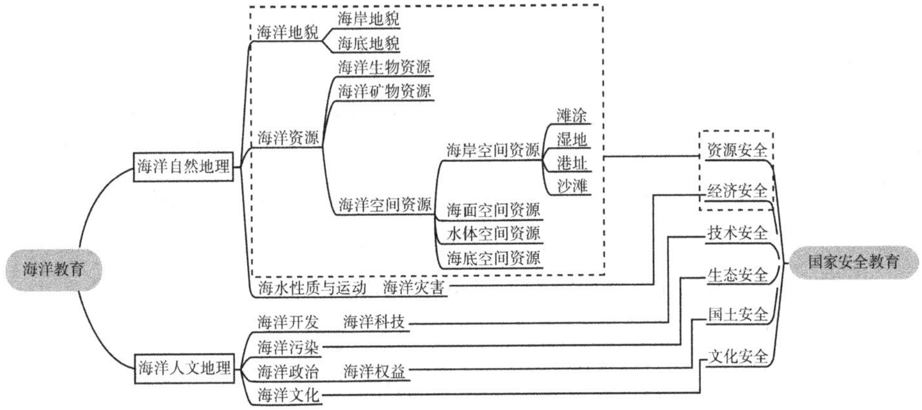


图4.5　高中地理内容涉及的海洋地理知识与国家安全教育相关领域的思维导图

## 三、高中地理校本课程内容的开发与设计

### (一)校本课程内容的开发

在充分考察宁波市海洋教育资源的基础上,我们选择杭州湾国家湿地公园、宁波滨海万人沙滩、宁波中国港口博物馆、宁波博物馆及老外滩作为课程实践地点,以体现现代宁波市海洋空间资源利用在空间上的连续变化,这部分内容构成了校本实践活动中的“今”。同时,从时空综合的角度出发,选择河姆渡遗址博物馆开展实践活动,以反映宁波市海洋空间资源利用在时间上的变化,承载校本实践活动“古”的内涵。在海洋教育的实践过程中,将生态安全、经济安全、资源安全、国土安全、文化安全和科技安全等多方面内容深入挖掘,使得海洋教育主题校本课程的根本目标上升至国家安全教育的高度(图4.6)。

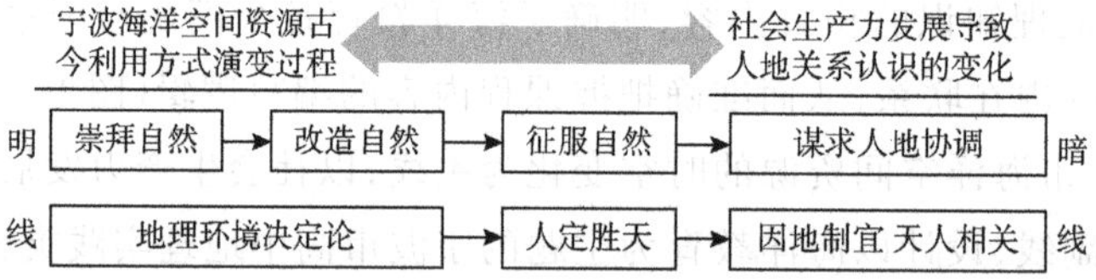


图4.6　校本课程设计思路

结合所选实践地点,校本课程被划分为四个专题(图4.7),旨在立足于高中地理教学内容,指导学生在宁波市范围内开展海洋地理的专题实践学习。这一过程不仅有助于将宏大的国家安全问题细化到学生的日常生活中,还能够加深学生对宁波市海洋文化与国家安全之间关系的认识,培养学生的家国情怀和总体国家安全观。

**专题一:海水进退间:史前文明的蓬勃与式微**

紧密围绕河姆渡文化展开教学。7000年前,河姆渡先民在古姚江畔的潮湿沼泽中创造了繁盛的河姆渡文化。他们迈出的探索海洋、拥抱海洋的坚定脚步,是中国建设当代海洋强国的先声。通过学习这一专题,学生不仅能够了解宁波市悠久的海洋文化,还能增强文化认同感,树立自觉维护国家文化安全的意识。

**专题二:历史沉浮间:港口发展的兴起与没落**

以宁波市港口开发的历程为主线设计实践专题。通过寻找港口文化的印记,了解宁波人历尽艰辛发展航运事业的历史,学生可以认识到宁波港在国家海洋经济安全中的重要地位及实现海洋经济主权安全的重要性,从而深刻理解国

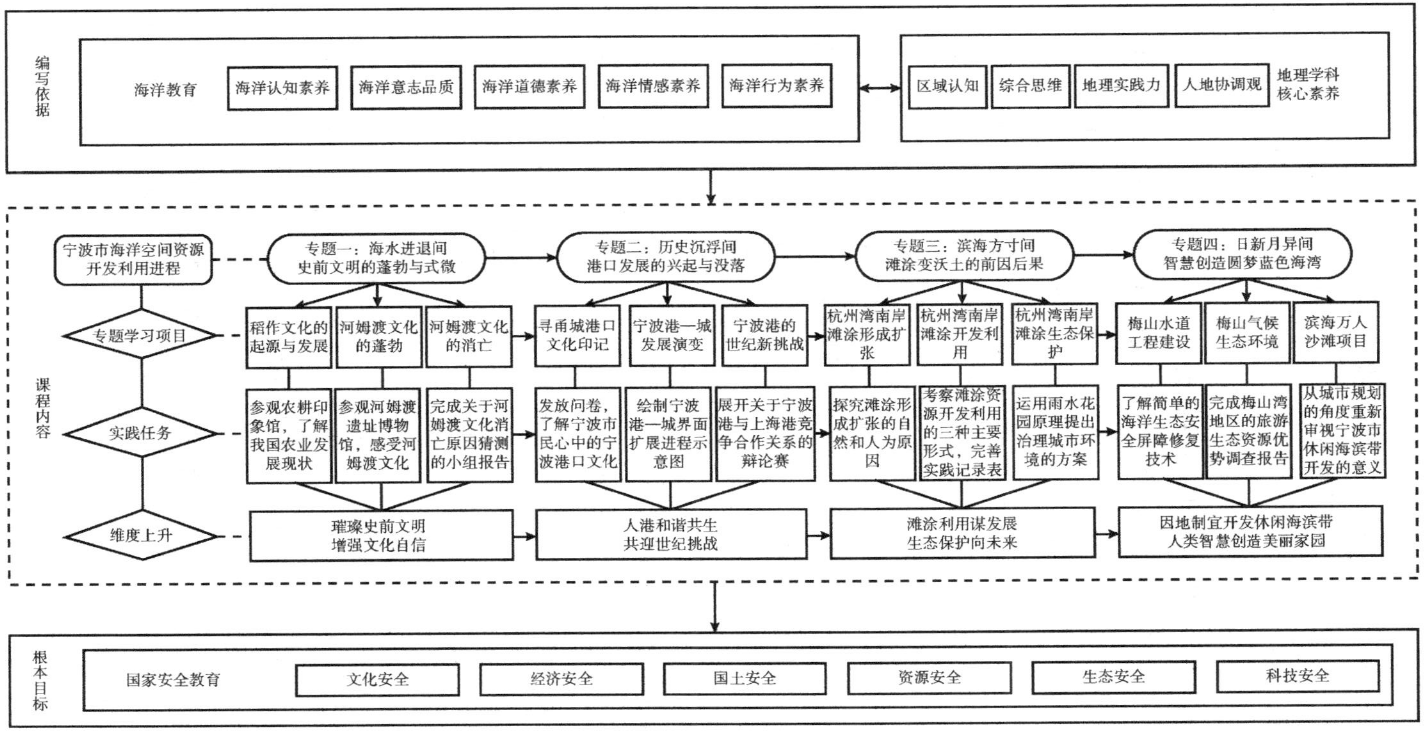


图 4.7 国家安全教育背景下宁波市海洋教育校本课程实施策略

家经济安全的内涵。

**专题三：滨海方寸间：滩涂变沃土的前因后果**

主要聚焦于杭州湾南岸滩涂的形成、扩张、开发与保护历程，实践活动要求学生通过实地考察和访谈调研，理解合理开发利用滩涂湿地这一海洋空间资源对于保障国家国土安全、资源安全等领域的重要意义。

**专题四：日新月异间：智慧创造圆梦蓝色海湾**

结合海洋生态环境综合治理的社会热点，围绕梅山湾一系列治理海域环境的人工工程开展实践活动，使学生认识到人工综合整治对恢复海洋生态安全屏障的重要作用，树立保护海洋、热爱海洋的"人—海"协调发展的价值观。

上述四个专题围绕高中地理学科的核心素养，紧密结合地理课程标准，设计了校本课程标准和具体教学内容(表4.3)。各专题内容可作为人教版教材高中地理选择性必修三"资源、环境与国家安全"的拓展，根据学校的实际授课进度，在高二年级开设相关专题的地理选修课。在课堂授课时，教师将集中讲解基础知识与外出安全教育；实践活动课程则将学生分成四组，在课余时间进行实地考察，并在课程结束前进行小组专题汇报展示。通过这一系列的课程设计与实践活动，不仅提升了学生的地理素养，还加强了他们对国家安全教育的认知与理解。

**(二)校本课程实践活动的具体设计**

以专题"滨海方寸间：滩涂变沃土的前因后果"为例，我们围绕滩涂围垦、滩涂养殖、风力发电等多种滩涂湿地资源的开发利用途径，阐明杭州湾南岸海洋空间资源利用的特征，即由单纯注重经济发展逐渐转向对生态保护的重视，通过情境探究主题和实践活动任务两方面展示校本课程实践活动实施的具体教学设计。

在课程的实践活动过程中，教师应以学生为中心，创造真实的问题情境(表4.4)，以引导学生主动探索。通过自主探究、小组合作等多样化学习模式，营造良好的学习氛围，鼓励学生在实践过程中积极参与。教师应指导学生将实践成果及时记录在实践记录表中(图4.8)，以便后续的反思和总结。此外，建立一个完整的学习评价体系，有助于落实校本课程的教学目标，最终实现提升学生地理学科核心素养和深入了解国家安全现状的双重目标，带领学生进行一场富有教育意义的杭州湾滩涂湿地之旅。

**表4.3　海洋教育主题校本课程标准**

| 专题 | 内容标准 | 教学提示 |
|---|---|---|
| 海水进退间史前文明的蓬勃与式微 | ①参观农耕印象馆，了解河姆渡稻作文化以及我国农业发展现状（资源安全）。<br>②参观河姆渡遗址博物馆，感受璀璨的河姆渡文化，从自然环境变迁的角度探究河姆渡文化起源与消亡的原因（文化安全） | ①结合资料，了解各个自然环境要素的时空变化对河姆渡文化兴衰产生的影响；综合分析自然条件如何作用于区域农业发展影响到国家安全（综合思维）。<br>②查阅资料，了解宁波特色农产品、海产品（区域认知）。<br>③实地考察，理解自然环境和地理环境满足人类需要的潜力性、有限性（地理实践力、人地协调观） |
| 历史沉浮间港口发展的兴起与没落 | ①通过发放问卷等形式，了解宁波市民心中的宁波港口文化（文化安全）。<br>②利用地图等资料，还原宁波港—城界面扩展进程（文化安全）。<br>③通过收集资料，举例说明宁波港发展的机遇与挑战（经济安全） | ①查阅文献，从多维视角评价宁波港发展的优势和劣势（综合思维）。<br>②结合资料，理解区域间联系的复杂性；思考宁波港打造交通强国先行者对维护国家经济安全的积极作用（区域认知）。<br>③查阅文献，合作探索问题，通过开展相关主题的辩论赛表达想法（地理实践力） |
| 滨海方寸间滩涂变沃土的前因后果 | ①利用遥感影像等资料，说明滩涂形成扩张的自然和人为原因（国土安全）。<br>②通过访谈调研等形式了解杭州湾南岸滩涂开发利用的主要模式（资源安全）。<br>③通过观察和收集湿地植物种类，了解湿地的生态价值（生态安全）。<br>④尝试运用雨水花园原理，提出治理城市环境的方案（生态安全） | ①结合资料，综合分析围填海的原因（综合思维）。<br>②运用地图工具，分析杭州湾自然地理特征、滩涂的形成原因、滩涂开发区位条件（区域认知）。<br>③实地考察，理解海洋能源、耕地后备土地资源对粮食安全、国家土地安全、国家能源安全的意义（地理实践力、人地协调观） |
| 日新月异间智慧创造圆梦蓝色海湾 | ①通过实地考察，了解简单的海洋生态安全屏障修复技术（科技安全）。<br>②实地考察项目建设情况，从城市规划角度重新审视宁波休闲海滨带开发的意义（生态安全） | ①结合资料，理解梅山水道工程对梅山湾动力条件改变的作用（综合思维）。<br>②实地考察，完成宁波滨海休闲带开发整体思路与潜力评估报告（地理实践力）。<br>③查询资料，了解身边人智慧改善生态环境、保障国家生态安全的案例，树立正确资源利用观（人地协调观） |

表 4.4 杭州湾国家湿地公园实践地点具体活动设计

| 情境探究主题 | | 活动地点 | 问题和任务 |
| --- | --- | --- | --- |
| 杭州湾南岸滩涂形成、扩张原因 | 自然原因：南岸淤积严重 | 海天一洲观景平台 | ①观察杭州湾南岸地貌特征，思考为何杭州湾以南以基岩海岸为主，以北为泥质海滩为主。<br>②思考杭州湾南岸滩涂形成的原因 |
| | 人为原因：围填海工程 | 海塘公路（郑徐水库段靠海一侧） | ①说明围填海给当地地理环境带来的不利影响。<br>②从灾害、军事、交通等方面思考海塘对维护国家国土安全、生态安全的作用 |
| 杭州湾南岸滩涂的开发利用 | 滩涂养殖 | 海塘公路（郑徐水库段）靠海一侧 | ①思考杭州湾南岸滩涂发展滩涂养殖的有利条件。<br>②访谈渔民有关滩涂养殖产品种类、销售渠道、经营现状等情况，结合资料，分析当地传统的滩涂养殖投入多产出少的原因 |
| | 耕地 | 浙江省慈溪市国家现代农业产业园 | ①分析围填海后土地多为盐碱地的原因，访谈农业产业园技术人员，调查产业园内农作物种类，分析其农业区位优势。<br>②作为长江经济带和沿海经济带的交汇点，宁波的城市、工业建设对土地需求大，耕地面积紧缺。滩涂是重要的土地后备资源，分析其对维护我国粮食安全的重要意义。<br>③体验种植盐碱地玉米，综合分析滩涂作为耕地的限制性因素。<br>④通过实地调查和收集资料，客观评价宁波实行“田长制”、耕地保护“村级监督员”政策的合理性，并且思考如果你是人大代表，你会提出什么建议来确保国家土地安全、守住耕地红线 |
| | 风力发电 | 观海卫镇慈溪长江风力发电厂 | ①观察并绘制风力发电的扇叶形态、扇面朝向，思考其原因并判断实时风向。<br>②思考发展沿海地区发展风力发电对促进我国能源结构转型的重要意义 |
| 杭州湾南岸湿地的生态保护 | | 杭州湾国家湿地公园 | ①观察并收集湿地植被种类，参观候鸟博物馆，思考自然湿地对维护生物多样性的作用。<br>②参观湿地公园内雨水花园，绘制雨水花园的原理示意图，思考这种原理在城市环境治理中的运用 |

# 实践活动记录表

| 杭州湾国家湿地公园植物图鉴 | | |
| --- | --- | --- |
|  |  |  |
| 植物名称：落羽杉<br>生长特性：<br>高大乔木、强阳性树种，耐低温、干旱、涝渍和土壤瘠薄，耐水湿，抗污染、抗台风，且病虫害少，生长快 | 植物名称：荻<br>生长特性：<br>生于山坡、撂荒多年的农地、固定沙丘群、荒芜的低山上带带形成大面积草甸、繁殖力强，耐瘠薄土壤. | 植物名称：芦苇<br>生长特性：<br>生于江河湖泽、池塘沟岸和低湿地。在各种有水源的空旷地带，常以其迅速扩展的繁殖能力，形成连片的芦苇群落. |
| 观察园区内雨水花园，根据介绍绘画出雨水花园原理简图 | | |
| 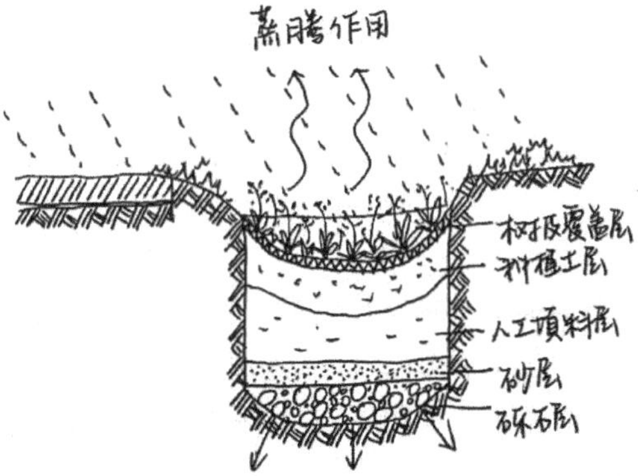 | | |



图 4.8　实践活动记录表

### (三)校本实践活动的评价方式

为更好地落实国家安全教育与学生综合素质的培养,本课程采用形成性评价与总结性评价相结合的方式,强调在地理实践活动中的表现性评价,突出以学生为中心和评价主体多元化的理念。同时,关注学生对各领域国家安全的理解程度,从实践活动前的准备情况、实践活动中的参与度和实践活动成果三个方面,制定了校本课程的评价量表(表4.5)。

**表4.5　以实践活动为主的课程评价量表**

| 评价导向 | 评价项目 | | 评价主体 | | |
|---|---|---|---|---|---|
| | | | 自评 | 互评 | 师评 |
| 前期准备评价(10分) | 资料收集能力(5分) | | | | |
| | 地图、遥感影像读图分析准备(5分) | | | | |
| 活动过程中过程性评价(40分) | 活动参与得积极性(10分) | | | | |
| | 沟通交流能力、团队协作能力(10分) | | | | |
| | 相关地理知识的迁移运用能力(10分) | | | | |
| | 活动分析与探究问题的综合思维能力(10分) | | | | |
| 活动后总结性评价(50分) | 手绘地图的准确性、创新性(10分) | | | | |
| | 活动调查报告合理性、实用性(10分) | | | | |
| | 小组活动成果汇报、课件展示 | 对实践活动内容阐述得全面性和深入性(15分) | | | |
| | | 综合分析宁波资源环境问题对国家安全影响的能力(15分) | | | |
| 得分 | | | | | |

注:总分=自评×40%+互评×30%+师评×30%。

立足于国家安全教育背景,本节开展海洋教育主题的地理校本课程开发研究,旨在结合宁波市独特的海洋文化,深入挖掘本土国家安全教育资源,为国家安全教育在高中地理教学中的有效开展寻求新途径。此举不仅旨在培养学生的总体国家安全观,还可以推动国家安全教育的落地实施。值得注意的是,我国的国家安全教育正处于起步阶段,相关工作部门与教育者需要投入更多的精力,以拓展国家安全教育的实施途径,全面增强学生的国家安全意识,提高他们维护国家安全的能力。这样的教育不仅为培养社会主义合格建设者和可靠接班人打下坚实的基础,也为构建一个更加安全和稳定的社会环境奠定了重要的理论和实践基础。

# 第三节　融创课堂理念下高中地理跨学科研学旅行开发与设计

研学旅行在高中地理课程中扮演着不可替代的角色，融创课堂理念为有效提升研学旅行的综合实践育人价值提供了新思路。基于融创课堂的理念，本研究将利用高中地理跨学科研学旅行的开发策略，结合杭州西湖区独特的“宋韵茶丝”研学资源，以地理学科为主线开展跨学科项目式研学活动。这种方式旨在实现学科之间的深度融合，培养学生的学科核心素养和综合思维能力，从而提升课程的育人功能。

2016年，教育部等相关部门联合发布的《关于推进中小学生研学旅行的意见》指出，研学旅行是教育教学的重要组成部分，是实践育人的有效途径，也是落实和培养学生核心素养的重要方式[①]。当前，大多数研学旅行项目往往以单一学科为主导[②]，依赖于地理学科的知识和方法，结果往往无法有效解决学生在研学旅行过程中遇到的真实而复杂的问题，难以实现课堂学习与地理实践的深度融合。跨学科研学旅行以学生的基础知识为起点，围绕特定主题，以地理课程内容为主干，融合其他学科相关的知识和技能，从而开展综合性学习[③]。这样的跨学科研学旅行不仅有助于学生全面分析实际问题，还能增强他们的区域认知能力，提高综合运用知识和解决实际问题的能力，进一步落实地理课程的核心素养。

本节基于融创课堂理念，选择杭州西湖区作为研学地点，利用其独特的“宋韵茶丝”研学资源，确定跨学科地理研学旅行的设计思路与方法，为开展跨学科地理研学旅行提供一个可行的案例。这一案例的实施，旨在激发学生的学习兴趣，增强他们的实践能力，同时为今后更广泛的跨学科研学旅行提供可借鉴的经验。通过这样的探索与实践，希望能够为高中地理教育的改革与发展贡献新的

① 中华人民共和国教育部等11部门．关于推进中小学生研学旅行的意见[EB/OL].(2016-12-02)[2025-01-08].http://www.moe.gov.cn/srcsite/A06/s3325/201612/t20161219_292354.html.

② 冯志旭．地理学科研学向跨学科主题的综合研学转变[J].地理教学，2020(19):61-64.

③ 中华人民共和国教育部．义务教育地理课程标准(2022年版)[S].北京：北京师范大学出版社，2022.

视角与实践路径。

## 一、融创课堂概念与价值

### (一)"融创课堂"基本内涵

"融创"一词代表了从"融"到"创"的不断螺旋上升过程,涵盖了思想的创意、精神的创立、方法的创新以及路径的开辟①。融创课堂是在一个和谐融洽的课堂生态环境中,以生命为起点,以良好的师生关系为基础,以统整与融合为手段,以发展与创新为目标,遵循教育规律和知识内在结构的方向,最大限度地唤醒和激发每一个个体的成长潜能。这样的课堂氛围能够促成各要素的和谐共处、双向互动和融会贯通②。融创课堂旨在打破学段、学科、班级以及课内外的界限,努力突破传统课堂的时空限制,积极实现学科之间的渗透与融通,促进思维的跨越与创新。通过不断丰富学生的学习经历,融创课堂不仅实现了课堂的再生与丰盈,还推动了新课程改革的顺利进行和核心素养的有效达成。融创课堂具备整合性、协同性、开放性、互动性和创生性等显著特征,为教育实践提供了崭新的视角。

### (二)高中地理融创课堂价值蕴含

融创课堂在促进高中地理教学方式的变革和创新、提高地理教学成果方面具有重要的价值与意义。在融创课堂的视角下,开展跨学科研学活动的实践是将各个学科围绕实际问题有效结合的重要途径。通过以实际问题为核心、以学科主要概念为连接点,能够从地理、语文、历史、物理、化学等多学科的视角剖析某一具体问题。这种方式将抽象的地理问题转化为学科化、具体化和生活化的内容,使学生的生活与学习、情感之间建立紧密联系。这种结合不仅帮助学生理解各学科的价值与意义,还能有效发挥地理学科的育人功能,使地理教学更具时代性、创新性和针对性。融创课堂的实施是地理学科对立德树人这一时代使命的积极回应。此外,融创课堂强调学生在真实情境中观察地理现象、解决地理问题,将课堂知识应用于实际生活。这不仅有助于培养学生的行动意识和行动能力,还实现了地理学科核心素养的全面提升。

---

① 王建强,张显国.融创课堂:探究课堂教学深层变革[J].中国教育学刊,2022(6):57-61.

② 王建强.融创课堂的内涵、特征与价值解读[J].四川教育,2019(2):38-40.

## 二、融创课堂理念下高中地理跨学科研学旅行开发策略

高中地理融创课堂具有整合性、创新性、开放性和生长性等显著特点[①]，这要求教师更新学科观念，以开放的心态融合各类资源，完善知识结构，构建新的教学体系。在融创理念的引领下，教师应突破传统地理课堂的时空限制，实现学科的综合与融通，促成思维的跨越与创新。最终，教师可以通过以下有效途径实现"减负增效"和"素养落地"的目标。我们基于融创课堂理念，提出以下高中地理跨学科研学旅行的开发策略（图4.9）。

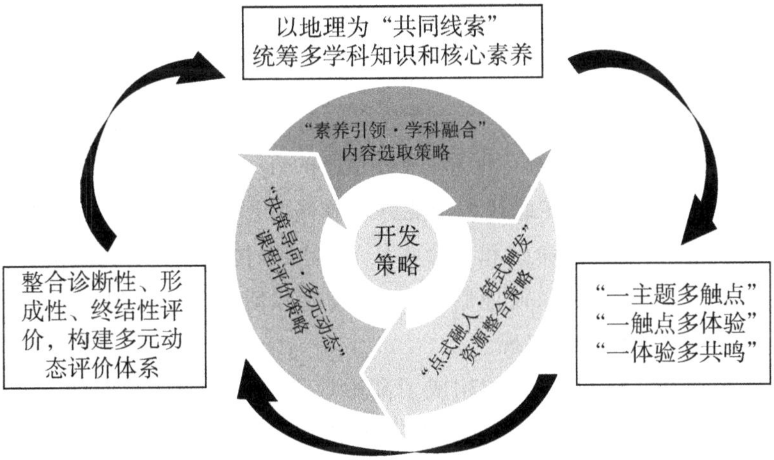


图4.9 融创课堂理念下高中地理跨学科研学旅行开发策略

### （一）"素养引领·学科融合"的内容选取策略

跨学科研学旅行的设计以发展学生各学科的核心素养为共同目标。在这一过程中，考虑到不同学科核心素养的侧重点，将地理学科的核心素养作为"共同线索"，对多学科核心素养进行统筹协调。研学课程设计应深入挖掘研学地点的自然环境特征、人文地域风光以及社会历史沿革等多方面内容，整合地理、历史、语文等学科的知识与核心素养。以"大历史"为依托，以"重大问题"为主线，以"大活动"为重心，将各学科的知识、技能、方法和视野转化为具有内在联系的课

① 刘秀梅，杜艳艳，浦团．绿色发展视域下高中地理融创课堂的实践探究——以人教版选择性必修2《区域发展》为例[J]．地理教学，2023(8)：46-49.

程资源，构建出具有意义的教学情境。这样的设计旨在帮助学生将书本知识与具体实践相结合，有效解答新课改中提出的“知识生活化”命题。通过这种方式，学生不仅能够理解学科知识的实际应用，还能够提升其分析问题和解决问题的能力，形成更全面的知识框架与实践能力，进而实现对各学科知识的深刻理解和跨学科的灵活运用。

**（二）“点式融入·链式触发”的资源整合策略**

在研学课程设计中，需要将研学内容分解为“知识点”“能力点”“兴趣点”“探究点”等多种形式，确保这些要素在整个研学过程中有效整合与融入。通过运用场景、图文、标识等“触点”，结合情境创设、模拟体验、现场访谈、实地考察等“触链”策略，开展基于特定主题的项目式教学[①]。每个主题都体现了个人、社会与自然之间的内在整合，立足于人的整体性，形成“一主题多触点”“一触点多体验”“一体验多共鸣”的教学模式。这一策略不仅促进了知识的内化与深度共鸣，还鼓励学生以更科学的视角看待世界，以更专业的方式认识世界，并用更有效的手段解决问题。此外，学生在此过程中能够培养高阶思维能力和实践能力，进一步形成民族自豪感、历史使命感和社会责任感等家国情怀。这种综合性的学习体验将促进学生的全面发展，使他们在知识、技能和情感层面得到充分成长，进而推动个性化的发展和自我实现。

综上所述，这两项策略共同构成了高中地理跨学科研学旅行的有效开发框架，不仅帮助学生实现知识的跨学科整合与应用，还为他们未来的学习和生活奠定了坚实的基础

**（三）“决策导向·多元动态”的课程评价策略**

决策导向（CIPP）课程评价模式涵盖背景评价、输入评价、过程评价和结果评价四个核心部分，突显了评价在教育发展中的重要功能。该模式有效整合了诊断性评价、形成性评价与终结性评价，为研学课程的持续改进提供了系统性支持。基于CIPP模式，研学课程设计结合了研学旅行的独特特点，围绕相关课程教师、学校行政管理人员及学生群体，构建起一个多元动态的评价体系。

在这一体系中，背景评价与输入评价主要集中于课程的背景信息、设计理念及其适用性，评价主体包括相关课程教师和学校行政管理人员。这一阶段的评

① 曾宪光，刘福芹，杨世科．研学旅行更需要区域的整体推进[J]．人民教育，2023(1)：69-71.

价帮助识别课程设计中的潜在问题和改进空间，为后续课程实施奠定基础。过程评价与结果评价则着重于课程实施过程及其效果的综合评估，评价主体涵盖学生个体、组内成员以及课程教师。通过收集和分析过程中的反馈数据，教师能够及时了解学生的学习状态、情感反应和参与度，从而对教学策略进行适时调整。而结果评价则注重评估学生在研学过程中的学习成果与素养提升，反映出课程的总体效果。

通过对各个环节的评价结果进行深入分析，可以实现不断优化和完善课程设计与实施，最终达到"以评促改、以评促优"的目标。这一评价策略不仅增强了课程的灵活性和适应性，还促进了教育质量的提升，确保学生在研学过程中能够获得更丰富的学习体验和更扎实的知识积累。总之，基于CIPP模式的多元动态评价策略为研学课程的有效开展提供了坚实的保障。它不仅关注教学过程中的每一个细节，还强调教师、学生及管理层之间的有效沟通与合作，从而实现课程的持续改进和创新，推动学生核心素养的全面提升。

## 三、融创课堂理念下高中地理跨学科研学旅行案例设计——以"杭州西湖区"为例

### （一）主题选取和资源优势

杭州作为南宋的都城，蕴藏着丰富的文化内涵，留下了众多珍贵的文化遗产和历史遗迹。从传承千年的茶叶到辉煌的皇家宫殿遗址，千年宋韵文化完美融合了自然与人文景观，至今依然焕发出强大的生命力。这一独特的文化背景为研学活动提供了丰富的资源与灵感。本研究将围绕皇城、丝绸和茶叶这三大主题，精选了南宋皇城遗址陈列馆、中国丝绸博物馆、中国茶叶博物馆以及龙井村四个重要的研学地点。这些地点不仅承载着深厚的历史底蕴，还体现了杭州独特的地理与人文特征。通过从地理、历史、语文、生物、化学和艺术等多学科的角度切入，围绕"钱塘宋韵寻迹忆，茶丝文化融古今"这一核心主题，设计了四个具体的项目，旨在通过项目式教学的方式，跨越时空，深入讲述两宋繁荣时期茶丝文化的发展（图4.10）。在南宋皇城遗址陈列馆，学生可以了解到南宋的城市规划、政治制度和文化生活，感受到古代城市的魅力与智慧；中国丝绸博物馆则展示了丝绸的生产工艺与历史变迁，使学生认识到丝绸文化对中外交流的重要性；在中国茶叶博物馆，学生不仅能品尝到各种茶叶，还能学习茶叶的历史与文化，领悟茶道的深邃哲学；最后，龙井村则让学生亲身体验茶的种植与采摘，感受现代与传统的完美结合。通过这四个主题的研究与探索，希望能够激发学生对传

统文化的兴趣，培养他们的综合素养和跨学科的思维能力。结合丰富的文化资源，这一系列研学活动将帮助学生更好地理解和传承杭州的历史文化遗产，同时也为他们的未来发展打下坚实的基础。

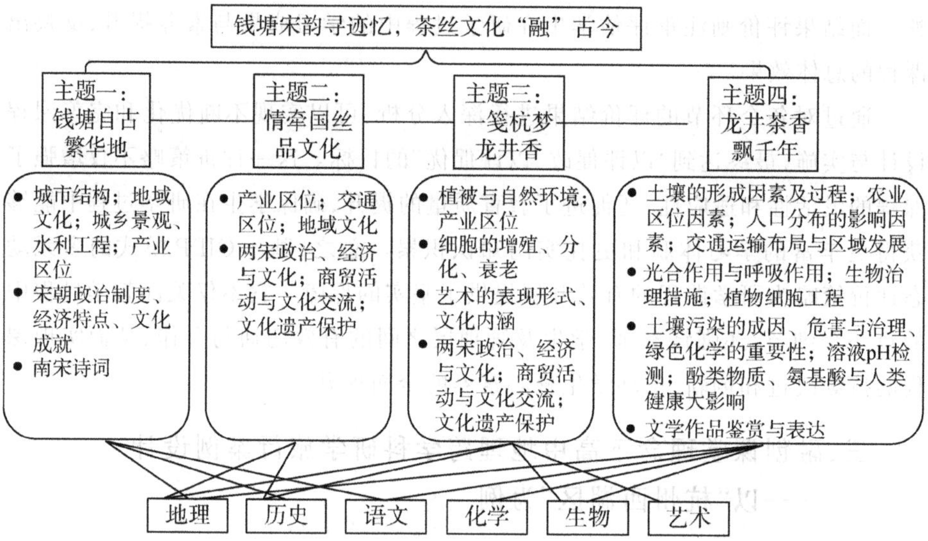


图 4.10 “钱塘宋韵寻迹忆，茶丝文化‘融’古今”研学设计总体框架

## （二）教学活动设计

### 1. 教学目标确定

针对四大主题，以地理核心素养为主线，其他学科核心素养为辅线，设计研学目标(表 4.6)。

表 4.6 “钱塘宋韵寻迹忆，茶丝文化‘融’古今”研学目标设计

| 主题名称 | 教学目标 | 跨学科核心素养培育 |
|---|---|---|
| 主题一：钱塘自古繁华地 | ①了解南宋都城选址及其影响因素。<br>②以宋朝政治制度为背景，说明南宋临安城的城市空间结构类型，通过分析对比，总结南宋临安城与当今杭州城市空间结构类型的变化。<br>③通过观察建筑构件等文物，说明建筑景观与自然环境的联系。<br>④以皇城遗址水利工程为例，分析“流水绕古街，小桥连老铺，清池围旧宅”设计的生态原理。<br>⑤通过查阅书籍、文献等资料，例举宋代在政治、经济、文化等方面取得的成就，提升文学、艺术素养 | ①地理：区域认知、综合思维、地理实践力、人地协调观。<br>②历史：唯物史观、史料实证、历史解释、家国情怀<br>语文：语言构建与应用、文化传承与理解 |

续表

| 主题名称 | 教学目标 | 跨学科核心素养培育 |
| --- | --- | --- |
| 主题二：情牵国丝品文化 | ①从宋朝经济特征中探究丝绸产业中心南移的主要原因及其产生的影响。<br>②从丝绸之路精品文物中领略中国丝绸走过的五千年光辉历程及万里丝路。<br>③从中外服饰文化中，综合考察不同的礼仪制度及其背后反映的社会经济、文化和审美意识。<br>④从非遗馆"天蚕灵机"展示中，了解蚕桑、习俗、制丝、印染、刺绣技艺的历史文化 | ①地理：区域认知、综合思维、地理实践力、人地协调观。<br>②历史：唯物史观、时空观念、史料实证、历史解释、家国情怀 |
| 主题三：一笺杭梦龙井香 | ①通过参观展馆，分析总结植物生长与自然环境的相互关系。<br>②以西湖龙井茶为例，综合分析当前茶产业多元化发展现状及其影响因素。<br>③结合宋朝政治、经济、文化等背景资料，探讨"茶兴于宋"的原因及其传播路径。<br>④观摩西湖龙井手工炒制非遗技艺，探究传统技艺保护与传承的重要途径 | ①地理：区域认知、综合思维、地理实践力。<br>②生物：生命观念、科学思维、科学探究。<br>③艺术：图像识读、美术表现、审美判断、文化理解。<br>④历史：唯物史观、时空观念、史料实证 |
| 主题四：龙井茶香飘千年 | ①实地研学考察，结合农业区位因素，多角度探究西湖龙井的生长环境。<br>②分析传统茶园可能存在的生态问题及解决措施，了解生态茶园的运作模式。<br>③学习采茶方式、体验茶叶采摘，进行劳动教育。<br>④利用地理信息系统，结合访谈调查，探究龙井村聚落的形成背景及意义。<br>⑤多维度对比不同时期采摘的龙井茶的差异。<br>⑥访谈了解茶产业现状，在可持续发展背景下，展望西湖龙井未来发展方向 | ①地理：区域认知、综合思维、地理实践力、人地协调观。<br>②生物：生命观念、科学思维、科学探究。<br>③化学：宏观辨识与微观探析、变化观念与平衡思想、科学探究与创新意识。<br>④语文：语言构建与应用、审美鉴赏与创造、文化传承与理解 |

**2. 教学过程设计**

基于上述教学目标，对每个主题中的项目活动进行设计（表4.7）。教师以项目的方式向学生提出富有挑战性的问题，并制作学生研学任务单（图4.11）。学生围绕项目情境，自主决策或合作探究完成问题解决方案，以多种形式呈现学习成果。

表 4.7 “钱塘宋韵寻迹忆，茶丝文化‘融’古今”项目式活动设计

| 地点 | 项目式研学活动 | |
|---|---|---|
| 南宋皇城遗址陈列馆 | 主题一：<br>钱塘自古繁华地 | ①学生根据教师对南宋政治、经济、自然环境等方面的介绍，从区位因素角度探究南宋都城迁移至临安的原因。<br>②皇城遗址中多处使用香糕砖进行铺砌，并且有较完善的排水系统，学生探究香糕砖铺砌的主要目的，分析香糕砖与排水系统反映了临安城什么样的气候特征？<br>③通过观察皇城遗址水利工程设施，形成对临安城的自然地理环境区域认知，并依据相关资料，综合分析水利设施的作用，了解人类活动对自然环境的改造与利用。<br>④查阅书籍、文献等资料，列举宋代在政治、经济、文化等方面取得的成就 |
| 中国丝绸博物馆 | 主题二：<br>情牵国丝品文化 | ①南宋时期由于北方政治环境、自然环境等因素的变化，丝绸生产中心由黄河流域转移至长江流域，探究影响丝绸生产中心南移的主要原因，并分析丝绸生产中心的南移给南方地区带来的影响。<br>②服饰在一定程度上可以反映当地的气候条件、经济条件，说一说自汉代至南宋，丝绸工艺及服饰发生了哪些变化？探究丝绸服饰的变化反映了宋朝自然环境与社会经济环境方面怎样的特征？<br>③自汉朝至宋朝，丝绸之路在其线路上发生了哪些变化？为什么海上丝绸之路在宋元时期得到了发展？海上丝绸之路的发展对南宋经济带来哪些影响？<br>④丝绸工艺是中国独特的灿烂的历史文化，在老师的讲解下了解扎染、染缬文化，并实践操作灰缬、蜡缬、绞缬、夹缬的不同工艺，将理论应用于实际，制作扎染丝绸手帕 |
| 中国茶叶博物馆 | 主题三：<br>一笺杭梦龙井香 | ①参观展馆，整体感知茶树的生长环境，认识茶树的植物学分类和各部分特征。<br>②了解不同茶树的类型，探究其与自然环境的关系。<br>③探究当前茶叶在生产、加工、销售、产品研发、生态旅游等方面的多元化发展现状，分析不同环节/不同产业的影响因素。<br>④各小组通过欣赏古画、品鉴诗词、观赏茶具等，感受茶文化的变迁。<br>⑤结合相关历史事件，探讨宋朝政治、经济的变迁与茶文化如何相互促进发展，了解宋朝兴盛的茶文化及其传播路径。<br>⑥观摩“国家级非物质文化遗产”——西湖龙井手工炒制技艺并亲身体验宋韵点茶，了解当前技艺守护人困境，思考如何传承与发展中华传统文化，讲好守正创新的故事 |

续表

| 地点 | 项目式研学活动 | |
|---|---|---|
| 龙井村 | 主题四：<br>龙井茶香飘千年 | ①复习巩固茶树的生长习性，从地形、气候、土壤、水源等方面，探究龙井村适合茶叶生长的独特原因。<br>②查阅资料，知道传统茶园可能存在的生态问题，了解化学与生物治理方式，采访茶农了解当地茶树养护措施，在茶园中寻找养护装置，对比分析生态茶园的优势。<br>③通过采访、参观、品尝，了解西湖龙井起源、发展历史、产地范围等内容，分析不同品种龙井茶在种植方式、茶树外观、茶叶形态等方面的差异；学习采茶方式，体验茶叶采摘，并开展茶园“飞花令”。<br>④观察山脚聚落的分布，结合龙井村遥感影像图，分析聚落、交通线分布的影响因素，分析两者的关系。<br>⑤结合地理、化学知识，分析明前茶、雨前茶的特点，探究“明前茶贵如金”的原因。<br>⑥访谈茶农，了解龙井茶种植、加工、销售现状及存在问题，为茶叶可持续发展建言献策 |

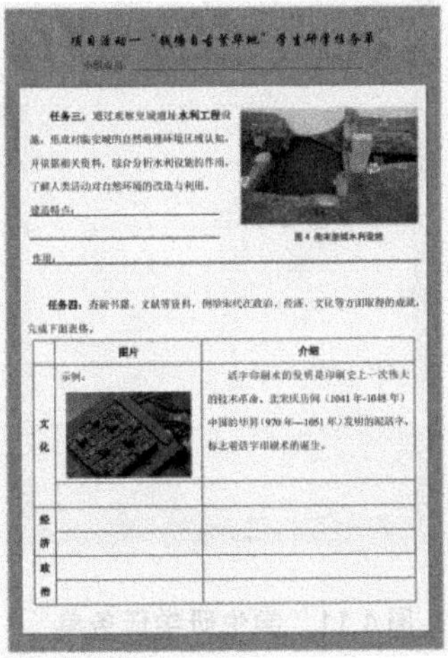
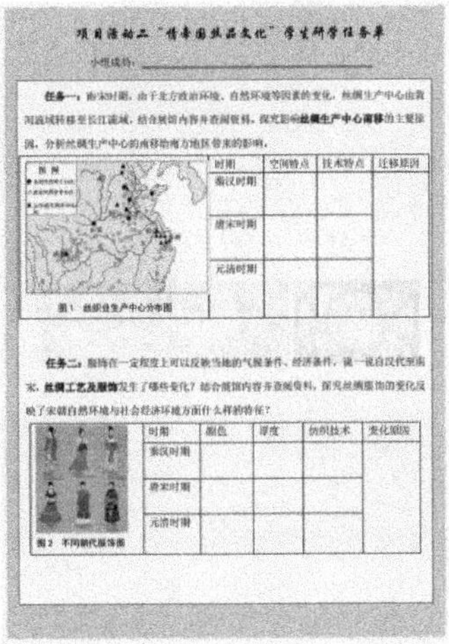

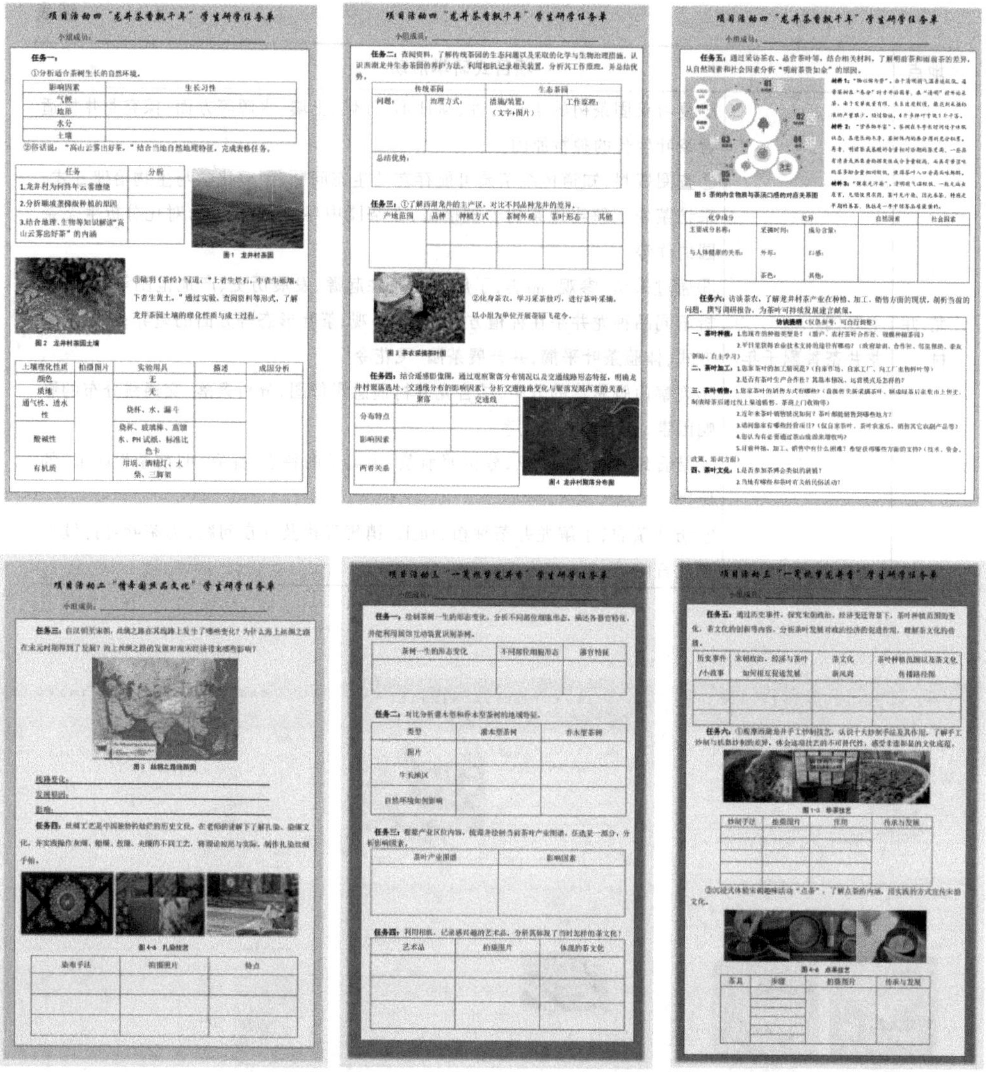

图 4.11　学生研学任务单

**3.活动设计意图**

跨学科项目式研学活动旨在通过多学科视角的教育资源整合与课程融合设计，培养学生在“实践”中获得“是什么”的感性认识，并逐步转变为从“观察”中理解“为什么”的深刻体验。在实地观察与探究过程中，教师将地理、历史、文化等学科知识有机渗透，引导学生发现与解决实际问题，促使他们从多学科角度进行思考，逐步养成跨学科分析的意识与习惯，提高综合思维能力。同时，研学活动将学生置于项目的执行者和管理者角色，培养其实践创新能力、团队合作精神及项目管理素养。

**活动1：南宋皇城遗址陈列馆**

在南宋皇城遗址陈列馆，学生通过提供的资料线索，观察城市空间布局类型，以建立对区域的初步认知。学生将通过拍摄南宋临安城的示意图、建筑构件和排水系统遗迹等文物，进行思维分析，探讨水利设施在城市建设中的功能及其对城市发展的推动作用。学生还将结合调研资料，比较南宋临安城与现代杭州城市空间结构的演变，强化地理实践能力。在观察、记录与实践的过程中，学生将逐步理解南宋临安城的规划理念对当今杭州城市发展的积极影响，深入认识人类在改造与利用自然环境时所采取的因地制宜策略。

**活动2：中国丝绸博物馆**

在中国丝绸博物馆，学生通过参观和体验，深入了解丝绸产业发展的主导区位因素及其演变，培养综合思维和人地协调观。通过参观现代纺织技术的智能化转型，学生将看到互联网科技与传统丝绸技艺的结合，在可持续发展理念下探讨传统手工艺如何焕发生机。学生还将结合丝绸文化、丝绸历史和现状调研，提出对丝绸产业的合理发展建议，以增强社会责任感，并培养他们的地理实践能力和创新思维能力。

**活动3：中国茶叶博物馆**

在中国茶叶博物馆，学生将观察并记录各类茶树的种类及其全国分布特点，从而形成对区域认知的具体理解。中国茶文化历史悠久，茶叶曾是重要的贸易商品。学生将结合不同历史时期的政治、经济背景，分析茶叶生产与制作技艺的变迁及传播，进一步探讨人类生产活动与自然环境间的互动关系。通过体验“国家级非物质文化遗产”西湖龙井的手工炒制技艺，学生将在传统技艺体验中增进对劳动教育的理解，进一步培养地理实践能力。

**活动4：龙井村**

在龙井村的研学活动中，学生将从地理角度综合分析茶园产业的区位因素、聚落分布及其影响。通过亲身参与茶叶采摘与品茗活动，学生将对农耕文化与茶叶文化有更为深刻的理解。通过与茶农的访谈，学生将深入了解龙井茶的种植、加工和销售现状，并在此基础上提出对茶叶产业可持续发展的建设性建议，强化社会责任意识，同时进一步培养地理实践能力与创新发散思维。

**4.课程评价量表设计**

根据前文提出的评价策略，我们遵循定性与定量相结合的原则，设计了针对本课程的评价量表(表4.8和表4.9)。这一评价体系贯穿课程实施的前期、中期和后期,旨在全面监测课程进展,优化课程质量和效果。

在课程前期,评价将主要集中在课程设计的科学性和适应性上。通过收集课程教师和学校管理人员的反馈,确保课程目标符合学校教育理念,并在内容安排上具备科学性、创新性及与学生需求的契合度。这一阶段的评价内容包括课程目标的清晰度、内容的合理编排、活动设计的可行性以及安全性预案等,旨在为课程的顺利实施提供坚实的基础。

在课程的中期,评价重点关注学生的学习体验和实际参与度。通过邀请学生进行个体和小组评价,采用问卷调查、访谈、课堂观察等多种方式,收集学生对课程内容、教学方法及学习环境的反馈。中期评价不仅能够直接反映学生的学习状况,且能帮助教师及时调整教学策略,确保学生在活动中的积极性与有效性。这一阶段的反馈能够为优化教学方案、提升课程体验提供重要支持。

课程结束后,评价将进入综合效果评估阶段,全面考察研学旅行的实施成效。此阶段的评价将通过教师、管理人员和学生多方面的反馈,分析课程在实际教学效果、学生能力提升及课程创新性等方面的表现。通过对课程的必要性、可行性和有效性的全方位分析,后期评价为课程的后续改进与完善提供重要依据,使课程在未来能够更加贴近学生需求,切实提高学生的地理实践力及综合素养,确保整体教育质量的提升。

**表4.8　研学旅行课程背景及输入评价表**

| 评价项目 | | 评价标准 | 权重(%) | 评价主体 | |
|---|---|---|---|---|---|
| | | | | 相关课程教师 | 行政管理人员 |
| 背景评价 | 学生知识发展需求 | 学生需要获得更全面的知识,形成完整的跨学科知识体系,深化对教材知识的理解 | 20 | | |
| | 学生能力发展需求 | 学生需要具备解决实际问题的能力,加强综合运用各学科知识的能力,向多元化方向发展 | 20 | | |
| | 社会综合人才需求 | 现代社会需要综合性人才,对学生全面发展有更高的要求 | 10 | | |

续表

| 评价项目 | | 评价标准 | 权重(%) | 评价主体 | |
|---|---|---|---|---|---|
| | | | | 相关课程教师 | 行政管理人员 |
| 输入评价 | 研学目标设定 | 研学目标具有全面性和可操作性，目标设置明确且符合跨学科理念，体现各学科育人核心素养，较好的落实学科素养目标 | 20 | | |
| | 研学资源开发 | 研学基地研学资源丰富且易开发，具有较高的教学性，能综合体现不同学科的特色 | 20 | | |
| | 研学相关服务 | 研学旅行时间安排合理、费用合理、线路安排合理、住宿地点合理、安全性较高 | 10 | | |
| 总分 | 相关课程教师×70%＋行政管理人员×30% | | | | |

**表 4.9　研学旅行课程过程及结果评价表**

| 评价项目 | | 评价标准 | 权重(%) | 评价主体 | | |
|---|---|---|---|---|---|---|
| | | | | 自评 | 他评 | 师评 |
| 过程性评价 | 个人自学 | 能够独立利用各种资源和途径，完成研学任务，解决实际问题 | 10 | | | |
| | 小组合作 | 小组成员分工明确，具有较强的合作精神、协作能力和问题解决能力 | 20 | | | |
| | 知识迁移与应用 | 能够将所学知识迁移至研学中遇到的实际问题，并指导解决实际问题 | 10 | | | |
| | 实时反馈 | 研学过程中能够在教师及同伴的指导下认识自身存在的问题，并积极改进 | 10 | | | |
| 结果性评价 | 知识深化 | 通过研学对各科教材知识有进一步的理解，能够将课本知识与实际情境相结合，深化知识理解，促进知识应用 | 20 | | | |
| | 素养形成 | 能够达成各学科的核心素养目标，提升解决实际问题能力，向综合型人才方向发展 | 10 | | | |
| | 实践成果 | 能够针对高效、准确地完成研学任务单，并以研学报告的形式总结汇报研学收获 | 20 | | | |
| 总分 | 自评×40%＋他评×30%＋师评×30% | | | | | |

在“融创课堂”理念的指导下，高中地理跨学科研学旅行实现了学科间的深度融合。这种融合不仅推动了研学旅行的课程化和专业化，还全面助力学生核心素养和综合能力的提升，显著增强了“全员育人、全面育人、全过程育人”的课程功能。为进一步提升地理研学的育人价值，未来应从以下几个方面重点加强。①强化地理学科的核心地位，通过“融”的手段来激发学生的学习动机，以实现学科深度整合。教师可借助“融智、融心、融行”三维方式，促使学生积极投入地理实践和探索。同时，以“创”为目标，持续创新教学方法、拓展思维模式、优化课程设计，确保学生在解决实际地理问题中获得深刻的跨学科学习体验。在活动中，教师应充分整合各类教学资源，跨学科运用知识与技能，增强研学课程的综合育人功能，促进学生多方面的成长。②充分利用GIS等先进科技工具，优化研学情境，深化学习体验。GIS等科技手段能够使学习过程更加直观、真实，将知识与实际环境紧密结合，使学生在探索中得到更具沉浸感和实践性的学习体验。通过这些工具，学生能够更全面地感知地理现象的形成和演变过程，提升他们的空间思维、数据处理能力以及创新意识。③建立多维度的课程评价体系，吸纳多元化评价主体，包括教师、学生、家长及社会相关机构的意见，完善评价内容和方式。多重评价系统能够从不同视角全面评估研学课程的效果和影响力，为学生提供更加丰富、有效的反馈，同时也为课程优化提供切实依据。细化评价内容，如从学生的学习表现、实践能力、团队合作等方面入手，通过问卷、访谈和反思等形式收集反馈，为进一步完善课程奠定基础。

## 第四节　基于地理实践力培养的研学课程开发——以四明山地质公园为例

地理学科以强实践性著称，是将理论知识与现实生活紧密联系的桥梁。伴随地理学核心素养理念的提出，研学旅行成为提升学生核心素养，特别是地理实践能力的关键途径。本节在整合四明山地质公园资源的基础上，从课程设计、实施和评价三个方面系统开发了适合地理研学的课程资源，力图探索如何有效引导学生在真实自然环境中开展地理实践活动。

在课程设计上，针对四明山地质公园的地质地貌特色，结合学生的认知水平和实际需求，精心规划了多层次、多维度的地理实践任务，涵盖了地质构造观察、生态系统探究等内容，以促进学生的知识应用和技能拓展。课程实施过程中，教师组织学生开展实地考察、数据记录和现象分析，引导他们从自然地理和人文地理的角度深入思考环境与人类活动的相互作用。同时，课程设计注重任务分配和小组协作，以提高学生团队合作意识，锻炼他们的综合实践能力。

在课程评价方面，采用过程性评价与终结性评价相结合的方法，通过自评、组内互评、教师点评等方式，使评价更具全面性和客观性。反馈环节鼓励学生在活动结束后反思总结，进一步提升对研学内容的理解和掌握。

此外，基于四明山地质公园的研学活动，结合教学过程中的具体反馈，展开深入教学反思。通过总结成功经验和发现存在的改进空间，不断优化课程实施方法，从而更好地实现地理研学旅行的教育价值。最终目标在于让学生在真实的自然场景中深化对自然地理和人文地理的理解，增强解决实际地理问题的能力，并全面提升其地理核心素养。

## 一、地理实践力与地理研学旅行

随着《国民旅游休闲纲要（2013—2020）》和《关于推进中小学生研学旅行的意见》等国家政策的发布与实施[①]，研学旅行逐步兴起，并在中小学中正式开展试点。地理学研究的核心之一“人地关系”具有显著的综合性和区域性特征，使其成为与高中研学旅行联系最为紧密的学科之一。作为培养学生核心素养特别是地理实践能力的载体，研学旅行蕴含着丰富的教育潜力。它不仅激发学生对地理实践的浓厚兴趣，更能通过亲身体验，培养他们分析和解决地理问题的能力，提升在真实情境中迎接挑战的意志品质[②]。

《普通高中地理课程标准（2017年版2020年修订）》明确提出了地理学科核心素养的培养目标[③]，特别强调地理实践力是一种在考察、实验和调查等实践活动中形成的意志品质与行动能力，这凸显出地理实践力的培养需依托实际的地理实践活动。目前，通过课外实践活动提升学生地理实践力已成共识，而研学旅行则是实施这一培养目标的重要路径之一。

研学旅行有效拓展了学生的学习空间，将他们带入真实的地理环境中，使抽

---

① 国务院办公厅.国务院办公厅关于印发国民旅游休闲纲要（2013—2020年）的通知[EB/OL].(2013-02-18)[2021-12-20].http://www.gov.cn/zhengce/content/2013-02/18/content_3928.htm.

② 毛广雄，景荣.浅谈变革中的地理教育发展趋势[J].地理教育，2017(1):9-11.

③ 中华人民共和国教育部.普通高中地理课程标准（2017年版2020年修订）[M].北京：人民教育出版社，2020.

象的地理知识得以在具体现象中展现和深化。置身于大自然中,学生得以将地理理论与环境实际有机结合,从而达到知识的融会贯通与深度理解。一方面,研学旅行能够激发学生对地理学习的兴趣,提升其团队协作意识和在实际情境中迎接困难的毅力;另一方面,学生在此过程中掌握调查研究的基本方法与技能,提升问题分析、资料收集和综合研判等实践能力,进一步落实地理实践力的培养。这些宝贵的实践经验不仅为学生在地理学科的进一步发展打下坚实基础,也有助于培养其在其他学科和未来生活中所需的综合实践能力。

## 二、四明山地质公园研学旅行课程设计

### (一)研学旅行课程地点选择

四明山区域作为长三角重要休闲旅游目的地、甬江水系主要发源地、浙东绿肺与宁波市重要生态屏障,在人文、水文、植被、地质地貌、气候、土壤等多方面都有着独特的特点,具备作为优良研学旅行地点的综合潜质。针对完成地理必修一的普通高中生,选定四明山区域的四明山地质公园为研学旅行地点,确定为期一天左右的行程。基于地理实践力的培养,对四明山地质公园的研学旅行课程资源进行开发,并对以景区为基础的野外研学旅行展开教学反思。

### (二)四明山地质公园概况

四明山地质公园是一座融合了丰富自然与人文资源的综合型地质公园,总面积达61.7km$^2$。其中罗成山—仰天湖地质园区占地24km$^2$,是最具代表性的夷平面区域,地质遗迹种类繁多,构成了公园的核心区。罗成山山体海拔超过700m,且相对高度超过500m,平顶山形态突出,清晰展现了四明山古夷平面的典型地质结构。该区域的双层风化壳、玄武岩台地、台地边缘的峭壁陡崖,以及丰富的多形态风化壳露头和地下水涌出点,构成了典型的浙东夷平面—玄武岩台地的地貌特征,为研究区域地质演化提供了良好的实地样本。图4.12展示了四明山地质公园山体的地质结构。

### (三)研学点与研学路线设计

四明山地质公园核心区域的步行路线全程约2km,尽管路程不长,但地形较为崎岖,适合四明山周边高中学生进行一日短程研学旅行。选择公园内的主要景点作为研学考察点,具体原因如下[①]:①景点分布错落有致,考察内容丰富。

① 刘春燕,李兆智,毛端谦.基于地理实践力培养的庐山自然地理研学旅行设计[J].地理教育,2019(3):55-57.

园内涵盖了多样化的地质遗迹和生态环境，为学生提供了充实的学习对象，便于学生多方面理解地质演化和生态关系。②景区管理完善，安全有保障。公园具备成熟的运营机制和安全措施，确保研学活动的顺利进行。

依据卫星地图和公园内景点分布，设计了符合学习需求的研学路线（图4.13）。此路线将关键的地质遗迹点串联起来，结合科学观察站和科普展点等设施，形成多学科融合的实地学习路径，有助于学生深入了解地质演化过程和生态地理特征。

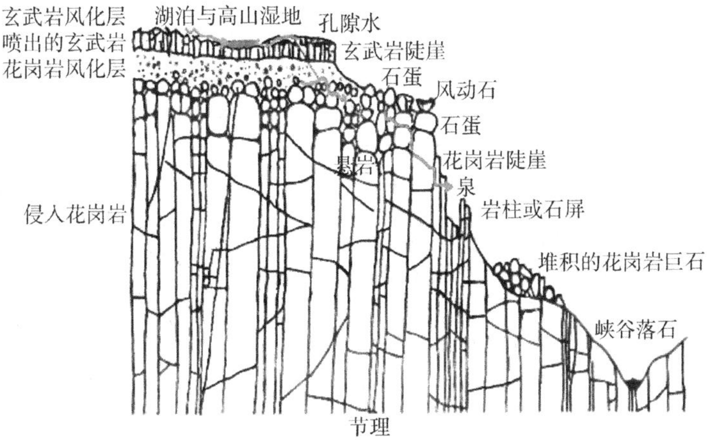


图4.12　四明山地质公园园内山体地质结构示意图

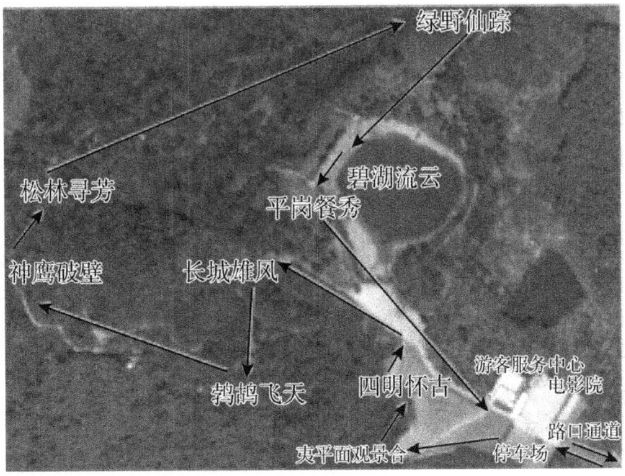


图4.13　四明山地质公园研学旅行路线

### (四)研学旅行主题与课程目标设计

研学课程内容的定位遵循“立足高中地理课程标准、结合地理教材、贴近乡土地理、促进学生全面发展”的原则。课程设计围绕四明山地质公园的地质景点和景区说明,将课程内容串联成四大主题主线,形成结构化的教学流程,便于学生深入理解学习内容,使学习过程更加系统和富有逻辑性。课程目标设计基于《普通高中地理课程标准(2017年版2020年修订)》的学科核心素养培养要求,特别突出地理实践能力。课程综合了四明山地质公园的土壤、植被、地质、气候和水文等多个地理要素,旨在帮助学生构建合理的“人地协调”观念,增强他们的地理实践力和综合分析能力。具体课程目标详见表4.10。

**表4.10　四明山地质公园研学旅行体系设计表**

| 主题 | 主题说明 | 研学课程目标 |
|---|---|---|
| 土壤植被主题 | “山不在高,有仙则名”——土壤和植被组成了一座山的外貌,也是游览者第一眼所能观察到的景色。在公园中可以看到发育较为良好的黄壤剖面。植被以亚热带植被与山地植被为主,可以看到苔藓地衣、金钱松林,观察到不同植物的根劈作用 | ①认识黄壤,观察黄壤剖面,了解四明山地质公园黄壤的主要成因。<br>②识别四明山地质公园内主要植被,说明其与自然环境之间的关系 |
| 地质地貌主题 | “那一只飞天鹈鹕”——“鹈鹕飞天”为四明山地质公园内最具有代表性的景观。这条主题线以园内山体的形成、演变为主,充分剖析山体的地质结构,是此次研学旅行中最为重要的内容。从4D影院中走出,围绕山体一路走过,可见丰富的剥蚀夷平面、玄武岩柱状节理陡崖、石蛋、风动石、花岗岩悬岩、花岗岩陡崖、岩柱、石屏、冲沟中堆积的花岗岩巨石与峡谷落石,大自然的鬼斧神工尽显于此 | ①在观摩学习4D影院的展示后,了解四明山地质公园地质地貌演变过程。<br>②通过观察学习园内山体地质结构示意图资料,结合四明山地质公园内的实地考察,识别构造地貌、风化地貌,描述园内景观特征。<br>③认识内力和外力在营造地表形态中的作用 |
| 水文气候主题 | “高山上的翡翠”——此主题以碧玉湖为核心线索,展开四明山地质公园内水循环的画卷。上至公园中丰富的成云成雾现象,下至隐藏在深厚风化层中的孔隙水;从山上俯瞰可见的沟流,山间露头的泉,到高山湿地以及高山湖泊碧玉湖,无一不显示四明山地质公园内独特而典型的水循环系统 | ①观察对比山下与四明山地质公园门口(山顶),说明云与雾的特点,解释其各自形成原因。<br>②结合园内示意图与实地考察,通过在野外对出露的泉与碧玉湖的观察,绘制简易的水循环图,分析园内水循环的过程及其意义 |

续表

| 主题 | 主题说明 | 研学课程目标 |
| --- | --- | --- |
| 人文旅游主题 | "绿野寻踪"——以人地协调观这一核心素养为主要内容。山中可见分布错落有致的村落，小桥流水，烟火人家。同时，在研学旅行过程中，学生对四明山地质公园有了体验式的全面认识，了解了四明山地质公园当前的开发情况。人与自然两者之间的协调与平衡是永恒的课题 | ①从四明山地质公园内观察当地山中村落聚集的情形，分析山地地形对聚落分布的影响。<br>②在完成对四明山地质公园的实地考察后，分析四明山地质公园的开发情况，搜集资料，综合评价其旅游价值 |

课程目标的设计基于《普通高中地理课程标准（2017年版2020年修订）》中对学科核心素养的培养要求，特别强调地理实践能力的提升。通过整合四明山地质公园的多种地理要素（包括土壤、植被、地质结构、气候特征和水文环境等），课程旨在帮助学生全面理解人类活动与自然环境之间的相互关系，从而构建合理的"人地协调"观念。

本课程将通过实践活动和实地考察，促进学生在真实情境中运用地理知识，增强他们的地理实践力。同时，课程还将鼓励学生进行综合分析，培养他们的批判性思维能力，以更好地应对复杂的环境问题。具体的课程目标和相应的学习成效将在表4.10中详细列出，确保目标的明确性和可评估性，以便于教师和学生在学习过程中进行自我监测与调整。

**（五）研学旅行流程设计**

根据地理实践力核心素养的要求，本次研学旅行将野外考察、调查研究等学习方法有效融入实践活动中。为确保研学活动的安全性和合理性，设计了一套科学的流程安排，如图4.14所示。研学旅行流程的主要环节包括：①动员准备。在出发前进行全面动员，激发学生的参与热情和学习兴趣，确保每位学生都清楚研学活动的意义和目的。②安全预案。制定详细的安全预案，包括应急处理流程、交通安全注意事项和野外活动的风险评估，确保学生在整个研学过程中能够安全、高效地进行学习。③研学目的。明确研学旅行的目标，例如探索四明山地质公园的自然景观与人文历史，理解地理知识在实际生活中的应用，提升学生的地理实践能力。④课程内容。设计课程内容，涵盖土壤、植被、地质结构、气候及水文等地理要素的实地观察与研究，鼓励学生通过实地考察和互动讨论，增强对知识的理解与记忆。⑤个人研学报告。要求每位学生在研学结束后撰写个人研学报告，总结他们的观察、体验和所学的知识，促进自我反思与学习成果的巩固。⑥研学评价表。编制研学评价表，帮助学生自评和互评，评估研学活动的效果，促进学生之间的交流与学习,从而为未来的研学活动提供改进建议。

通过这些环节的设计,力求实现“全员育人、全面育人、全过程育人”的教学理念,确保学生在研学旅行中获得丰富的知识和宝贵的实践经验。

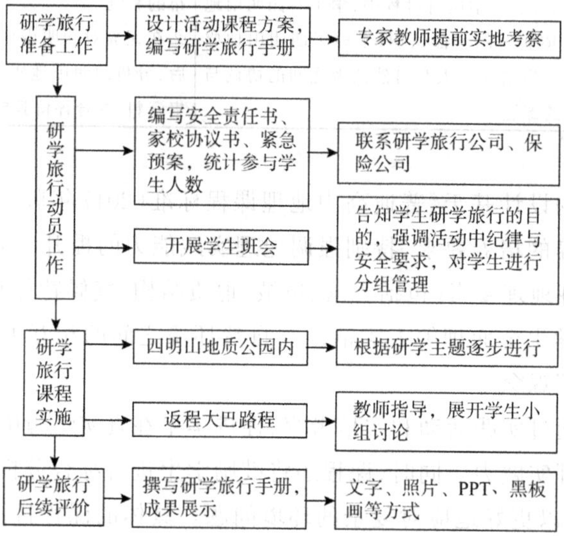


图 4.14　四明山地质公园研学旅行流程

## 三、四明山地质公园研学旅行课程实施

本次研学旅行主要面向已完成必修一课程、具备基本地理知识储备的普通高中生。为确保研学活动的顺利进行,将在过程中配备必要的研学工具。这些工具包括:①手机。下载了如百度地图等相关应用程序,便于学生在现场进行导航和获取信息。②地质罗盘仪。用于测量地层的方位角,帮助学生理解地质构造的空间关系。③地质锤。方便学生在野外考察中进行岩石取样和观察,为后续的分析和研究提供实物依据。④酸碱度试纸。用于检测土壤和水样的酸碱性,为学生提供实践经验,帮助他们理解环境科学的基本概念。研学旅行课程的实施过程如表 4.11 所示,表中详细列出了各个环节的具体内容和时间安排。此外,表 4.11 中所配图为景区内实地拍摄的照片,展示了研学活动的真实场景,旨在增强学生的参与感和实地学习的体验。通过这样的课程设计,学生不仅能在课堂中学习理论知识,还能够在实际操作中提升自己的地理实践能力,为将来的学习打下坚实的基础。

**表4.11　四明山地质公园研学旅行课程实施过程设计表**

| 主题 | 地点/景点 | 地点/景点研学说明[①] | 基于地理实践力的培养内容 |
|---|---|---|---|
| 土壤植被主题 | ①公园门口（土壤）<br>②松林寻芳 | ①四明山区域处于亚热带季风气候区，气温和降水为红壤、黄壤的发育提供了条件；因公园海拔较高，土壤显示为黄壤，较松软（图1）。<br>②山地植被受到水、热因子的影响。金钱松为公园内植被代表<br><br>图1　公园内黄壤 | ①跟随带队老师一起，在公园门外挖掘土壤小剖面，采集土壤样本。<br>②尝试分辨四明山地质公园土壤与植被类型，思考其形成原因。<br>③手机拍照记录沿路各式各样植物的根劈作用，了解其对地表形态的影响 |
| 地质地貌主题 | ①4D影院<br>②夷平面观景台+四明怀古<br>③长城雄风<br>④鹁鸪飞天<br>⑤神鹰破壁 | ①片长约12min，是通过声光电等特效，以四明山千百万年来的地质演化史为题材的教育科普性电影。<br>②由于断块分异升降运动频繁，四明山区域在南东—北西方向增高的地势上广泛发育数级剥蚀夷平面（图2）。<br>③玄岩浆在喷出冷却时产生柱状裂隙纹理，断裂形成陡崖，全长超200m，如绵延不断的巍峨长城。<br>④花岗岩在地下遭受风化趋向于球形，出露地表形成石蛋；石蛋在地表遭受风化、热胀冷缩与重力崩裂作用下趋向于不规则形态的风动石变化（图3）。<br>⑤花岗岩经过风化等漫长地质作用，形成象形石<br><br>图2　公园内剥蚀夷平面<br><br>图3　鹁鸪岩（花岗岩风动石） | ①观赏4D影院内介绍，了解四明山区域地质地貌变化过程。<br>②在教师的指导下识别夷平面，说明夷平面特点，了解四明山地质公园夷平面的产生过程。<br>③以小组为单位，绘制“长城雄风”“鹁鸪飞天”“神鹰破壁”景观简单特征示意图；根据四明山地质公园内山体结构示意图，分析景观的形成过程 |

①童亿勤，李加林，杨晓平，等．现代自然地理学实验与实习指导[M]．杭州：浙江大学出版社，2016.

续表

| 主题 | 地点/景点 | 地点/景点研学说明 | 基于地理实践力的培养内容 |
|---|---|---|---|
| 水文气候主题 | ①沿途云雾<br>②出露的泉<br>③碧湖流云 | ①公园海拔较高，所处位置到山脚温差较大，空气遇冷且湿度相当高时容易形成丰富的成云成雾现象（图4）。<br>②裂隙泉从花岗岩节理裂隙中渗出（图5），而泉水的来源为上方富含水分的深厚花岗岩风化壳。<br>③碧玉湖面积小，但终年不见枯涸，水源主要来自深厚风化壳保存的地下水。围绕碧玉湖的山间树林以其根部吸收地表水渗透进湖中，进行水源补充<br><br>图4　成雾现象<br>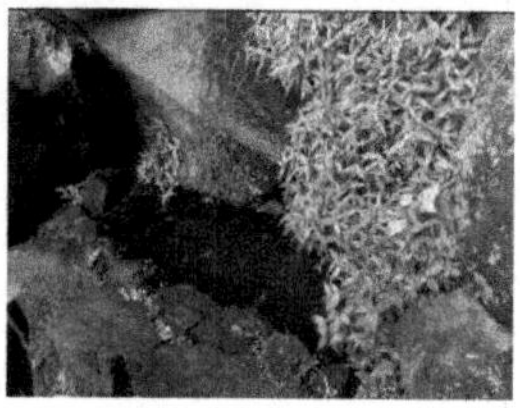<br>图5　裂隙泉 | ①拍照对比，了解云、雾的特点和两者区别，探寻其变化的影响因素。<br>②观察路程中水源出现的地点与特征，根据四明山地质公园内山体结构示意图，分析泉水的形成原因。<br>③在教师的指导下，分析碧玉湖的特点，尝试分析碧玉湖的形成原因。<br>④绘制简要的四明山地质公园水循环示意图 |
| 人文旅游主题 | ①夷平面观景台<br>②全程 | ①地形对聚落分布存在影响。聚居村落选址巧妙，充分体现和谐的人地关系（图6）。<br>②四明山地质公园以夷平面等地质遗迹为特色，并挖掘与地质景观融为一体的景点。景区设计可圈可点<br><br>图6 公园内坳沟-村落 | ①以小组为单位，观察山中聚落分布特点，分析聚落选址的原因。<br>②在教师的引导下，在返程大巴中，讨论、评价四明山地质公园的旅游资源价值。搜集资料，展开分析 |

## 四、基于地理实践力的研学旅行课程评价

在针对学生地理实践力的研学旅行课程评价中，主要采用过程性评价为主，结合终结性评价作为参考的方法。此种评价方式旨在全面反映学生在研学旅行中的表现和成长。为了确保评价的公平性和合理性，引入了多元化的评价方法，

包括自我评价、组内互评和教师评价。这种组合的评价方式不仅能够促进学生自我反思和自我监控，还能增强学生之间的合作与交流，提升团队意识。同时，教师的点评则为学生提供了专业的反馈与指导，帮助他们更好地理解自己的优缺点。具体而言，自评让学生能够主动思考自己的学习过程和成果，明确自己在研学旅行中的收获与不足；组内互评则促进了小组成员之间的互动，使得学生能够从同伴的视角了解自己的表现，从而更全面地认识自己；教师点评则通过专业的视角，为学生提供建设性的建议，指引他们在今后的学习中如何改进。为了进一步规范评价流程，设计了四明山地质公园研学旅行评价表（表4.12）。该评价表涵盖了多个评价维度，如参与度、合作能力、实践能力和知识应用等，确保评价的全面性和科学性。通过这样的评价体系，希望能够有效提升学生的地理实践力，同时为未来的研学旅行课程提供有价值的反馈和改进建议。

**表4.12　四明山地质公园研学旅行评价表**

| 评价类型 | 评价内容 | 权重 | 具体标准 | 学生自评（35%） | 组内互评（35%） | 教师点评（30%） |
|---|---|---|---|---|---|---|
| 过程性评价（70分） | 积极参与程度 | 10 | 理解研学旅行的意义，态度端正；按照研学旅行手册，准备充分；在研学旅行过程中，参与度高 | | | |
| | 观察/调查水平 | 15 | 能发现具有地理代表性与典型性的地物或景观，结合所学知识进行辨别，可以对其进行描述，有需要时可进行简要绘制 | | | |
| | 发现问题能力 | 15 | 结合所学知识与实地考察，通过思考，能够提出较有意义的地理问题 | | | |
| | 交流合作能力 | 15 | 积极热情参与小组交流合作，能完成组内任务，主动发表个人意见，理解并接受组内其他成员的不同想法，带动小组学习交流氛围 | | | |
| | 解决问题能力 | 15 | 能够对问题进行全面深入解答，并触类旁通、举一反三，达到主动发现问题、解答问题、激发学习兴趣的效果 | | | |
| 终结性评价（30分） | 研学旅行手册撰写 | 15 | 能够以文字、图片等多种形式，有逻辑条理地记录研学旅行要点，并进行描述和讲解 | | | |
| | 研学成果展示 | 15 | 通过PPT等方式进行展示分享，并在分享互动过程中深化学习；分享各自制作的标本、撰写的文册等，互相学习完善 | | | |

## 五、以景区为基础的野外研学旅行教学反思

### (一)安全是野外研学旅行的根本

在野外研学旅行中,安全是最为重要和根本的要求。为了确保参与者的安全,学校和教师必须制定严格且科学的研学旅行流程,并准备相应的紧急预案。这不仅包括对活动场地的安全评估,也涉及对参与学生的安全教育与指导。在研学过程中,学生作为主体,应端正对研学旅行的态度,学会听从指挥和服从安排。教师需要定期进行安全培训,确保学生在活动中能够及时识别潜在风险,掌握必要的自救和互救知识,从而有效降低安全隐患,保障研学旅行的顺利进行。

### (二)景区的开发方向与开发程度决定研学旅行的质量

自然景区通常是野外研学旅行的便利目的地选择,但由于公众开放的特性,景区的开发方向往往偏向于迎合大众的审美需求,而未能充分挖掘该地区作为景区的本质地理知识。这导致了对地理知识的讲解往往缺乏专业性、系统性和全面性。因此,景区的开发方向与开发程度直接决定了研学旅行的质量。高质量的景区开发不仅能提供良好的学习环境,还能为学校和教师设计研学旅行课程提供有力支持。具体而言,优质的景区能够确保课程目标规划的清晰合理,课程内容的权威可靠,以及提供充足且准确的研学资料,进而提升学生的学习效果和实践能力。

### (三)与周边景区联动,促进研学旅行综合、深度发展

四明山区域具备作为优质研学旅行地点的综合潜力。在四明山地质公园所在的旅游集镇中,诸如四明山国家森林公园等多个具备研学旅行开发价值的景区均在邻近。这种地理上的便利性为研学旅行的内容联动提供了可能性。通过联动周边景区,可以有效促进研学旅行内容的综合化与丰富化,实现知识的交叉对接,增加知识的纵深程度,进而培养学生的综合思维能力。教师可以设计跨景区的研学课程,结合不同景区的特点,使学生在实践中不断拓宽视野,深化对地理知识的理解与应用。此外,周边景区的联动也有助于资源的共享与优化配置,使得研学旅行的整体体验更加丰富多元。

# 第五节　基于地理实践力提升的研学旅行课程设计——以舟山海岸地貌为例

## 一、研学旅行与地理实践力培养

《普通高中地理课程标准(2017年版)》明确将“区域认知”“综合思维”“地理实践力”“人地协调观”界定为地理学科核心素养，其中“地理实践力”作为重要组成部分，突显了其实践导向在地理教育中的核心地位。培养地理实践力能够显著提升学生的行动意识和实践能力，使其更好地在真实情境中观察、体验地理环境及其与人类活动的相互关系，进而增强社会责任感[①]。新版课程标准在“教学与评价建议”中强调“加强地理实践”的重要性，提出地理实践是支持学生核心素养发展的关键手段。地理教学应重视实践活动，将其作为课堂教学的主要方式之一，激发学生自主探究和实际操作的兴趣。因此，对学生地理实践力的培养已成为基础教育地理课程改革的重点任务和重要使命[②]。

研学旅行作为校外实践课程，正是培养学生地理实践力的有效途径之一。它不仅为学生提供了更丰富的地理实践机会，也是推动“立德树人”教育目标、改进传统课堂教学方式、推进综合素质教育的重要手段。通过研学旅行，学生能够走出教室，深入自然和人文环境中进行地理观察、社会调查和科学探究，真正将课堂所学与实际情境结合，提升知识的应用能力与人地协调的认识水平。因此，研学旅行在地理教育中的角色，不仅是课程的有力延伸，也是实现学生全面发展、提升地理核心素养的有效路径。

## 二、舟山海岸地貌研学旅行课程设计

### (一)舟山海岸地貌类型及特点分析

舟山群岛是大陆浙东丘陵山地向东北的延伸部分，在最后一次冰期低海面时，本区属陆上丘陵低山区，相对起伏300～500m。全新世以来，由于海平面上

① 教育部.普通高中地理课程标准(2017年版)[S].北京：人民教育出版社，2018.

② 杨卫晶.研学旅行促进高中生地理实践力培养的调查研究[D].武汉：华中师范大学，2019:1.

升，此地才被浸没而成为群岛。舟山群岛构造上属古华夏褶皱带浙东沿海地带，主要由燕山期的中—细粒花岗岩组成，受晚第三纪以来新构造运动的间歇性抬升及第四纪冰期、间冰期海蚀作用的影响，形成复杂多样的地貌形态，是进行海岸地貌研学旅行的典型区域。

### (二)舟山海岸地貌研学旅行课程内容设计

#### 1.教学目标

本课程以湘教版必修一第二章第二节“地球表面形态”为基础，重点介绍舟山海岸研学旅行基地的主要地貌特征及其形成原因。通过实地考察，学生将认识到地表形态是不断变化的过程，并理解地表形态是内力与外力共同作用的结果：内力塑造地表形态的基础结构，外力则对其进行再塑造与雕刻。课程通过真实地理情境的学习培养学生的地理实践力和地貌识别能力。

#### 2.研学内容

课程旨在让学生识别海积地貌、现海蚀地貌和古海蚀地貌，并能够分析各地貌的形成机制。补充学习内容包括海岸沙丘和花岗岩球状风化，增强学生对舟山海岸地貌的整体理解。在研学过程中，每个小组需完成五项任务，具体任务在“研学旅行课程实施过程”中详述。

(1)研学准备工作

为了保障研学旅行的教学目标和实践效果，教师须在出发前做好充分准备，包括设计研学旅行体系，内容如下。

**准备阶段**：教师在专家的指导下进行实地考察，完成舟山海岸地貌研学旅行活动方案的策划。随后，教师准备学生研学旅行意愿书和家校协议书，确保学生及其家长的知情和同意。组织研学旅行说明会，向学生讲解本次活动的总体安排，指导学生预习海岸地貌知识，为考察做充分准备。最后，教师审核学生意愿书与协议书并统计参加人数。

**实施阶段**：研学旅行将历时两天。第一天，学生将前往舟山普陀山岛进行实地考察，晚餐后进行总结和交流，教师补充讲解当天所观察的各类地貌特征，并安排次日的朱家尖岛考察计划。第二天，学生前往朱家尖岛继续实地考察，并在考察后进行小组讨论，各小组制作舟山海岸地貌研学报告及汇报PPT。

**汇报阶段**：研学旅行结束后，学生对活动中的收获进行汇报，各小组展示其地貌观察与分析成果。教师对学生的汇报进行点评与总结，进一步巩固学生的知识掌握与实践体验。

(2)研学路线及时间安排

确保研学旅行安全、高效,教师应事先进行线路勘查,综合考虑地貌的典型性、路线安全性及时间合理性,精心规划研学路线。本次研学旅行分为两个主要考察点,分别为普陀山岛和朱家尖岛,为期两天。

本次研学旅行具体时间安排及对应学习任务安排如下。

第一天:普陀山岛考察。9:00—9:20 活动:从朱家尖蜈蚣峙码头出发乘船,前往普陀山岛。学习任务:介绍行程安排及安全注意事项。9:20—10:00 地点:二龟听法石、磐陀石。学习任务:观察典型的球状风化现象,分析球状风化的成因;识别古海蚀地貌,讨论其形成机制;在普陀山高处俯瞰西海岸的泥滩,观察泥滩特征及周围海域地貌,为后续学习打下基础。10:00—11:00 地点:心字石附近。学习任务:观察古海蚀崖地貌,分析其形成过程及地质意义。了解不同地质力量在地貌塑造中的作用,讨论古海蚀地貌如何记录了海水侵蚀过程。11:00—13:00 活动:午餐及休息。13:00—14:00 地点:百步沙景区。学习任务:识别并观察海蚀平台、海蚀洞等海蚀地貌,了解海浪侵蚀的特征;观察海积地貌(沙滩)及其堆积机制,分析潮汐和波浪在沙滩形成中的作用。14:00—15:00 地点:紫竹林潮音洞。学习任务:观察潮音洞的地貌特征,分析其成因;结合潮汐对岩石的冲刷作用,探讨潮音洞的形成环境和条件。15:00—16:30 地点:观音跳。学习任务:观察海蚀平台和海蚀柱的地貌特征,讨论其形成原因及演化过程。通过对比不同类型的海蚀地貌,增强学生对海岸侵蚀作用的理解。16:30—19:00 活动:晚餐及总结活动。学习任务:学生分组汇报一天的学习心得与收获,整理知识点并就疑问进行讨论;教师总结、补充,帮助学生梳理关键地理概念。

第二天:朱家尖岛考察。7:00—7:40 活动:从普陀山客运中心乘船返回朱家尖蜈蚣峙码头。7:40—9:40 地点:朱家尖白山景区。学习任务:在山上观察古海蚀地貌特征;识别酸性火成岩(花岗岩)的卸荷、节理及风化作用,了解地质构造与风化的关系,进一步理解花岗岩的球状风化形成条件及其地质演化过程。9:40—11:00 地点:朱家尖大乌石塘。学习任务:观察砾滩地貌,分析其成因。探讨风化、搬运和堆积在砾滩形成中的作用,结合实践对不同类型的海岸地貌有更全面的认识。11:00 活动:总结并返程。

(3)研学旅行课程实施过程

在舟山海岸地貌研学旅行过程中,设计了五项主要学习任务,旨在帮助学生深入理解海岸地貌的形成机制及其地质意义。

任务1:识别并分析海岸侵蚀地貌。学生需识别和分析各类海岸侵蚀地貌,包括海蚀洞、海蚀平台、海蚀崖及天生桥等典型地貌。通过观察百步沙景区、潮音洞等地貌,结合教师讲解,理解波浪、潮流对基岩海岸的侵蚀作用。学生需掌握各侵蚀地貌的成因差异,并认识它们之间的相互联系。

设计意图:通过实地观察和讨论,学生将了解波浪、潮汐等外力对海岸地貌的影响,识别并分析各类侵蚀地貌,形成知识链条。

任务2:识别并分析海岸堆积地貌。学生需识别不同类型的海岸堆积地貌,如沙滩、砾滩和泥滩,理解其成因差异。学生观察百步沙沙滩、普陀山西岸泥滩及朱家尖乌石塘砾滩,结合教师讲解,了解沉积物在波浪和潮流作用下的移动与堆积原理。

设计意图:帮助学生了解流水、波浪和潮汐等外力在沉积与堆积地貌形成中的作用,培养分析自然现象的能力。

任务3:解释海岸沙丘(风成沙丘)的成因。在普陀山百步沙景区,学生可以观察到典型的海岸沙丘地貌,这是一种风成地貌。通过教师讲解,学生需理解风力对沙丘的作用,认识其成因与特点。

设计意图:使学生意识到地貌的形成往往受到多种外力的共同作用(如波浪、潮汐和风力),培养学生的综合地理思维能力。

任务4:识别并解释古海蚀地貌的成因。普陀山区及朱家尖白山景区存在大量古海蚀地貌,学生需识别这些地貌并理解其形成原因。教师将引导学生分析这些古老海蚀地貌的特征及其演化历史。

设计意图:帮助学生理解内外力在地貌演化中的相互作用,让他们认识到现存地貌记录了地质历史中的环境变化。

任务5:解释球状风化物的成因。学生需理解并分析普陀山上磐陀石、二龟听法石等球状风化物的成因。普陀山的地质构造由坚硬的燕山期中—细粒花岗岩构成,垂直方向的剪切节理发育,形成了独特的球状风化现象。学生需观察这些风化物,理解其形成过程。

设计意图:通过这些自然实例,学生能够直观理解风化作用的原理及其地质意义,同时感受自然界的神奇与美妙,培养敬畏自然的情感。

## 三、研学旅行课程效果评价

### (一)评价主体多元化

构建由学生自评、小组互评和教师评价构成的“三位一体”评价体系,以确保评价的客观性和公平性。①学生自评。学生是研学旅行的核心主体,最熟悉自身的学习过程和收获。因此，研学评价体系应提供机会让学生进行自我评价，汇报研学中的收获与成长，反思自己在地理实践能力和核心素养方面的提升情况。通过自评，学生能够更加明确自身的优点与不足，促进自主改进。②小组互评。学生小组在研学活动中合作紧密，对彼此的表现较为熟悉。可以采用匿名互评或由小组长对组员进行评价，以全面了解组员在团队中的表现，间接反映每位学生的地理实践能力和协作能力。这种方式能够有效地补充自评的不足，提供一个多角度的评价视角。③教师评价。作为活动的观察者和指导者，教师在评价体系中起主导作用。教师根据学生在研学过程中参与度、任务完成情况及最终的成果展示做出评价，并进行总结。教师的评价不仅关注学生的知识掌握情况，还应引导学生在今后的学习中进一步提升地理实践能力和地理素养。

### （二）评价内容多元化

研学旅行课程评价应涵盖学生对知识目标的理解、实践体验的积极性和主动性，着重于过程性评价，具体包括以下方面。一是知识掌握情况。通过学生在研学报告和PPT中的表现，考查学生对研学旅行目标知识的理解深度，特别是在地理地貌和环境观察方面的掌握情况。二是实践能力与体验参与度。注重学生在实践活动中的表现与态度，结合研学旅行报告、PPT展示等过程性成果，评估其地理实践力的落实情况。通过这些成果可以了解学生的观察、分析能力以及对地理现象的思考深度，并分析其核心素养的发展程度（表4.13）。

**表4.13　舟山海岸地貌研学旅行评价表**

| 评价内容 | 权重 | 评价要点 | 分值 | 自评 | 组评 | 师评 | 教师总结 |
|---|---|---|---|---|---|---|---|
| 研学内容 | 50% | 水平1：在教师的指导下，能够对海岸侵蚀、堆积地貌、古海蚀地貌、球状风化物等自然地理素材进行初步的观察并做好记录 | 15 | | | | |
| | | 水平2：小组合作，能够对海岸侵蚀、堆积地貌、古海蚀地貌、球状风化物等自然地理素材的成因进行解释说明 | 35 | | | | |
| 合作意识 | 25% | 水平1：积极参与小组合作，发表个人意见，主动发现问题、探索问题，能理解和接受别人的想法 | 15 | | | | |
| | | 水平2：研学旅行中热情高、兴趣浓，能够有序组织、安排（或帮助组长组织、安排）研学活动 | 10 | | | | |

续表

| 评价内容 | 权重 | 评价要点 | 分值 | 自评 | 组评 | 师评 | 教师总结 |
|---|---|---|---|---|---|---|---|
| 成果展示 | 25% | 水平1:通过图片或文字的形式,能对研学旅行中的地貌进行描述、讲解 | 10 | | | | |
| | | 水平2:小组合作整理资料,积极制作PPT或讲稿,形成研学旅行报告 | 15 | | | | |
| 小计 | 研学内容( );合作意识( );成果展示( );总分( ) | | 等级: | | | | |

# 第六节　基于高中地理核心素养的地质地貌研学旅行课程方案设计——以浙江雁荡山为例

## 一、地质地貌研学旅行课程的性质与定位

### (一)地质地貌研学旅行课程的性质

地质地貌研学旅行课程是综合实践活动课程的重要分支,也是高中地理教学的一种新形式,具有地理学科课程和实践活动课程的双重特征。依据泰勒原理,从学生需求、社会要求和学科要求三个维度出发,该课程展现出趣味性、知识性、教育性、实践性、典型性和综合性等特点(图4.15)。趣味性是指通过实地观察和体验,使学生能够在自然环境中直观感受地质地貌的变化与多样性,提高学习兴趣。知识性是指该课程引导学生通过实地考察掌握地质地貌相关的知识,加深对课堂理论的理解。教育性是指该课程强调环境意识和生态保护教育,培养学生的地理核心素养和可持续发展理念。实践性是指通过户外考察活动,学生不仅学习地理知识,还提升实践操作和现场观察能力。典型性是指选取典型地质地貌区域,展示不同地貌的形成与演变,帮助学生理解地质学、地貌学的重要概念。综合性是指课程内容涉及多个自然地理要素,强调综合分析能力的培养。

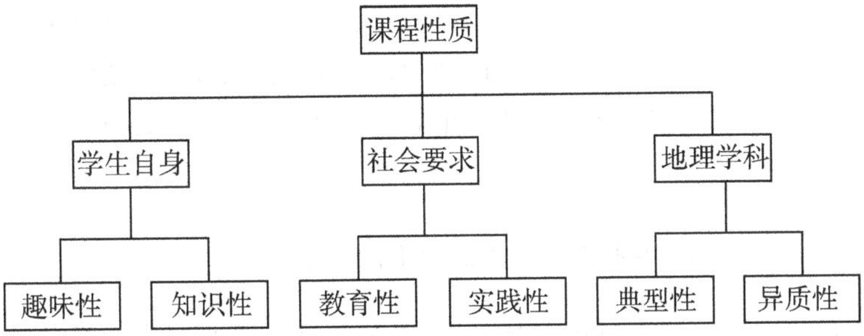


图4.15　地质地貌研学旅行课程性质

### (二)地质地貌研学旅行课程的定位

#### 1.地质地貌研学旅行课程是一门必修的综合实践活动课程

地质地貌研学旅行课程定位为高中阶段的必修课程。新课程标准提出要加强实践教学,以培养学生的地理实践能力和核心素养。具体到课程内容,地理新课标在地貌、植被和土壤等模块中明确了“野外考察”的要求,将这些模块视为地理核心素养培养的重点,并建议在教学中采用野外考察模式以增强学生的学习体验和地理实践能力。此外,人教版教材专设“地貌的观察”单元,以实践教学为基础来帮助学生掌握地质地貌的观测与分析能力。基于此,地质地貌研学旅行课程作为实践教学的延伸,能够加深学生对课程内容的理解,提高操作能力,推动地理素养的培养。

2018年浙江省教育厅等十部门联合发布的《关于推进中小学生研学旅行的实施意见》明确要求学校每学年安排18天的研学旅行安排,为地质地貌研学旅行课程成为高中阶段必修课程提供了政策依据和实施保障[①]。

#### 2.地质地貌研学旅行课程与高中地理课程的关系

地质地貌研学旅行课程属于高中地理课程的实践延伸部分,其内容来源与高中地理课程密切相关。高中地理课程中的地质地貌模块涉及岩石圈物质循环、内外力作用、喀斯特地貌等不同地貌类型的成因和特征,而研学旅行课程以这些内容为基础,并适度深入,通过实地观察和研究,强化课堂知识的应用和理解。地质地貌研学旅行课程具体的时间安排应与地质地貌教学模块相衔接。通

① 浙江省教育厅等10部门.浙江省教育厅、浙江省旅游局等10部门关于推进中小学生研学旅行的实施意见[EB/OL].(2018-07-06)[2021-10-11]. http://jyt.zj.gov.cn/art/2018/7/12/art_1532973_27485282.html.

常建议在完成地质地貌内容学习之后进行实地考察，以巩固和深化课堂知识。同时，还可以将该课程安排在自然地理模块学习之后，将地质地貌作为综合载体，进行多要素的综合实践课程，使学生获得整体的自然地理认识和系统思维能力的培养。

## 二、地质地貌研学旅行课程目标的制定

地质地貌研学旅行课程的目标制定，需从不同主体和层次的教育目标出发，包括教育方针、培养目标、课程目标和教学目标四个层级。教育方针为国家层面对整体育人目标的战略指导，旨在确定教育的宏观方向；培养目标是学校基于教育方针，结合学校特色和社会需求，界定的人才培养标准；课程目标则是针对某一具体学科的核心素养要求，为学生学科学习设定的明确培养要求；教学目标则具体到每一课时的具体教学活动，体现学科素养的具体落实步骤。这四层教育目标遵循由宏观到微观、逐步递进的制定原则，将高层次的人才培养目标逐步细化，最终落地到学科素养的实际培养上。地质地貌研学旅行课程的目标制定同样遵循这一递进逻辑，首先依据学科育人目标确定课程的总体方向，再在课程目标的框架下制定具体的教学目标，从而形成清晰的教学计划和资源配置方案。通过层层落实，地质地貌研学旅行课程从宏观的教育理念逐步转化为具体的实践活动，使学生在实际情境中体验地理学科的核心素养，提升探究能力和实践能力。三层目标的具体逻辑关系如图4.16所示。

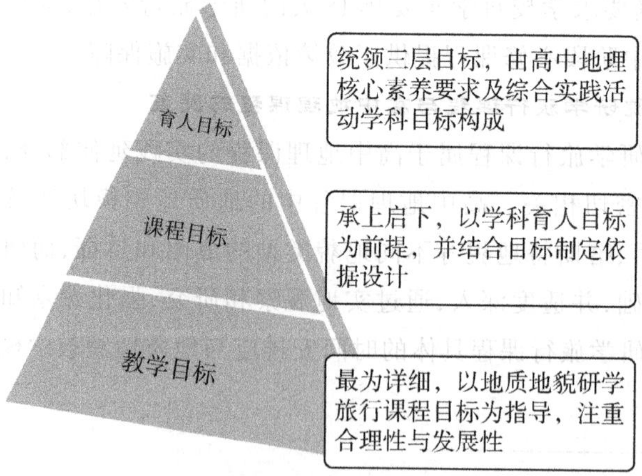
育人目标
课程目标
教学目标
统领三层目标，由高中地理核心素养要求及综合实践活动学科目标构成
承上启下，以学科育人目标为前提，并结合目标制定依据设计
最为详细，以地质地貌研学旅行课程目标为指导，注重合理性与发展性

图4.16　育人目标、课程目标和教学目标的逻辑关系

## 三、地质地貌研学旅行课程的内容

### （一）高中地理地质地貌教材知识梳理

高中地理课程标准中的地质地貌内容主要分布在必修一的“1.4常见地貌类型和地貌观察”，以及选择性必修一的“1.2岩石圈物质循环”和“1.3塑造地表形态的力量”等章节中。基于地理核心素养和课程标准的要求，高中地理教材有针对性地选择了地质地貌相关知识作为学生的学习经验，这是地质地貌研学旅行课程知识结构的核心组成部分。我们以人教版高中地理教材为例，对高一和高二阶段教材中涉及的地质地貌知识进行系统梳理（表4.14），以期为教师在知识点选择和教学安排上提供参考，更好地支持地质地貌研学旅行课程的实践。

表4.14 人教版高中地理教材地质地貌知识汇总表

| | 内外力作用 | 作用类型 | 景观 |
|---|---|---|---|
| 地质作用 | 内力作用 | 地壳运动 | 褶皱、断层、大陆漂移、地震景观 |
| | | 岩浆活动 | 火山、熔岩高原、岩浆岩、地热资源 |
| | | 变质作用 | 变质岩 |
| | 外力作用 | 风化 | 物理风化景观、化学风化景观、生物风化景观 |
| | | 侵蚀 | 流水侵蚀地貌、风沙侵蚀地貌、海水侵蚀地貌、冰川侵蚀地貌 |
| | | 搬运 | 流水搬运景观、风沙搬运景观、海水搬运景观、冰川搬运景观 |
| | | 堆积 | 流水堆积地貌、风沙堆积地貌、海岸堆积地貌、冰川堆积地貌 |
| | | 固结成岩 | 沉积岩 |

### （二）研学地的地质地貌资源开发流程

地质地貌研学旅行的资源开发，虽因课程开展的地区不同而异，但整体上可概括为“面—点—线”三步，即：确定研学区域、选择考察点、规划研学线路。

#### 1.确定研学地

《关于推进中小学生研学旅行的意见》中强调“根据学段和地域特色，逐步建立小学阶段以乡土乡情为主、初中阶段以县情市情为主、高中阶段以省情国情为主的研学旅行活动课程体系”。因此，高中地质地貌研学旅行选址应优先考虑国域或省域范围内的地质地貌资源，尤其是具有乡土特色的资源。在确定选址范围后，可以从自然景点和自然遗产中筛选出适合作为研学地的地点。一方面，地质地貌是时空尺度最大的区域性地理要素，其演化奠定了其他地理要素及整体地理环境的基础；另一方面，自然景点和自然遗产在开发过程中已具备良好的基础设施、相对完善的安全保障，因此，相比一般的野外考察地，更适合高中地理研学活动。选择这些地点能降低安全风险和经济成本,使学生有条件在真实自然环境中将教材知识融入实践。此外,作为研学地的自然景点或自然遗产通常在区域内具有较高的知名度,学生往往对其已有一定认知,能够更迅速地建立教材知识与现实环境的联结,从而深化对乡土地理的理解,增强学生的乡土情怀和文化自豪感。

**2.选择考察点**

选定地质地貌研学旅行的资源区域后,下一步是将资源落实到具体的考察点上。选择考察点需要经过资料查阅和实地考察两个步骤。首先,通过查阅资料来收集研学地的地质地貌信息,将其与教材内容相结合,筛选出适合设计研学任务的考察点。资料查阅的过程能为教师提供初步的考察点信息,有助于在广泛的资源范围内进行有效筛选,从而确定一批具有开发潜力的考察点。尽管前期的资料查阅非常详尽,但考察点的地质地貌特征可能存在同质性高、未能完全满足多样性培养需求的情况。此外,自然环境中的地质地貌特征会随时间发生变化,可能因地质灾害或气候变化而变得不稳定甚至存在安全风险。因此,实地考察不可或缺。通过实地考察,教师可以评估考察点的实际地质地貌情况,确认其教学资源价值和安全性,确保最终选择的考察点既符合地理核心素养的培养要求,又安全可靠。

**3.规划研学线路**

研学线路的规划要兼顾经济性和安全性,确保活动顺利进行。经济性主要包括时间和金钱成本。地质地貌研学旅行课程的出行费用通常由学校和学生共同承担,同时研学旅行会对日常教学进度产生一定影响。因此,规划时需要充分考虑学校与学生的经济负担能力,特别是当部分费用需要学生自付时,要为经济困难的学生提供支持方案,并在安排中尽量降低对日常教学进度的干扰。安全性是研学线路规划的核心要素。地质地貌考察可能涉及的自然区域多有潜在的气象灾害和地质灾害隐患,例如夏季暴雨可能引发的洪涝、滑坡和泥石流等,均会对学生安全构成威胁。此外,研学地常位于人流量较大的景点,容易出现队伍分散、学生迷路等风险。因此,线路规划需详细查询沿途天气情况,避开极端天气,选择安全系数较高的路线,尽量避开拥挤区域。整个研学行程的各环节都应尽可能规避潜在的安全风险,为学生提供一个安全、富有成效的地质地貌研学体验。

**(三)地质地貌研学旅行课程内容的选择依据**

理想的地质地貌研学旅行课程内容应整合教材知识和研学地的地质地貌资

源，通过合理组织和编排，以实现课程目标，培养学生的地理核心素养。因此，教师在选择地质地貌研学旅行课程内容时，需要根据课程目标做出适当取舍，选择的依据主要包括以下几个方面。

#### 1.地理核心素养的要求

地质地貌研学旅行课程的根本目的是培养学生的地理核心素养，因此课程内容的选择需严格依据核心素养目标进行设计。地理核心素养包括综合思维、区域认知、地理实践力和人地协调观。具体而言，综合思维和区域认知的培养需要对区域地理要素进行细致的拆解和综合，使学生能够理解和应用地质地貌知识；地理实践力作为一种可以实际操作的能力，则需通过实践活动得以生成，研学旅行正是培养这种素养的最佳途径。人地协调观要求学生深入理解人与自然环境的相互作用关系，需要学生在研学过程中辩证地考察自然地貌与人类活动之间的关系。

此外，地质地貌研学旅行课程内容的编排还应体现时空综合的要求。学生不仅需要观察和分析不同地貌景观在空间上的分布特征，还需通过对地质演化的探索理解时间尺度上地貌的变迁。因此，课程内容应涵盖从地貌空间特征到地质时间演变的多维视角，帮助学生构建完整的地质地貌知识体系。

#### 2.学生的发展水平

必修阶段和选修阶段的学生在认知水平和地理素养发展上存在较大差异，这也决定了不同阶段的研学课程内容设计应有所侧重。对于高一必修阶段的学生，地理基础较为薄弱，对地理要素的理解处于初步认知阶段，地理核心素养的发展水平也较低。因此，课程标准强调以景观的观察、描述以及少量的地貌成因和演变初探为主。相应地，地质地貌研学旅行课程内容也应更注重地貌景观的观察与基础描述，任务难度较低，让学生通过直观体验逐步建立地理空间认知。

而对于高二选修阶段的学生，其地理知识背景和学科兴趣相对增强，地理核心素养发展水平显著提升。可进一步深化课程标准要求内容，以成因探究和演变推断为主，推动学生从感性观察过渡到理性分析。因此，高二阶段的研学旅行课程内容可设计更大时空尺度的探究任务，重点放在地质地貌的形成机制和演化过程上，帮助学生建立更为系统的地理认知和推理能力，研学任务的难度也相应提高。

#### 3.研学地的实际情况

地质地貌虽然在空间上表现出连续性，但其具体演变特征和形态往往受到区域内其他地理要素的深刻影响，表现出显著的区域性差异。因此，地质地貌研学旅行课程资源的开发需立足省域范围,优先选取乡土的地质地貌资源,突出地方特色和区域特点。这种区域性既能增强学生对本地地理环境的认同感,也能提升研学活动的现实性和体验性。

同时,地质地貌研学课程强调真实、可触及的地质地貌资源,因此课程内容的选择需充分考虑研学地的实际条件。例如,对于内陆城市的研学活动来说,选择海岸地貌作为课程内容并不实际;同样,若研学地不具备火山资源,也无法设置火山地质过程的内容。合理选取区域内的典型地质地貌作为课程内容,确保学生可以在实地考察中直观感受到地貌特征与演变过程,从而在真实的地理环境中加深对地质地貌知识的理解。

## 四、地质地貌研学旅行课程任务设计

### (一)地质地貌研学旅行课程研学任务设计方式

任务驱动模式是研究性学习的重要形式之一,通过将任务作为学习的桥梁和知识点的串联线索,激发学生主动参与相应的学习活动[①]。在该模式下,学生需要围绕任务目标,通过信息收集和方法选择,独立完成任务,在过程中实现知识的建构与内化,并有效促进思维能力的发展。这种模式下,教师的角色从知识传授者转变为任务的引导者,学生则成为学习活动的主体,既有明确的任务目标指引,又具备较高的自主学习和协作学习自由度。这一模式与地质地貌研学旅行课程的实践性和教育性理念高度契合,在课程实施中具有显著的应用价值。

研学任务的设计需要紧密围绕课程目标,结合实际考察点的地质地貌特征与情境,使学生在真实地理环境中获得切实的学习体验。例如,在考察火山地貌时,可设计探究火山喷发的成因、类型及其对生态环境的影响;在观察河谷地形时,则可围绕河流侵蚀、堆积作用等地质过程设置研学任务,以此引导学生在实地观察和问题解决中深入理解地质地貌的成因和演变过程。基于上述原则,地质地貌研学旅行课程的任务设计框架如表4.15所示,通过有针对性的任务设定,激发学生的探究兴趣,帮助其在体验式学习中掌握地质地貌相关知识,并深化地理核心素养的培养。

① 李文雅,乔桂娟.基于任务驱动策略的中小学研学旅行研究[J].齐齐哈尔师范高等专科学校学报,2020(1):7-9.

表 4.15　地质地貌研学旅行课程研学任务设计框架

| | | | |
|---|---|---|---|
| 考察点 | | | |
| 教学目标 | 人地协调观 | | |
| | 区域认知 | | |
| | 综合思维 | | |
| | 地理实践力 | | |
| 可利用的教材知识 | | | |
| 研学时间安排 | | | |
| 研学任务设计 | 研学任务 | 地质地貌情境资源 | 任务设计 |
| | 任务一 | | |
| | 任务二 | | |
| | …… | | |

### (二)地质地貌研学旅行课程的实施策略

地质地貌研学旅行课程的成功实施依赖于教师、学生和教育管理部门三类主体的共同参与。因此，在制定实施策略时，应从这三个主体出发，综合考虑教学活动、学习活动和管理活动的有效性。

#### 1.地质地貌研学旅行课程教学活动策略

(1)教师应成为学生走进户外课堂的陪伴者

相较于传统的教室环境，户外课堂面临许多风险因素，如高温、昆虫叮咬、地形复杂等，这些因素都可能对学生的安全造成威胁。为了应对这些变数，教师需要保持高度的耐心和谨慎，成为学生在户外课堂中的陪伴者。教师不仅要负责秩序管理，确保学生在活动中遵循安全规则，还需加强安全管理，提前做好风险评估与应对预案，例如在出发前进行安全知识培训，明确紧急情况的处理流程，确保每位学生都能在安全的环境中进行探索与学习。

(2)教师应成为学生构建知识体系的引导者

与单纯的春游或秋游活动相比，地质地貌研学旅行课程更具教育性和知识性，旨在有效培养学生的地理核心素养。尽管学生在课堂上积累了一定的地质地貌知识，但野外实际的地质环境复杂多样，与教材中提炼出的概念性知识相比，学习探究的难度显著增加。在此过程中，学生在完成研学任务时常常会遇到困难，教师需要提供适当的启发与指导，帮助学生理清思路，找到解决问题的路径。通过与学生的互动，教师不仅能引导他们有效整合已有知识，还能鼓励他们提出问题、进行深入探讨,从而实现地质地貌研学旅行课程的育人价值。在课程实施过程中,教师还可以结合当地的地质特征,设计富有挑战性的任务,以促进学生在真实环境中的思考和学习。同时,教师应鼓励学生在小组中合作,通过讨论和交流,共同解决遇到的问题,从而增强团队合作能力,提升研学的整体效果。

**2.地质地貌研学旅行课程学习活动策略**

学生的思维能力发展往往呈现从单一因素到多因素、从静态到动态的演变过程。在地质地貌研学旅行课程中,学习活动的策略也应顺应这一思维发展趋势。学习过程可以分为以下四个关键环节:要素辨识、要素融合、时空融合,以及机理迁移。这一过程不仅帮助学生更深入地理解地理要素的相互关系,还能促进他们将所学知识灵活运用到实际问题中。具体而言,这一策略可概括为"要素辨识—要素融合—时空融合—原理迁移",如图 4.17 所示。

要素辨识是指学生首先需要识别和描述各种地理要素,例如不同的地质类型、地貌特征等。此环节强调对单一地理要素的深入观察和理解,为后续的学习奠定基础。要素融合是指在对多个地理要素进行辨识后,学生将开始探索这些要素之间的关系。例如,探讨特定地貌的形成是否与当地的气候、植被等因素有关。这一阶段的目标是帮助学生理解多种地理要素如何相互影响。时空融合环节要求学生在空间和时间的维度上对地理要素进行综合分析。学生需要考虑地质地貌在历史演变中的变化过程,以及如何受到不同时间段内外部因素的影响。原理迁移是指学生将提炼出与地质地貌相关的原理性知识,并能够将这些知识迁移运用到新问题中。这一阶段培养学生的批判性思维能力,使他们能够在不同情境下灵活应用所学知识。

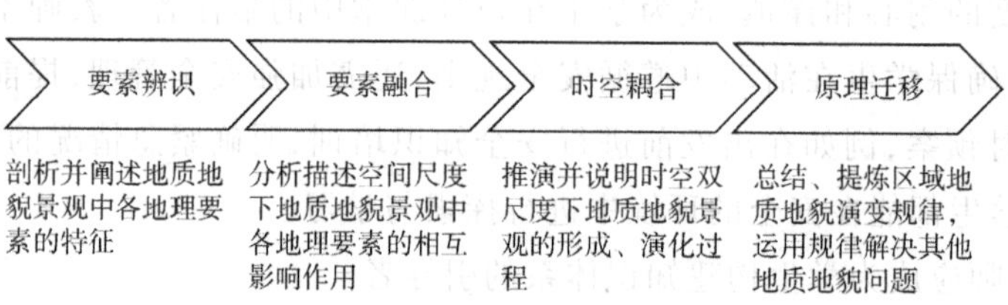
要素辨识
要素融合
时空耦合
原理迁移
剖析并阐述地质地貌景观中各地理要素的特征
分析描述空间尺度下地质地貌景观中各地理要素的相互影响作用
推演并说明时空双尺度下地质地貌景观的形成、演化过程
总结、提炼区域地质地貌演变规律,运用规律解决其他地质地貌问题

图 4.17　地质地貌问题研究流程图

**3.地质地貌研学旅行课程管理活动策略**

(1)全程安全管理

相较于传统的课堂教学,地质地貌研学旅行课程涉及学生走出校园,进入自然环境中,这使得他们面临更多安全威胁,如蚊虫叮咬、体力不支等。同时,教师

在研学活动中需要承担导学和管理等多重角色，难以确保每位学生的安全。因此，学校、教育局等教育管理部门必须全程参与地质地貌研学旅行课程的安全管理工作，确保课程的顺利和有效实施。管理措施应包括制定详细的安全预案、进行安全培训、确保教师与学生之间的沟通畅通、及时处理可能出现的安全问题。

（2）建设地质地貌研学旅行基地

目前，地质地貌研学旅行课程多由教师自行设计和实施，这一方面消耗了教师大量的时间和精力，另一方面所设计的课程水平也存在参差不齐的情况。为了提高课程质量，教育管理部门可以建立地质地貌研学基地的准入标准，从地质环境、安全保障、食宿条件等多个方面对基地进行评估。建议以省为单位，遴选出合格的地质地貌研学旅行基地，并制定相应的课程方案。这不仅为教师提供了优质的实施样本，也能有效减轻教师的负担，使他们能够更专注于教学活动的实施和学生的学习成效。

## 五、地质地貌研学旅行课程的评价

### （一）地质地貌研学旅行课程的评价设计

地质地貌研学旅行课程的评价设计遵循四个基本原则：注重目标一致性、强调过程评价、多元评价和关注学生发展。通过从评价主体、评价内容和评价分级等三个方面阐明课程评价设计的流程，力求构建一套科学合理的地质地貌研学旅行课程评价量表。

**1.评价主体**

在地质地貌研学旅行课程中，教师是课程的组织者和管理者，对课程目标有深入的理解，并始终关注学生在学习过程中的表现。因此，教师是课程评价中最重要的主体。与此同时，学生作为课程的参与者，对自身的学习心理和小组成员在完成研学任务时的表现有着更为直接的观察与体验。因此，学生及其团队成员同样应成为评价的主体。为此，建议采用教师评价、小组互评和学生自评相结合的多元评价形式。具体而言，教师的评价因其权威性和公正性在整体评价中占有最大权重，建议占50%；学生自我评价因其主观性较强，可能导致评价结果的不准确，因此应占20%；小组互评则作为教师评价的有力补充，同时可以修正学生自评的偏差，建议占30%。这种多元化的评价机制能够全面反映学生的学习状况与团队协作能力。

**2.评价内容**

评价内容是根据课程目标而定，主要针对课程目标所要求的内容进行达成度的评价。在地质地貌研学旅行课程中,培养地理核心素养的目标可以从四个维度进行评价:人地协调观、综合思维、区域认知和地理实践能力。每个维度还可以进一步细分,以确保评价的全面性与针对性。此外,课程结束后的成果展示活动也是评价内容的重要组成部分。该活动不仅考查学生在地质地貌研学旅行课程中的学习成果,还能体现学生的表达能力、地理信息整合能力等核心素养。因此,成果展示应被纳入评价体系,成为重要的评价内容之一。

**3.评价分级**

在地质地貌研学旅行课程的评价内容中,地理核心素养作为课程目标,是评价时必须重点关注的方面。与此同时,研学成果则是学生在参与地质地貌研学旅行课程后的学习成果总结与表述,也是评价的关键内容。因此,本研究在设计评价量表的维度权重时,采用均权法,将地理核心素养的四个内涵及研学成果各占20%的权重。然而,在地理核心素养的四个维度中,内部评价内容并非完全独立。例如,在"人地协调观"这一维度中,树立人地协调观念的基础是对人类与地质环境相互影响的深刻理解。因此,维度内部的权重划分不能简单地采用均权法。在"人地协调观"维度中,培养通过辩证思维理解人地协调发展的能力应占最高权重,设定为40%。相比之下,理解地质环境对人类的影响以及人类开发对地质环境作用的内容则权重较低,分别设定为30%。其他维度下的评价内容具体权重可参见表4.16。

结合上文对评价主体、评价内容、评价权重的分析,尝试构建地质地貌研学旅行课程评价量表如下(表4.16),供教师设计课程评价方案参考。教师也可根据课程具体内容,对评价内容及权重进行修改。

**表4.16　地质地貌研学旅行课程评价量表**

| 评价维度 | 评价内容 | 学生自评（20%） | 小组互评（30%） | 教师评价（50%） |
|---|---|---|---|---|
| 人地协调观(20%) | 说明地质地貌环境对人类的影响(30%) | | | |
| | 说出人类对地质地貌环境的作用(30%) | | | |
| | 理解人类与地质地貌环境协调发展(40%) | | | |
| 综合思维(20%) | 描述地理要素的综合(30%) | | | |
| | 描述不同时空尺度的综合(30%) | | | |
| | 理解自然地理环境整体性(40%) | | | |
| 区域认知(20%) | 描述研学地的地质地貌特征(30%) | | | |
| | 对比区域地质地貌并分析差异(40%) | | | |
| | 评价区域地质地貌开发现状(30%) | | | |

续表

| 评价维度 | 评价内容 | 学生自评（20%） | 小组互评（30%） | 教师评价（50%） |
|---|---|---|---|---|
| 地理实践力(20%) | 具有问题意识(15%) | | | |
| | 具有信息意识(15%) | | | |
| | 收集与处理地质地貌信息(20%) | | | |
| | 实施研学任务(15%) | | | |
| | 使用地理工具(20%) | | | |
| | 积极参与课程并进行合作交流(15%) | | | |
| 研学成果(20%) | 展示交流研学成果(100%) | | | |
| 总分(100%) | | | | |

结合对评价主体、评价内容及评价权重的分析，构建了地质地貌研学旅行课程评价量表(表4.16)，供教师在设计课程评价方案时参考。教师可根据课程的具体内容和目标，对评价内容及其权重进行适当调整。在实际评价过程中，可以先设定等级再进行赋分，将学生的表现划分为A—E五个等级，并对各等级进行以下赋分：A等级90～100分；B等级80～89分；C等级70～79分；D等级60～69分；E等级59分及以下。最终，通过将各等级的得分换算出学生在地质地貌研学旅行课程中的成绩。通过对评价结果的深入分析，教师可以清晰地了解学生在各个研学任务中的表现水平，发现学生在培养地理核心素养方面仍存在的不足之处，从而有针对性地进行改进与发展。

## 六、雁荡山地质地貌研学旅行课程方案

基于前文对地质地貌研学旅行课程理论的探讨，本研究总结了地质地貌研学旅行课程设计的逻辑图(图4.18)。依据这一理论和设计逻辑图，本研究进一步设计了雁荡山地质地貌研学旅行课程方案。这一方案不仅展示了地质地貌研学旅行课程的具体设计流程，还验证了前述课程理论的可行性。

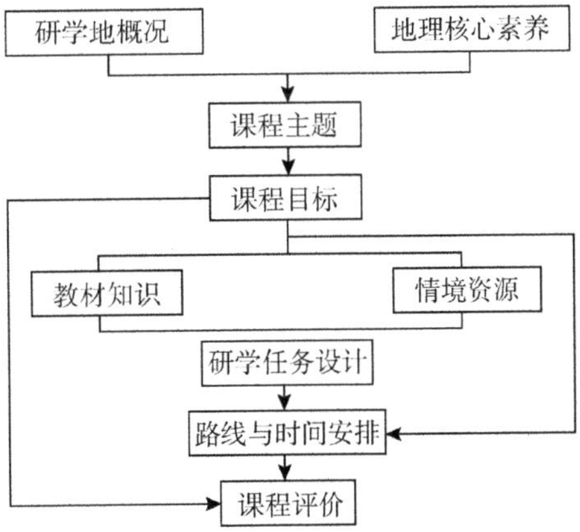


图4.18　地质地貌研学旅行课程设计逻辑图

## (一)雁荡山地理概况

### 1.雁荡山自然地理概况

雁荡山在行政区划上属于浙江省温州的乐清市，距温州市区70km，距离省会杭州市300km，地理坐标为东经121°00′00″—121°09′00″、北纬28°16′30″—28°30′00″。

雁荡山地势呈东北—西南走向，高差悬殊，从东南乐清湾的海平面向西北递增。全区地形为以主峰百岗尖、乌岩尖、雁湖岗(尖)等海拔900～1000m的山峰群构成的北东走向的山脉。此山脉属于区域上括苍山山脉的一个支脉，也是区内水系的分水岭。丘陵主要分布在东部、南部和龙西溪两侧，平均海拔200～400m。平原主要分布在东北和东南地区，东北部为河谷冲积平原，东南部为河谷冲积平原和滨海海积平原，此外，中低山区还分布有少量面积较小的山前倾斜洪积平原。按高中地理中的形态—成因原则，对雁荡山景观地貌进行系统划分，可分为岩石地貌、流水地貌、重力地貌三大类，具体地貌如表4.17所示。

表4.17　雁荡山地貌类型分类表①②

| 类 | 亚类 | 小类 | 型 | 代表性景点 |
|---|---|---|---|---|
| 岩石地貌 | 流纹岩地貌 | 岩嶂 | 单嶂 | 朝阳嶂、屏霞嶂 |
| | | | 连嶂 | 金带嶂、莲台嶂 |
| | | 洞穴 | 风化剥蚀型洞穴 | 朝阳洞后洞 |
| | | | 风化剥落型洞穴 | 梅花洞、水帘洞 |
| | | | 崩塌堆积型洞穴 | 灵峰古洞、风洞 |
| | | | 瀑水冲蚀—剥蚀型洞穴 | 朝阳洞、小龙湫瀑布下方洞穴 |
| | | 锐锋 | 山顶型锐锋 | 观音峰、牧童峰 |
| | | | 沟谷型锐锋 | 天柱峰、双笋峰 |
| | | 方山 | | 温岭方山、元宝峰 |
| | | 石门 | | 显胜门、雁湖石门 |
| | 花岗岩地貌 | 岩岗 | | 雁湖岗 |
| | | 岩尖 | | 百岗尖、乌岩尖 |

① 陶奎元.雁荡山火山的地质与地貌[M].南京:江苏凤凰科学技术出版社,2020:3.

② 胡小猛,许红根,陈美君,等.雁荡山流纹岩地貌景观特征及其形成发育规律[J].地理学报,2008(3):270-279.

续表

| 类 | 亚类 | 小类 | 型 | 代表性景点 |
|---|---|---|---|---|
| 流水地貌 | 流水侵蚀地貌 | 瀑布 | | 大龙湫、三折瀑 |
| | | 壶穴 | | 罗带瀑、梅雨瀑 |
| | | 垂直沟槽和棱柱 | | 大龙湫、三折瀑 |
| | | 峡谷 | | 碧玉溪峡谷、鸣玉溪峡谷 |
| | | 河谷 | | 龙西溪河谷、仙溪河谷 |
| | 流水堆积地貌 | 砾滩 | | 白溪砾滩 |
| | | 河流阶地 | | 碧玉溪河流阶地、筋竹溪河流阶地 |
| | | 泥石流堆积扇 | | 龙西村泥石流堆积扇 |
| 重力地貌 | 崩塌地貌 | 洞穴 | 重力崩塌型洞穴 | 方洞、西石梁洞 |
| | | 倒石堆 | | 灵峰古洞、梅雨瀑 |
| | 滑坡 | | | 区内普遍发育 |

雁荡山属于亚热带海洋性季风气候，夏季高温多雨，冬季温和湿润。区域年平均温度15℃～18℃，平均年降水量2000mm以上，以5—9月份降水量较多，夏季受台风影响而多暴雨。山脉南坡走向与湿润夏季风向直交，来自乐清湾的东南风，易受抬升而形成地形风。雁荡山地表自然植被以亚热带常绿阔叶林为主。

雁荡山水系属瓯江流域，区内包括了河流、高山沼泽、海滨等水域形态。河流以山间溪流为主，是地表水主体部分，为羽毛状水系，自西而东注入乐清湾，较大的有大荆溪和清江。

**2.雁荡山人文地理概况**

雁荡山自南北朝时期开始开发，开发历史长达1200多年，我国历史上多位地理学家曾在此游历，进行早期地质地貌科学探究，留下了丰富的地理文化资源。最早对雁荡山地质地貌环境进行研究的是北宋的沈括，他在《梦溪笔谈》中将雁荡山景观的形成论述为水冲岩石—沙土尽去—巨石挺立的过程，虽然这样的结论较为朴素且未形成相应理论，但其中蕴藏着最早的流水侵蚀思想。从这一意义上来说，雁荡山是流水侵蚀学说的诞生地。明代地理学家徐霞客曾三次考察雁荡山，登上雁湖，纠正了历来以为大龙湫的源头是雁湖的错误说法，体现了地理学家不为书云所云、求真的科学探究精神。清代地理学家施元孚寝食雁荡山中二十余载，最终完成《雁山志》，提出与山水和谐相处的游山学原理，蕴含着人地协调思想。众多地理学家在雁荡山的史迹和文献充分说明了雁荡山地理环境的科学启智作用，也成为雁荡山地理文化的重要组成部分。

此外，雁荡山中多垂直节理风化形成的纵向岩洞，早期山中的建筑如观音洞阁楼、灵岩寺、白云庵等都依岩洞顺势而上修建，既创造性地利用自然环境克服生存困难，又与自然环境融为一体和谐共存，减少对自然环境的破坏，体现了古人敬畏自然、与环境和谐相处的朴素而富有哲理的地理思想。

**（二）雁荡山地质地貌研学旅行课程主题与目标**

地理核心素养要求学生具备综合考虑地理要素以解决实际问题的能力。这一点在课程标准必修一中得到了充分体现，尤其是在1.4节关于地貌的观察、1.2节关于岩石圈物质循环以及1.3节关于内外力作用的内容中，标准通过“说明……过程”和“说明……关系”等表述，强调了对学生综合思维能力的培养。同时，课程也重视教学过程中实际问题情境的呈现，例如通过“野外考察”和“结合实例”等方式。基于上述考虑，我们旨在培养学生的地理核心素养，结合地质地貌课程标准的要求，依据雁荡山独特的岩石流水复合地质地貌环境，确定该课程的主题为“岩石与水的交响曲”。这一主题不仅体现了地质和水文现象的和谐关系，还能引导学生深入理解地理要素之间的互动。雁荡山地质地貌研学旅行课程的具体目标如下(表4.18)。

**表4.18 雁荡山地质地貌研学旅行课程目标表**

| 研学任务 | 课程目标 |
|---|---|
| 研学任务一：了解雁荡山概况 | 查阅资料并结合地图，描述雁荡山的地理位置，能够从多个角度描述区域的地理特征 |
| 研学任务二：响头岭村洪涝原因与应对措施 | 结合地质、地貌、气候等要素，解析雁荡山自然灾害频发的原因，列举自然灾害对人类生产生活的影响，提出避灾、防灾措施，树立敬畏自然、保护生态的意识 |
| 研学任务三：岩石形态测量与成因 | 会使用罗盘等地理野外考察工具，小组合作收集雁荡山地质地貌信息 |
| 研学任务四：天冠峰岩体差异原因 | 判断雁荡山流纹岩是不是沉积岩的一种，并说明判断的理由 |
| 研学任务五：天冠峰、双笋峰、灵峰古洞、观音洞洞穴成因 | 结合地图，比较雁荡山不同考察点地质地貌的差异，并解释原因 |
| 研学任务六：观音洞建筑形态与景区砖石路面成因 | 结合雁荡山的聚落与交通线的特征，说明地质地貌环境对人类生活的限制以及人类对地质地貌环境的改造，理解人地协调发展的意义 |
| 研学任务七：下折瀑河段河岸受力作用 | 以雁荡山流水侵蚀与堆积地貌为例，解释其形成和演化过程，描述地貌形成过程中岩石与水的相互作用过程 |
| 研学任务八：中折瀑桶装瀑壁成因和演变 | 以雁荡山流水侵蚀地貌为例，解释其形成和演化过程，描述地貌形成过程中岩石与水的相互作用过程 |
| 研学任务九：小龙湫倒石堆成因 | 以雁荡山流水侵蚀与堆积地貌为例，解释其形成和演化过程，描述地貌形成过程中岩石与水的相互作用过程 |

续表

| 研学任务 | 课程目标 |
|---|---|
| 研学任务十：球泡流纹岩构造形成过程 | 借助相关资料，描述雁荡山地质背景，说明岩石圈物质循环的过程 |
| 研学任务十一：雁荡山开发研学报告 | 通过多种方式组织表达地理信息，评价雁荡山地质地貌环境开发现状，针对当前开发不合理处提出改进建议 |

### （三）"岩石与水的交响曲"研学旅行课程内容与组织

根据雁荡山"岩石与水的交响曲"地质地貌研学旅行课程的目标及教材知识，选择雁荡山景区丰富的地质地貌资源，主要集中在火山活动地质、岩石地貌和流水地貌。这些资源将作为课程的核心内容。通过对具体的地质地貌景观进行深入探讨，我们确定了灵峰景区、三折瀑景区、小龙湫景区和大龙湫景区四个具体的研学地点。课程采用任务驱动模式，设计了一系列既具知识性又富有趣味性的研学任务，以引导学生的探索过程，并帮助他们在任务探究中内化地质地貌知识。以下是各研学地的具体考察内容和研学任务。

#### 1.研学地一：灵峰景区

研学任务一：雁荡山是迄今为止第一个以中生代火山地质地貌景观为主体的地质公园，以白垩纪复活型破火山闻名于世。请查阅相关资料和地图，运用地理术语描述雁荡山的地理位置，指出雁荡山的气候类型、特点及成因，并列出主要植被类型及其自然带。

设计意图：本任务作为研学旅行的行前准备，旨在引导学生独立获取区域的地理背景信息，形成初步的区域认知，为后续的研学任务奠定基础。这不仅有助于学生建立地理位置的空间意识，也为他们提供了必要的知识储备。

研学任务二：响头岭村位于雁荡山的山麓，是进出雁荡山景区的必经之路。近年来，尽管该村利用雁荡山丰富的旅游资源发展起旅游服务业，但每年夏季的洪涝灾害依然对居民造成极大困扰。请结合所给材料和行前调查的雁荡山地理信息，分析响头岭村洪涝灾害频发的原因，并列举相应的防灾减灾措施。

设计意图：本任务提供了响头岭村的地形信息，要求学生提取和组织相关信息，旨在培养他们的信息意识和表达能力。通过对地形、水文和气候三个要素的综合分析，促进学生的批判性思维和综合思维能力。此任务不仅旨在加深学生对洪涝灾害成因和防范措施的理解，还希望激发他们对自然环境的敬畏之心，增强他们的环境保护意识。

研学任务三：在进入灵峰景区后，学生可以观察到灵峰岩石的流动构造形态（图4.19）。请学生以小组为单位，合作使用地质罗盘测量岩层的三要素，并结合岩石的形态特征及雁荡山的地质地貌背景，判断岩石类型并解释其成因。

图4.19　灵峰岩石的流动构造形态

设计意图：通过这一任务，学生不仅能够调动对岩层三要素的背景知识，还能锻炼使用罗盘等基础野外考察工具的能力，同时提升小组交流与合作的技巧，从而培养地理实践能力。需要特别注意的是，雁荡山地区的流纹岩容易被学生误认成沉积岩的层理结构。在此情况下，教师应提醒学生考虑雁荡山火山活动的地质背景，帮助他们认识到地质地貌问题的复杂性和多样性。

研学任务四：观察天冠峰的形态，其形似王冠，岩体上下部有明显的分层（图4.20左）。请描述天冠峰岩体上下部的形态差异，并推测造成这些差异的原因。

图4.20　天冠峰（远观）及洞穴（近观）

设计意图：通过对天冠峰的观察，学生将深入了解雁荡山火山活动对地质构造及地貌环境的影响。在探究过程中，学生将认识到天冠峰的岩石类型为喷出型岩浆岩，从而加深对雁荡山地质地貌环境整体的认知，为后续的研究性学习奠定基础。本任务与研学任务五形成紧密的任务链，通过逐步引导学生体验从远观到近观的地貌观察过程及其顺序，增强他们对地貌特征及成因的理解。

研学任务五：走进天冠峰，比较天冠峰上下部岩体中洞穴的差异（图4.20右）。同时，对双笋峰（图4.21左）和灵峰古洞（图4.21右）的洞穴进行比较，分别推测其形成原因。基于以上比较，推测合掌峰观音洞（图4.22）属于上述四种洞穴类型中的哪一种。

图4.21　双笋峰、灵峰古洞洞穴

图4.22　合掌峰观音洞

设计意图:这一任务通过前四个洞穴成因探究,要求学生综合考虑地貌和水文两个要素,进行低层次的综合分析。同时,学生需要依据观察现象,调动地质地貌教材中的知识进行推理,从而加强对地质地貌内容中地理过程性知识和地理原理性知识的理解与掌握。这一过程不仅培养了学生的综合思维能力,还通过微观尺度上的区域差异比较,帮助学生掌握正确的区域认识方法。最后,通过对观音洞成因的归类,学生将从微观尺度上探讨区际联系的问题,这将进一步提升他们的区域认知方法和技能。

研学任务六:在观音洞中,建筑如同镶嵌在岩缝之中,呈现出足足九层楼高、明显高而窄的形态特征。同时,灵峰景区的大部分路面由砖石铺成,干净整洁且便于通行。请思考以下两个问题:①观音洞的建筑为何呈现高而窄的形态?②灵峰景区为何采用砖石路面?通过这两个问题,你有什么感悟?

设计意图:本任务旨在通过观音洞的建筑特征展示地质地貌环境对人类生活的限制与影响,同时通过砖石路面的铺设说明人类如何利用和改造地质地貌环境。通过探讨这两个问题,学生将能够更深刻地理解人与地质地貌环境之间的相互关系。结合灵峰景区可能存在的地质灾害,任务还引导学生反思人地协调发展的重要性,从而培养他们的人地协调观念,增强他们对环境可持续发展的理解与意识。

**2.研学地二:三折瀑景区**

研学任务七:三折瀑由上折瀑、中折瀑和下折瀑组成,形成原因是同一河流经过三次跌落,因此被誉为“雁山第一胜景”。请沿途观察下折瀑的河道形态,并说明河流对不同河段的作用力表现。

设计意图:本任务以下折瀑河道为载体,引导学生观察河流地貌的形成与变化。通过分析岩石与流水的相互作用,学生将学习河道下游地区河流地貌的成因及其演化过程,从而加深对河流地貌的直观认识和理解。同时,此任务旨在培养学生的综合思维能力,帮助他们将理论知识与实际观察相结合。

研学任务八:中折瀑的瀑壁呈现出内凹的半圆桶状特征(图4.23)。请观察中折瀑的桶状瀑壁,并解释其形成原因。地理学家认为,在河流发育过程中,瀑布只是一种暂时的形态,随着河流的进一步发育,瀑布最终可能会消失。请据此推测中折瀑未来可能演变成什么样的形态。

图 4.23　中折瀑桶状瀑壁

设计意图：在本任务中，学生通过观察流水侵蚀形成的地貌，增加对地质地貌的直接经验，并欣赏中折瀑的自然美景，感受大自然的鬼斧神工。任务要求学生从基岩和流水两个角度出发，分析微地貌的成因，并在不同时空尺度下进行思考，培养他们的综合思维能力。通过预测瀑布形态变化这一拓展问题，教师可以更好地了解学生对溯源侵蚀现象的理解深度以及综合思维的培养水平。

**3. 研学地三：灵岩景区**

研学任务九：龙湫的河谷地貌十分明显，瀑布脚下形成了一个规模中等的倒石堆。请观察小龙湫的V型谷和倒石堆（图 4.24），并分析倒石堆的成因。

图 4.24　小龙湫V型谷（左）和倒石堆（右）

设计意图：在先前微地貌探究的基础上，本任务旨在引导学生观察更大尺度的V型谷地貌，以拓展他们对河流地貌及其空间尺度的理解。通过推断倒石堆的形成原因，学生将深化对溯源侵蚀过程的理解，并初步体会自然地理环境的整体性。同时，此任务也鼓励学生培养综合思维能力，让他们能够将微观地貌与宏观环境相联系，从而全面理解地貌演变的复杂性。

**4. 研学地四：大龙湫景区**

研学任务十：在大龙湫景区的古火山通道附近，有一片包裹着多个“小球”的岩石。经专家探测，这些小球的内部为空腔。这种现象是雁荡山特有的球泡流纹岩(图4.25左)。请观察大龙湫的球泡流纹岩构造，并推测球泡形成的原因。同时，在大龙湫瀑布的顶端，形成了一个天然桥(图4.25右)，瀑水从天然桥的内侧跌落而下。请在大龙湫找到这一天然桥，并解释其成因。

图4.25　大龙湫球泡流纹岩（左）、天生桥（右）

设计意图：本任务中的球泡流纹岩成因探究结合了高中地理和地质知识，帮助学生将地质地貌中最为抽象的岩石与地质活动内容具体化，从而加深对地质活动的认知。考虑到该任务的难度，教师可以在学生探究的过程中提供适当的指导和帮助。此外，天然桥的观察任务相对简单，能够让学生在获取直接经验的同时，使整个研学过程在难易程度上保持适度的平衡和张弛。

研学任务十一：结合研学过程中观察到的雁荡山景区的地质地貌资源开发现状，查阅相关资料，撰写一篇研究报告。报告中应列举出研学中发现的雁荡山景区在开发方面的成熟之处与不足之处，并针对开发过程中存在的问题提出合理建议。

设计意图：本任务通过自选区域、查阅资料等环节，帮助学生总结雁荡山研学旅行中的所见所闻，同时锻炼他们处理和表达地理信息的能力，培养地理实践能力。在撰写研究报告的过程中，学生将评析区域开发现状，设身处地为雁荡山的规划者，提出未来发展的建议。这不仅有助于培养学生对地理学习的兴趣和区域认知素养，同时也为研学活动留下最终成果，为教师后续评价提供依据。通过这样的综合性任务，学生将更深入地理解人与自然的关系，并思考可持续发展的重要性。

### (四)课程路线与时间安排

本次研学旅行课程时间允许有一定的弹性，教师可以根据学生出发地点距离雁荡山的远近安排1～2天的研学旅行(包括来回路程时间)。以下是以一天为例的课程路线与时间安排(表4.19)。对于两天的课程安排，教师可以在此基础上进行适当的调整和扩展。

**表4.19　雁荡山"岩石与水的交响曲"地质地貌研学旅行课程路线与时间安排**

| 时间 | 研学地 | 考察点和考察路线 |
|---|---|---|
| 8:30—11:30 | 灵峰景区 | 响头岭村—流动构造—天冠峰—双笋峰—灵峰古洞—合掌峰观音洞 |
| 13:30—15:00 | 三折瀑景区 | 下折瀑—中折瀑 |
| 15:00—16:00 | 灵岩景区 | 小龙湫瀑布 |
| 16:00—17:00 | 大龙湫景区 | 大龙湫瀑布 |

### (五)"岩石与水的交响曲"研学旅行课程评价

雁荡山研学旅行采用过程性评价与研学成果评价相结合的形式，将学生在研学过程中的表现及学习成果纳入评价体系。这种综合评价机制不仅关注学生的学习结果，更重视他们在学习过程中的体验与成长。

雁荡山地质地貌研学旅行的过程性评价总分为80分，评价方式包括学生自评、小组互评和教师评价相结合。评价内容依据课程目标，围绕地理核心素养展开，从人地协调观、综合思维、区域认知和地理实践力四个维度进行评价。这四个维度权重相同，每个维度的总分均为20分。每个维度下进一步划分不同的评价内容，每条评价内容得分＝自评×20%＋互评×30%＋师评×50%。以人地协调观为例，维度得分＝(内容1得分×30%＋内容2得分×30%＋内容3得分×40%)×20%，最终学生的研学过程总成绩即为四个维度得分相加。

学习结果评价主要关注学生研学作业的质量，总分为20分。其中，展示与交流研学成果的分数为10分，雁荡山地质地貌开发评析报告的分数为10分。学习结果评价的计算方式为：研学结果评价成绩＝研学成果展示交流成绩＋研学报告成绩。

在研学过程中，学生的体验与收获被视为最重要的学习经验。因此，课程评价特别强调学习过程，赋予过程性评价较大的权重。与此同时，研学成果的评价不应局限于固定形式，而应鼓励学生通过多样化的作品形式表达学习成果，包括模型、绘画、音视频作品等。这种灵活的评价方式旨在激发学生的想象力与创造性，鼓励他们在不同的表达方式中展现自己的学习成果。

据此制定雁荡山“岩石与水的交响曲”地质地貌研学旅行课程的评价量表如表4.20所示。

**表4.20 雁荡山“岩石与水的交响曲”地质地貌研学旅行课程评价量表**

| 评价维度 | 评价内容 | 学生自评(20%) | 小组互评(30%) | 教师评价(50%) |
|---|---|---|---|---|
| 人地协调观(20%) | 能举例说明雁荡山地质地貌环境对人类生产生活的影响(30%) | | | |
| | 能举例说明人类对雁荡山地质地貌环境的改造和利用(30%) | | | |
| | 能树立敬畏自然、保护环境的可持续发展意识，为雁荡山景区的可持续发展提出合理建议(40%) | | | |
| 综合思维(20%) | 能从地理要素的角度举例描述雁荡山流纹岩或流水地貌的成因(30%) | | | |
| | 能举例说明雁荡山流纹岩地质或地貌的形成和演化过程(30%) | | | |
| | 能够概述雁荡山地质地貌环境的形成过程，体现自然地理环境的整体性(40%) | | | |
| 区域认知(20%) | 能完整描述雁荡山的地理位置、气候类型及特征、植被类型及自然带(30%) | | | |
| | 能列举雁荡山的四种洞穴类型并解释其形态和成因差异(40%) | | | |
| | 能全面评价雁荡山地质地貌开发现状并提出合理建议(30%) | | | |
| 地理实践力(20%) | 在课程中能够清晰表达自己的问题并努力解决(20%) | | | |
| | 能够使用多种工具收集地质地貌信息并利用多种方式处理和表达信息(30%) | | | |
| | 能够独立使用地质锤、罗盘等地理考察工具测量流纹岩的产状(30%) | | | |
| | 能够积极与小组同学交流合作完成研学任务(20%) | | | |
| 研学成果(20%) | 展示交流研学成果(50%) | | | |
| | 雁荡山地质地貌开发评析报告(50%) | | | |
| 总分(100%) | | | | |

# 第七节　基于CIPP模式的高中地理研学旅行课程评价指标体系研究

学合理的课程评价模型是推动高中地理研学旅行课程高质量发展的有效手段。我们以CIPP模式（背景评价、输入评价、过程评价和结果评价）与高中地理研学旅行课程评价的适切性为切入点，旨在将CIPP模式嵌入高中地理研学旅行课程评价体系中，构建一个全面的评价指标体系，涵盖课程开发评价、课程方案评价、课程实施评价和课程成效评价。以高中地貌研学旅行课程评价为实例，阐述该指标体系的具体运用策略，以期为高中地理研学旅行课程的评价提供有益启示。

2020年10月13日，中共中央、国务院印发了《深化新时代教育评价改革总体方案》，明确指出要坚持立德树人，充分发挥教育评价的指挥棒作用，引导确立科学的育人目标，从而确保教育的正确发展方向[①]。《普通高中地理课程标准（2021年版）》中也强调要加强地理实践，深化信息技术的应用，并重视过程性评价[②]。这表明，我国高中地理课程的评价面临着新的要求，尤其是在整体有效性评价方面，需要进一步深入探讨“为什么评价”“谁来评价”“评价什么”“如何评价”等重要问题。因此，如何科学有效地运用教育评价这一指挥棒，成为亟待思考的课题。我们将CIPP模式应用于高中地理研学旅行课程评价体系的构建过程中，通过对课程开发和课程方案进行诊断性评价、对课程实施进行过程性评价，以及对课程成效进行终结性评价，旨在实现以评促改的效果。具体而言，CIPP模式提供了一种系统化的评价框架，能够从多个维度全面审视课程的各个环节，从而为课程的改进和优化提供数据支持和理论依据。在实施过程中，以高中地貌研学旅行课程评价为例，分析该模式的运用策略，包括如何设定评价指标、收集和分析数据，以及如何根据评价结果进行课程调整。通过这一分析，旨在有效推进高中地理研学旅行课程的评价优化与发展，为教育实践提供切实可行的参考和借鉴。

---

① 中共中央 国务院.深化新时代教育评价改革总体方案[N].新华社，2020-10-13.

② 中华人民共和国教育部.普通高中地理课程标准（2021年版）[M].北京：北京人民教育出版社，2021：31.

## 一、CIPP模式与高中地理研学旅行课程评价的适切性

CIPP模式,又称为“决策导向评价模式”,是美国学者斯塔弗尔比姆在泰勒的目标评价模式无法满足教育评价需求的基础上提出的。该模式由背景评价、输入评价、过程评价和结果评价四个要素组成[①],是对教育活动各个要素及其环境进行综合分析的工具,同时根据教育实际需求调整评价结构和程序。这种模式特别适合高中地理研学旅行课程,其具有实践性、探究性和综合性的特征,因此在评价时需要体现过程性、发展性和综合性等理念,以确保评价的客观性、科学性和操作性。

首先,CIPP模式的改良性非常适合高中地理研学旅行课程评价的发展取向。该模式以决策为导向,不仅仅关注目标的达成度,而是将诊断性评价、过程评价和终结性评价有机结合。这种整合改变了传统的问题导向和成效导向评价模式,进而有效保障了高中地理研学旅行课程的可持续发展。其次,CIPP模式的灵活性使其适应了高中地理研学旅行课程评价的复杂取向。该模式能够针对不同的环节选取适当的指标进行不同层面的评价,从而动态、广泛地获取全过程的信息。这种灵活性弥补了高中地理研学旅行课程在动态评价过程中的难点,使得评价更加全面。此外,CIPP模式在选择评价策略时同样灵活,可以根据不同的评价内容采用多种方法,满足了高中地理研学旅行课程评价的灵活性和多元性。最后,CIPP模式的综合性与高中地理研学旅行课程评价的整体取向相契合。该模式将各个环节的评价指向课程的不同阶段,融合了课程的开发、设计、实施和评价,不仅关注课程的成效,也重视课程的外部环境和全过程的系统性评价。这种综合性确保了对高中地理研学旅行课程的全面理解和评价,进一步增强了课程评价的有效性。

## 二、基于CIPP模式的高中地理研学旅行课程评价体系创新构建

### (一)基于CIPP模式的高中地理研学旅行课程评价体系整体架构

高中地理研学旅行课程的实施依赖于课程开发、课程方案、课程实施和课程成效四个关键要素。这四个方面分别对应于CIPP模式中的背景评价、输入评价、过程评价和结果评价,构成了一个系统的评价指标体系(图4.26)。①背景评

① 肖远军.CIPP教育评价模式探析[J].教育科学,2003(3):42-45.

价作为基础,聚焦于课程开发的诊断性评价。这一环节旨在深入分析教育环境、需求以及目标,确保课程开发的方向性和针对性,为后续课程方案的设计提供理论依据和实践参考。②输入评价则作为课程方案的保障,专注于对课程方案可行性的评价。在这一阶段,通过对资源、条件及预期成果的动态评估,能够及时发现潜在问题,促进课程方案的不断优化,从而为课程的有效实施提供必要支持。③过程评价是整个体系的核心,主要集中于对课程实施的过程性评价。通过对学生学习过程和教师教学组织的全面评估,可以及时识别和纠正实施过程中的问题。这一环节的关键在于确保学生在研学活动中能够真正获得知识和技能,同时也帮助教师优化教学方法和策略。④结果评价作为评价体系的关键,专注于课程成效的总结性评价。在这一阶段,通过对教学实施效果、可推广性以及课程对学生和社会的贡献进行综合评估,能够形成可供参考的研学旅行课程模式,为今后的课程改进和推广提供重要依据。

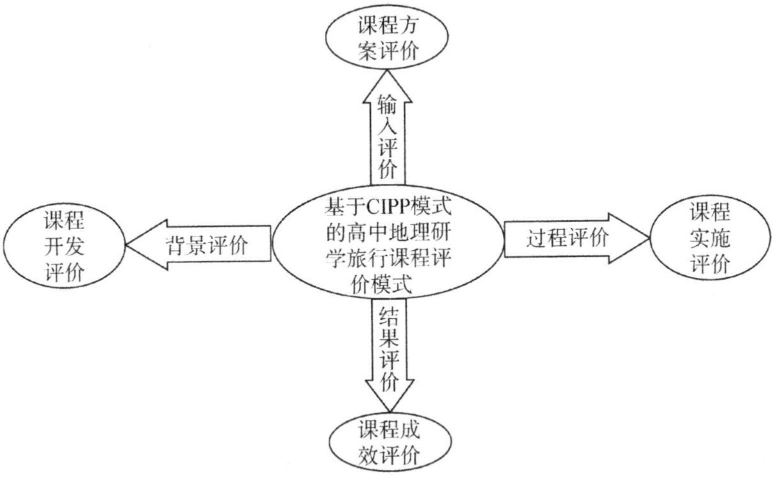


图4.26　基于CIPP模式的高中地理研学旅行课程评价模型

### (二)基于CIPP模式的高中地理研学旅行课程评价体系指标解析

依据前文构建的高中地理研学旅行课程评价模型,并结合该类课程在开发、方案设计、实施及成效方面的特点,设计出包含4个一级指标、12个二级指标和53个三级指标的系统化课程评价体系。由于CIPP模式的核心在于通过评价推动课程的优化和改进,因此本体系不设定各指标的权重,旨在避免固定分配对评价过程的局限性,更加关注过程改进和课程反馈。

1.背景评价:高中地理研学旅行课程开发评价

CIPP模式的高中地理研学旅行课程背景评价着眼于研学旅行课程的需求,分析课程开设的必要性,诊断课程目标与基础情况,包括剖析课程实施的现实环境和课程目标的完善程度、了解教师的基本能力和学习者的学习需要等。因此,在背景评价中,重点围绕课程开发的课程定位、课程目标、师资、学情分析来展开评价指标设计,包括了4个二级指标和15个三级指标(表4.21)。

表4.21 高中地理研学旅行课程开发评价(背景评价)

| 一级指标 | 二级指标 | 三级指标 |
|---|---|---|
| A1.<br>课程开发 | B1.<br>课程定位 | C1.定位合理,为高中必修课程<br>C2.与其他学科课程联系紧密<br>C3.定位准确,有利于培养学生的地理核心素养 |
| | B2.<br>课程目标 | C4.正确性,体现研学旅行课程的总目标要求<br>C5.适切性,适合本学段的学习情况<br>C6.可操作性<br>C7.全面性 |
| | B3.<br>师资 | C8.教师知识基础情况<br>C9.学情了解情况<br>C10.资源开发能力<br>C11.信息技术运用能力 |
| | B4.<br>学情分析 | C12.学生知识基础情况<br>C13.学生的兴趣意愿<br>C14.学生的探究实践经验<br>C15.学生的问题和需求 |

2.输入评价:高中地理研学旅行课程方案评价

输入评价的重点在于确定课程实施所需的策略和资源,以帮助课程开发者在组织活动内容、选择活动方式和策略上做出更客观的决定[①]。作为对课程方案的合理性、可行性进行评价的环节,输入评价的作用主要是为课程实施打基础。因此,在输入评价中,重点围绕课程方案的课程结构、课程内容和课程资源来展开评价指标设计,包括了3个二级指标和11个三级指标(表4.22)。

① 沙国禅.学校综合实践活动课程的整体建构与实施[J].人民教育,2019(7):78-80.

表4.22　高中地理研学旅行课程方案评价(输入评价)

| 一级指标 | 二级指标 | 三级指标 |
| --- | --- | --- |
| A2.<br>课程方案 | B5.<br>课程结构 | C16.环节开展符合学生发展的阶段特征<br>C17.重视学生地理核心素养的培养<br>C18.分量适当,难易适中 |
| | B6.<br>课程内容 | C19.贴近实际生活<br>C20.发挥学生的自主性<br>C21.注重学生综合运用各学科知识能力的培养<br>C22.符合教师的教学经验 |
| | B7.<br>课程资源 | C23.课程资源符合教学需求,具有选择性<br>C24.实践场地、设备设施安全性<br>C25.经费支持<br>C26.班级规模和师生比适中 |

**3.过程评价:高中地理研学旅行课程实施评价**

CIPP模式的过程评价以研学旅行课程实施过程为着力点,通过对研学旅行课程实施进行全过程跟踪和动态评价,及时获取实施的反馈信息,对存在的疏漏与偏差进行完善,为课程方案修订和后续开发提供依据。由于学生与教师是研学旅行课程最直接的参与者和感悟者,因此,在过程评价中,重点围绕课程实施的学生参与过程和教师指导过程来展开评价指标设计,包括了2个二级指标和11个三级指标(表4.23)。

表4.23　高中地理研学旅行课程实施评价(过程评价)

| 一级指标 | 二级指标 | 三级指标 |
| --- | --- | --- |
| A3.<br>课程实施 | B8.<br>学生参与过程 | C27.对课程资源的观察、描述和记录能力<br>C28.综合运用知识来分析和解决问题的能力<br>C29.主动动手、体验实践活动的能力<br>C30.地理工具的使用能力<br>C31.与老师、同伴交流与合作的能力<br>C32.具有较强时间分配观念<br>C33.学习态度积极,遵守纪律 |
| | B9.<br>教师指导过程 | C34.活动开展步骤得当,体现探究式过程<br>C35.指导方法多样,创造良好氛围,促进学生发展<br>C36.对学生表现给予实时反馈<br>C37.课堂记录及时完整 |

#### 4.结果评价:高中地理研学旅行课程成效评价

CIPP模式的结果评价是研学旅行课程评价体系构建的落脚点,有助于后续研学旅行课程的推广开发。学生和教师是研学旅行课程的主体,因此,课程实施效果阶段的评价应侧重于关注学生收获和教师收获方面;另外,将研学旅行课程整体的创新性、可推广性、可持续性等作为评价指标具有重要意义,有助于研学旅行课程的改进发展。因此,在结果评价中,重点围绕课程成效的学生收获、教师收获和课程整体效果来展开评价指标设计,包括了3个二级指标和16个三级指标(表4.24)。

表4.24 高中地理研学旅行课程成效评价(结果评价)

| 一级指标 | 二级指标 | 三级指标 |
|---|---|---|
| A4.课程成效 | B10.学生收获 | C38.理论知识掌握程度 |
| A4.课程成效 | B10.学生收获 | C39.探究问题和初步解释问题能力的提升 |
| A4.课程成效 | B10.学生收获 | C40.学习积极性和创新能力的习得 |
| A4.课程成效 | B10.学生收获 | C41.养成集体合作的意识 |
| A4.课程成效 | B10.学生收获 | C42.研学报告、总结等成果的结构清晰,观点鲜明有创新 |
| A4.课程成效 | B10.学生收获 | C43.汇报交流语言清晰、资料充足,仪态大方 |
| A4.课程成效 | B11.教师收获 | C44.创设课程开展所需情境的能力提高 |
| A4.课程成效 | B11.教师收获 | C45.研学旅行课程开展经验的习得 |
| A4.课程成效 | B11.教师收获 | C46.提升了指导学生发现、探究、解决问题的能力 |
| A4.课程成效 | B11.教师收获 | C47.提高了科学指导的能力 |
| A4.课程成效 | B11.教师收获 | C48.教研日记、教研论文、教研反思深刻 |
| A4.课程成效 | B12.课程整体效果 | C49.研学旅行课程的主题、方法具有创新性 |
| A4.课程成效 | B12.课程整体效果 | C50.研学旅行课程的主题、方案、方法具有推广性 |
| A4.课程成效 | B12.课程整体效果 | C51.研学旅行课程资源的开发评价 |
| A4.课程成效 | B12.课程整体效果 | C52.促进了教师、学生、家长及其他参与者的配合与支持 |
| A4.课程成效 | B12.课程整体效果 | C53.课程有效度、满意度提升 |

### (三)基于CIPP模式的高中地貌研学旅行课程评价体系的运用策略

地貌研学旅行课程将课堂中抽象的地貌知识与实际地貌现象相结合,有助于提升学生在地貌调查、问题发现与解决等方面的实际能力[①②]。根据前文构建

① 童亿勤,李加林,杨晓平,等.现代自然地理学实验与实习指导[M].杭州:浙江大学出版社,2016:104.

② 李加林,马仁锋,徐皓,等.四明山南区地学野外调查及案例研究[M].杭州:浙江大学出版社,2020:111.

的评价指标体系，结合高中地貌研学旅行课程的开发、方案设计、实施与成效等方面的特点，灵活运用CIPP模式评价模型，确保"以评促改"，更好地发挥地貌研学旅行课程的作用。同时，此评价实践可为CIPP模式在地理研学课程中的应用提供参考，进一步提高课程评价的科学性和有效性。

**1.背景评价：高中地貌研学旅行课程开发评价**

背景评价作为地貌研学旅行课程的起点，旨在评估课程定位、目标、师资及学情等核心要素，以确保课程符合高中地理课程标准和《研学旅行课程标准》中关于地貌学习的要求。课程定位与目标的评价是通过文本分析法和文献研究法，分析地貌课程目标与定位是否符合教育标准。评价主要判断课程定位是否符合地貌教学要求、是否适应学生的认知发展，并确保内容定位与课程标准的一致性。数据收集可通过对相关文献及教育标准的分析来完成。师资评价包括教师的自评和他评。自评通过问卷调查获取教师对自身地貌知识储备、地貌实习技能、学生特点的自我评估；此问卷可在课程方案设计前发放，使教师更好地准备教学。教师他评则通过访谈开展，向其他教师和学生了解地貌研学课程教师的知识和技能，形成教师能力的综合评估，为课程设计和实施提供可靠依据。学情分析的评价：学情评价包括学生自评和教师评价。学生自评可以使用问卷调查与测验，问卷题目应包含学生对地貌知识的需求和期望、技能掌握情况等，测验内容用于评估学生的地貌知识基础及学习难点。教师评价则可通过班级地理教师访谈了解学生的学习情况，并与学生自评形成综合评价，帮助教师更清晰地了解学生的需求和问题。

**2.输入评价：高中地貌研学旅行课程方案评价**

输入评价主要聚焦于地貌研学旅行课程的结构、内容和资源的可行性，以确保课程方案合理、有效地促进教学目标的达成。课程结构的评价采用文本分析法与调查法，从结构设计和教学顺序两方面进行评价。文本分析法可用以评估课程结构是否符合学生的认知发展特征，是否按照从简单到复杂、从地貌形态描述到地貌成因分析的渐进式教学顺序展开，确保地貌知识体系的全面覆盖。调查法则用于收集学生和教师对课程结构的反馈，了解其难度、课时安排、线路规划等方面是否合理，为后续的优化提供数据支持。课程内容的评价采取文本分析法、调查法及专家访谈法相结合的方式，分析课程内容的科学性、学生的主体性和实际生活的贴近性。文本分析法可帮助判断课程内容是否突显了学生的主体地位，是否注重综合能力的培养；调查法与专家访谈法则可从教师和学生的反馈中收集课程内容的严谨性与实用性，确保课程内容既符合学生生活情境，又便于教师的教学实践。课程资源的评价通过文献法、调查法和访谈法相结合的方式获取和评价资源的合理性和实用性。文献法用于收集已有的地貌研学资源和区域地质地貌资料，确保所选资源与教学目标一致；调查法和访谈法可提供关于实践场地设施设备、资金支持、班级规模、师生比例等资源条件的实际情况。结合这些反馈数据，对课程资源进行调整与优化，最终设计出科学、可行的课程方案。

**3.过程评价：高中地貌研学旅行课程实施评价**

过程评价旨在动态评估学生的参与过程与教师的指导过程，帮助及时发现问题并提供优化建议，以确保地貌研学旅行课程的实施效果。学生的参与评价分为两个阶段，采用观察记录法、调查法和测验法来收集数据。第一阶段在课堂教学基础上进行，通过讲解区域地质地貌背景、地质作用、基岩沉积等知识，为学生开展实地考察做准备。随后，将地貌研学旅行手册发放给学生，用以记录各观察点的地貌现象、疑问和解决方法[①]。第二阶段在研学旅行结束后进行，通过问卷和测试帮助学生回顾实践中的所见所闻与学习所得，分析其对理论知识的掌握程度及实际应用能力，实现理论与实践的有机结合。教师指导过程的评价采用观察法、调查法及专家测评法多角度分析教师的指导质量。观察法用于实时记录教师的教学组织和指导情况，调查法获取学生对教师教学效果的反馈，专家测评法由地理教育领域的专家对教师教学和组织策略进行专业评价。通过这些方法对教师活动的反馈信息进行总结与分析，以便教师在课程实施过程中不断优化教学策略，提高课程的整体实施效果。

**4.结果评价：高中地貌研学旅行课程成效评价**

地貌研学旅行课程成效评价主要针对学生的收获、教师的收获和课程的整体效果进行系统性结果评价，旨在衡量课程目标的达成程度和课程影响力。学生收获的评价采用调查法、文本分析法和观察法来评估学生在课程中的成长。通过调查法和文本分析法，可以分析学生在地貌知识迁移和应用方面的进步情况，了解他们在课程后的收获、想法，以及是否形成了创新性观点和见解。观察法则帮助评估学生在研学旅行后的学习态度、学习能力和集体意识的变化，进一步了解课程对学生综合素养的促进作用。教师收获的评价通过调查法、访谈法和文本分析法，重点评估教师在地貌教学组织能力、自身专业成长等方面的收

① 黄亚星，史春云.徐州市汉文化地理研学旅行课程初探[J].中学地理教学参考，2022(6):87-88,91.

获。调查法和访谈法收集教师在研学旅行教学中的反馈，尤其是在教学设计、现场指导、组织协调等方面的能力提升情况，文本分析法则有助于分析教师在专业知识和研学教学创新方面的提升。课程整体效果的评价采用调查法与访谈法来评估课程的综合效果，重点关注课程主题选取的适切性、教学方法的创新与可推广性、师生的满意度以及资源开发的合理性。问卷调查、同行访谈与专家访谈帮助识别课程中值得推广的实践和经验，促进研学资源的可持续开发和利用。

CIPP模式将评价贯穿于地理研学旅行课程的开发、方案制定、实施和成效的全过程，及时提供反馈信息，从而推动课程的不断改进与提升。基于CIPP模式的高中地理研学旅行课程评价模型能够在每个环节发现问题并提供优化建议。在开发和方案阶段，评价确保课程目标符合地理核心素养，方案设计贴近研学课程资源的实际情况；在实施阶段，评价则帮助教师实时调整活动安排、优化研学课题的设置；在成效阶段，通过对收获和经验的总结，为后续课程的开展提供改进思路。学生通过过程和结果评价，认识到自身在知识、方法和能力上的不足，获得进一步提升的方向。模型注重教师和学生的全面参与，使评价过程不仅限于对课程的反馈，也成为师生共同进步的机会。教师在评价反馈中不断调整教学方法，学生在自我评价中总结和反思，进一步推动地理研学旅行课程的深化开展。评价体系整合了问卷、测验等量化数据采集方式，也结合了观察、访谈等质性数据收集方法，灵活适应研学旅行课程的复杂性需求，使评价更具科学性和操作性。

尽管基于CIPP模式的高中地理研学旅行课程评价模型提供了系统性评价方法，但当前仍存在一些局限：评价程序和方法的多样化可能导致评价过程复杂化，增加时间和人力投入，可能会对师生造成额外负担，甚至影响教学效果。为此，建议在评价中对核心指标和重点问题进行适当精简，以减轻评价负担。由于该模型的信息获取较为开放，可能忽视评价的核心要点，无法聚焦课程亟须解决的问题。未来应通过实践进一步验证和细化评价指标，增强其针对性，提升评价模型的效率和准确性。

# 第五章　中学地理教学研究：教学模式篇

## 第一节　“三全育人”理念下高中地理课程思政的情境教学研究

### 一、研究背景

#### （一）大思政格局对思想政治教育提出新要求

习近平总书记指出，要坚持把立德树人作为教育的中心环节，充分发挥课堂教学这一主渠道，实现课程之间的协同效果，推进各类课程与思政理论课同向同行[①]。《关于加强和改进新形势下高校思想政治工作的意见》明确提出，思想政治素养的培育应贯穿学生学习的全过程，实现全员、全过程和全方位育人。因此，各学科在教育教学中需要始终围绕立德树人这一根本任务，将学科课程与思政教育深度融合，结合学科内容的讲授与思政素养的提升，逐步在显性的学科教育中融入思想政治的隐性教育，推动课程思政的协同育人。这样的模式在一定程度上改变了传统的思政教育与学科教学相互割裂的局面，有助于在教育理念上形成全过程育人、在课程设计上落实全方位育人、在师资培养上促进全员育人[②]。

目前，“三全育人”理念主要应用于大学教育，但相较于大学生，高中生的世界观和价值观更具可塑性，因此在高中阶段强化思想政治教育，不仅能够帮助学

① 中共教育部党组．中共教育部党组关于学习贯彻落实全国高校思想政治工作会议精神的通知[EB/OL].(2016-12-13)[2025-01-08].http://www.moe.gov.cn/srcsite/A13/moe_772/201612/t20161223_292849.html.

② 刘颖．高中地理教学与课程思政的有效融合探索与实证研究[D].海口：海南师范大学，2021.

生高效掌握知识，也为其进入大学打下良好思想基础，更有助于及早培养积极的价值观。地理作为高中一门重要课程，不仅蕴含丰富的地理学知识，还包含了可持续发展、家国情怀、领土意识和国家安全等思政元素。通过将地理知识与思政内容相结合，高中地理课程可以在思政情境教学中很好地实现学科和思政教育的深度融合，突破单一的思政教育模式，真正践行"三全育人"的教育理念，提升思政教育的综合效能。

**（二）新时代为学生思想道德素养培育指明新方向**

在学生的教育成长过程中，高中阶段扮演着至关重要的角色，这一阶段不仅为学生提供扎实的知识储备，还帮助其建立坚实的思想基础，塑造积极、健康的个性。因此，推动高中阶段的思想政治教育，帮助学生树立坚定的理想信念尤为重要。伴随社会经济的快速发展，社会中出现了一些不良风气，面对这些复杂多变的社会思潮，不够成熟的高中生易产生困惑和迷茫，甚至受到不良影响。然而，传统的课堂教学模式仍然偏重教师单向传授专业知识，忽视了对学生思政理念的引导，这样的教学方式无法有效帮助学生应对复杂的社会环境。在地理课堂中开展思政教育，避免采用政治课的单一讲授模式，而是通过沉浸式情境教学，将地理知识融入具体情境中，引导学生积极参与、深入思考，使其能够分析、迁移和应用知识，提高解决实际问题的能力。通过对实际情境的感知、思考和探究，学生逐步树立正确的道德认知、道德情感，并在日常生活中践行道德行为，实现思想道德素养的内化，促进自身全面发展。。

**（三）高中地理课程改革为教学指出新思路**

将高中地理课程与思想政治教育有机融合，旨在实现"三全育人"目标，回应地理课程改革的新要求。《普通高中地理课程标准（2017年版2020年修订）》的调整不仅对上一版课程标准进行了升级，也体现了对地理课程的全新期待[①]。新版课程标准对高中地理教学提出了更高要求，不仅关注地理知识的传授，更强调学生的爱国情怀、合理利用自然环境、弘扬中华优秀传统文化等素养的培养；同时鼓励学生将所学地理知识与人地协调观念相结合，为"美丽中国"建设贡献力量[②]。因此，地理教学中对思政教育的比重逐步加大，改变了传统上"思政仅限于政治课"的观念。思想政治理念的培养是一个高度情境化的过程，需要将学生

① 谢妙霞，崔桂善，侯焱臻．基于高中地理教材的中美环境教育比较[J]．教育教学论坛，2018(22)：48-49.

② 宋泽宇．"立德树人"背景下高中地理课程思政教学实践研究[D]．烟台：鲁东大学，2021.

置于真实的情境中①。通过富有地理特色的情境教学，在具体情境中有效融入思政教育，能够为思政理念的内化提供情感支持和实践基础。

### （四）地理教学情境中蕴含大量思政内容

基于对新课程标准中100多条教学内容的分析，可以发现这些教学情境中蕴含了大量思政教育的要素。地理学科中的思政内容大体呈现出两种形式：一是显性思政内容；二是隐性思政内容。显性思政内容通常直接表达育人目标，例如在人教版地理2的第五章“环境与发展”中，通过分析人类面临的主要环境问题，引导学生了解我国走可持续发展道路的措施，显性地培养学生的人地协调观念和生态文明意识；在选择性必修三“资源、环境与国家安全”一章中，解析我国资源、环境与国家安全的关系，帮助学生建立国家安全、环境安全和人类命运共同体的理念。隐性思政内容则以更加潜在的方式融入地理教学。例如在人教版地理1的第四章“地貌”中，通过展示我国不同地区的地貌特征，分析各地地貌的多样性，引导学生不自觉地产生对家乡的热爱、民族自豪感和爱国情怀；在选择性必修二的第四章“区际联系与区域协调发展”中，通过案例分析国家内部资源优化配置的情境，隐性地培养学生对社会公平和共同发展的意识。可见，在地理情境教学中，不仅在情境中学习地理知识，也通过情境教育实现思政素养的潜移默化培养，实现了高中地理课程思政教育的目标。

## 二、“三全育人”理念下情境教学融入高中地理课程思政的分析

“三全育人”与课程思政紧密关联。宏观层面上，“三全育人”确立了教育的方向，成为高中地理课程思政的价值导向和情境教学的基础；中观层面上，课程思政将育人目标转化为实践行动，以地理情境教学为载体，从微观层面对“三全育人”理念下的课程思政进行研究、探索和实践，挖掘其潜在的育人元素。

### （一）“三全育人”理念下课程思政的要义

“三全育人”是全员、全过程、全方位育人理念的整合，课程思政通过挖掘课程中的思政元素，构建与学校思想政治教育同行的“课程命运共同体”，推动课程变革，形成可持续的人才培养机制。

#### 1. 立德树人是“三全育人”与课程思政的目标指向

“三全育人”与课程思政都是实现立德树人这一根本任务的核心途径。中学

① 朱小蔓．育德是教育的灵魂，动情是德育的关键[J]. 教育研究，2000(4):7-8.

阶段是育人的关键期，立德树人应成为人才培养工作的基石，加大思政教育力度，构建“大思政”格局，解决“培养什么样的人”“为谁培养人”“如何培养人”三个核心问题。要真正解决好这些问题，仅依靠传统思政课程是不够的，必须在其他课程中融入思政教育，既传授知识，又塑造学生的价值观，这正是课程思政的使命。由此可见，从内在联系上看，课程思政和“三全育人”在全员、全过程、全方位的育人理念上相辅相成；从本质上来说，两者共同构建了一个全面的教育体系，致力于通过整体性的培养目标发挥教育的深层作用。

2.“三全育人”是课程思政的价值遵循

在课程思政的实施中，始终要遵循“三全育人”价值理念，构建全面育人体系，以全员、全过程、全方位的育人为抓手，有效整合各方资源，形成稳定、高效的运转机制。课程思政在此基础上，挖掘学科知识中蕴含的价值和意义，引导学生理解学习的目的，明确知识的社会价值。因此，“三全育人”是课程思政的逻辑起点与价值依托，为课程思政的深入实施提供了理念指导。在教学的各环节中，贯彻全员、全过程和全方位育人理念，挖掘各学科课程中的思政元素，将其与课程内容有机结合，形成“大思政”格局，满足学生全面发展需求，适应社会的进步要求。

3.课程思政是“三全育人”的重要举措

课程思政是落实“三全育人”的关键措施。习近平总书记强调，要把价值引领贯穿知识传授全过程，使价值性与知识性有机结合，同时注重隐性教育与显性教育的统一[①]。课程是学校教育的基本形式，因此，思政教育的有效落实需紧密结合各学科课程。课程思政正是基于课程教学的育人模式，将知识传授与育人目标融为一体，推动学生综合素养提升，实现全员、全过程、全方位育人。

在高中各类课程中，地理学科不仅涵盖自然地理和人文地理，还为思政理念的培养提供了丰富的素材。地理情境教学为地理课程与思政教育的融合提供了重要载体，通过挖掘地理知识中的思政教育资源，打造地理学科为隐性思政教育的阵地，从而切实实现“三全育人”目标。

### (二)情境教学应用于高中地理课程思政的可行性分析

地理学是一门研究地理环境与人类活动之间相互关系的科学，直接关联人

---

① 习近平．习近平主持召开学校思想政治理论课教师座谈会强调：用新时代中国特色社会主义思想铸魂育人贯彻党的教育方针落实立德树人根本任务[N]．人民日报，2019-03-19(01).

类的生活，具有综合性与区域性特征，兼具自然科学与社会科学的性质，在现代科学体系中具有重要地位。通过展示不同尺度的地理情境材料，地理学科能够有效应对当代人口、资源、环境与发展问题，为“美丽中国”建设和全球生态安全维护发挥重要作用[①]，这种学科特性与思政教育提升学生政治素养、促进人的全面发展的根本目的高度契合，使地理学科成为开展课程思政的理想选择，而情境教学正是实现高中地理课程思政的有效途径。

**1.课程标准对情境中思政理念培养的要求**

《普通高中地理课程标准(2017年版2020年修订)》明确指出，高中地理课程作为基础学科课程之一，与义务教育阶段的地理课程紧密衔接。地理学科的本质与核心思想方法在地理课程中得到充分体现，其核心目标是培养学生具备地理学科核心素养，从地理视角理解和分析环境，深刻体悟人地关系[①]。高中地理课程采用情境启发与探究式学习方法，通过情境材料的引导，学生不仅能够加深对“人地协调观”的理解，还能形成关注本地、全国甚至全球地理问题及可持续发展议题的意识，凸显出思政理念的培养效果。

高中地理课程内容主要围绕自然地理现象、基本社会经济活动、区域地理的不同情境展开，帮助学生在情境中理解地理现象的过程与原理，了解不同情境中社会经济活动的时空特点，掌握区域发展的特征与发展路径。学生在此过程中逐渐树立尊重自然、保护自然的观念，并加强人地协调发展的意识，增强资源与环境保护的责任感，树立国家安全观念。这些目标通过情境教学得以实现，促使学生从不同角度整合地理科学核心素养，运用概念、思维方式、分析方法以及核心观念解决情境中的复杂问题，从而提高逻辑思维与辩证思考能力。这不仅是提升学生地理学科素养的关键，也关乎学生道德品质与思政素养的全面发展。

**2.地理学科特征与课程思政情境教学的适配性**

地理学具有综合性、区域性和交叉性的特点，这使其在开展课程思政方面具有独特优势。①地理课程的可持续性为思政教育提供了坚实基础。地理学是一门研究人与自然关系，强调人类与环境协调发展的学科。其内容涵盖自然观念、人文思想等广泛领域，具有较强的延展性和复杂性，包含丰富的思政要素。这种学科属性决定了地理课程不仅在知识层面对学生产生深远影响，还可以在思政方面培养学生的可持续发展观和环境保护意识。②地理课程的区域性与综合性

---

① 中华人民共和国教育部.普通高中地理课程标准(2017年版2020年修订)[M].北京：人民教育出版社，2020.

使得多种思政教育维度能够在课堂中自然融合。地理学科在区域与跨学科的学习过程中，能够通过多元化的内容与方式，将国家意识、社会责任、文化认同等思政教育元素渗透于教学之中。基于课程思政建设目标与内容重点，并结合《普通高中地理课程标准(2017年版2020年修订)》的要求，通过育人目标、法治观念和地理知识的有机融合，形成了适合高中地理课程的思政要素划分(表5.1)，从而有效地促进课程思政建设。③地理课程的时代性使其能够紧密围绕社会发展主题，融入当代时政热点内容。高中地理课程紧跟时代脉搏，适时引入可持续发展理念、主体功能区划、乡村振兴战略、区域发展战略等国家发展政策及时政热点，这对提升学生的思政素养有着重要意义。在学习时政热点的过程中，学生不仅加深了对国家发展战略的理解，还增强了作为社会成员的责任感和历史使命感。④地理课程的生活联系性有助于学生在真实的生活情境中获得情感共鸣。地理学习以生活实际为起点，通过学生身边的地理现象、社会问题等入手，启发学生分析现实问题，提升其解决实际问题的能力。这种紧密的生活联系性使得学生在地理课堂上更容易将知识与自身生活相结合，从而实现思想上的共鸣，增强思政教育的实效性。⑤地理课程的实践性为思政教育的实施提供了丰富的体验机会。地理学科强调实践学习，鼓励学生走出课堂，开展实地调查与观察，在真实情境中探索自然与人文的关系。这种实践活动不仅能帮助学生深刻感受自然的美好，培养其尊重和保护自然的情怀，也能引导学生在真实环境中感悟责任与使命，进而形成良好的道德品质。

**表5.1　高中地理课程思政要素划分**

| 地理课程思政维度 | 地理课程思政要素 |
|---|---|
| 学科素养 | 综合思维、区域认知、地理实践力、人地协调观 |
| 生态文明 | 合理的人口观、合理的资源观、合理的发展观、人地协调观 |
| 劳动素养 | 科学务实、勇于探索、野外实践能力、协作意识 |
| 爱国主义 | 国情认识、国家认同感、家国情怀、优秀文化继承 |
| 哲学思维 | 辩证唯物主义、逻辑思辨精神、因果关系、联系发展观 |
| 道德素养 | 法治观念、责任感 |

**3.高中地理教材的教学内容可从情境切入培养思政素养**

高中地理教材涉及全球及我国的自然地理现象、人口与聚落的布局和时空变化、可持续发展战略、海洋权益教育、环境问题教育等情境内容，这些教材情境内容与课程思政内容息息相关，是深入挖掘课程思政的良好载体。目前高中地理课程结构分为必修、选择性必修和选修三类课程，选择性必修和选修两类课程部分学生经过学业水平性测试后将不再学习，因此，根据当前高中地理教学的现状，此研究选择了受众面积比较广的人教版的《地理1》和《地理2》两本教材，从情境切入点、思政要素、教学内容的角度，对两本教材进行了梳理，以下情境切入点的挖掘仅是结合目前经验所能够想到的情境，还有待深入挖掘。2019年人教版高中《地理1》属于自然地理的内容，偏向于辩证思维型的理论知识。从现象类思政情境着手，基于表5.1的地理课程思政要素划分，将《地理1》中的教学内容进行归纳(表5.2)。

**表5.2 《地理1》中教学内容的情境切入点及所含思政要素**

| 情境切入点 | 思政要素 | 教学内容 |
|---|---|---|
| 中国航空航天发展成就、“嫦娥五号”将月壤带回地球、地球——唯一家园、太空垃圾 | 人地协调观<br>勇于探索<br>国家认同感 | 1.1地球的宇宙环境 |
| 中国太阳辐射分布情况、中国古代书籍中有关太阳黑子的记录 | 国情认识<br>国家认同感<br>优秀文化传承 | 1.2太阳对地球的影响 |
| 探究地球的演化历程、动植物的进化史 | 人地协调观<br>辩证唯物主义<br>联系发展观 | 1.3地球的历史 |
| 人类对海上和陆上钻井平台的探索、地震的预报机制 | 学科素养<br>勇于探索<br>野外实践能力 | 1.4地球的圈层结构 |
| 全球变暖、臭氧空洞、高空跳伞、航天器发射过程中宇航员的感受 | 人地协调观<br>协作意识<br>勇于探索<br>科学务实 | 2.1大气的组成和垂直分层 |
| 全球变暖、温室大棚、农民夜晚燃烧秸秆防霜冻、城市热岛效应、沿海城市相比内陆城市昼夜温差小 | 学科素养<br>人地协调观<br>科学务实<br>逻辑思辨精神 | 2.2大气受热过程和大气运动 |
| 古人对水循环的认识、淡水资源的短缺、海绵城市、都江堰、南水北调水利工程 | 人地协调观<br>优秀文化传承<br>联系发展观 | 3.1水循环 |

续表

| 情境切入点 | 思政要素 | 教学内容 |
|---|---|---|
| 海洋生物在全球的布局、海水温度异常变化现象、中国盐场的布局、潜艇的安全航行 | 勇于探索<br>国情认识<br>国家认同感<br>逻辑思辨精神 | 3.2海水的性质 |
| 1953年荷兰风暴潮、钱塘江大潮、纽芬兰渔场的形成与衰落 | 人地协调观<br>合理的资源观<br>联系发展观 | 3.3海水的运动 |
| 绘制中国不同地区景观图片、设计不同地貌形成过程的探究实验、古代文人对中国不同地区景观的赞美 | 学科素养<br>协作意识<br>家国情怀<br>优秀文化传承 | 4.1常见地貌类型 |
| 野外地貌观察活动、八达岭长城的设计思路 | 学科素养<br>勇于探索<br>家国情怀 | 4.2地貌的观察 |
| 毛乌素沙地治理、观察校园植被 | 人地协调观<br>野外实践能力<br>协作意识 | 5.1植被 |
| 中国五色土、中国限制稀土出口、黄淮海平原盐碱地的综合治理 | 人地协调观<br>科学务实<br>国情认识<br>优秀文化传承 | 5.2土壤 |
| 海绵城市、我国沿海城市台风登陆前后天气变化、冬季寒潮发生前后我国各地天气变化 | 学科素养<br>人地协调观<br>家国情怀<br>逻辑思辨精神 | 6.1气象灾害 |
| 5.12汶川地震、夏季我国西南地区多发地质灾害 | 学科素养<br>人地协调观<br>国情认识 | 6.2地质灾害 |
| 我国灾害预报技术的成就、自然灾害紧急救助预案、灾后救援部队、灾害教育 | 野外实践能力<br>国家认同感<br>国情认识<br>责任感 | 6.3防灾减灾 |
| 遥感卫星、北斗卫星、中国抗击新冠疫情的技术支持 | 勇于探索<br>协作意识<br>国家认同感<br>责任感 | 6.4地理信息技术在防灾减灾中的应用 |

2019年人教版高中《地理2》属于人文地理的内容，偏向于生活实际。从政策类思政情境着手，基于表5.1的地理课程思政要素划分，将《地理2》中的教学内容进行归纳（表5.3）。

表 5.3 《地理 2》中教学内容的情境切入点及所含思政要素

| 情境切入点 | 思政要素 | 教学内容 |
|---|---|---|
| 追寻胡焕庸足迹，破解国家总理之问 | 学科素养<br>科学务实<br>国情认识 | 1.1 人口分布 |
| 闯关东、下南洋、走西口、战争导致欧洲难民集聚 | 学科素养<br>家国情怀 | 1.2 人口迁移 |
| 我国人口政策的调整 | 合理的人口观、资源观、人地协调观<br>国情认识<br>国家认同感<br>逻辑思辨精神 | 1.3 人口容量 |
| 宁波的乡村和城镇的空间布局、城市副中心的建设 | 学科素养<br>协作意识<br>家国情怀 | 2.1 乡村和城镇空间结构 |
| 我国改革开放以来城镇化取得的重大成就——深圳、城镇化过程中涌现的问题 | 学科素养<br>人地协调观<br>国家认同感<br>家国情怀 | 2.2 城镇化 |
| 宁波城乡景观的规划 | 优秀文化传承<br>家国情怀 | 2.3 地域文化与城乡景观 |
| 象山红美人为啥品质好、"东蚕西移"战略 | 学科素养<br>勇于探索<br>家国情怀<br>逻辑思辨精神 | 3.1 农业区位因素及其变化 |
| 镇海炼化厂的选址分析、自来水厂的选址 | 学科素养<br>人地协调观<br>协作意识<br>家国情怀 | 3.2 工业区位因素及其变化 |
| 宁波万象城的选址分析、宁波十足便利店的选址分析、宁波学校的布局分析 | 学科素养<br>家国情怀<br>逻辑思辨精神 | 3.3 服务业区位因素及其变化 |
| 宁波机场扩建、宁波环线公路建设、宁波轨道交通的布局规划分析、中国——"基建狂魔" | 学科素养<br>人地协调观<br>勇于探索<br>家国情怀 | 4.1 区域发展对交通运输布局的影响 |
| "一带一路"倡议、长江经济带、乡村振兴、宁波港口城市的兴起 | 国情认识<br>优秀文化传承<br>家国情怀<br>联系发展观 | 4.2 交通运输布局对区域发展的影响 |
| 小岛的忧虑、八大公害的危害、宁波的环境规划 | 人地协调观<br>逻辑思辨精神 | 5.1 人类面临的主要环境问题 |

续表

| 情境切入点 | 思政要素 | 教学内容 |
| --- | --- | --- |
| 我国消除贫困的举措、碳达峰碳中和、闲置物品交换、绿色消费观 | 人地协调观<br>责任感 | 5.2走向人地协调——可持续发展 |
| 长江经济带建设、粤港澳大湾区建设、三沙市的确立、“南海仲裁案”的政治闹剧 | 国情认识<br>家国认同感 | 5.3中国国家发展战略举例 |

#### 4.思政情境在高中地理测试中的应用

高中地理测试材料是制定地理试题时所使用的相关素材，其主要目的是在特定情境中提出问题，以检验学生在地理学科的相关能力。这些测试材料不仅包括基础知识的考察，还引入了热点地理材料，旨在通过与现实生活紧密相关的社会热点新闻或近期重大事件，来设计出丰富的地理情境材料。常见的情境材料涵盖全球气候变化、粮食安全、自然灾害、“一带一路”倡议、雄安新区建设等。这些内容不仅突显了时代的特色，还反映了深厚的家国情怀，能够有效考查学生对地理学在自然环境保护和经济社会发展等方面的重要作用的科学认识。通过运用热点地理材料，教学可以更加注重对学生学科核心素养的培养，同时也促进学生思政素养和思想道德观念的变化。这种教育方式不仅提升了学生的地理知识水平，还增强了他们的民族自豪感和建设国家的决心，让他们更好地理解自己在国家和社会发展中的角色与责任。

高考对高中地理教学具有很大的指向作用，当前，高考地理测试材料也经常选取时政热点和思政情境作为考察材料，增强学生关注区域、国家和全球地理问题的意识，培养思政素养。现将2021—2022年浙江省、全国高考地理试卷中涉及的思政情境进行统计(表5.4)。

**表5.4　2021—2022年浙江省、全国高考地理试卷涉及的思政情境**

| 试卷 | 年份 | 思政情境(题号;分值) | 思政要素 |
| --- | --- | --- | --- |
| 浙江卷 | 2021年1月 | 洞庭湖区植被类型(3—4;4)，广东省劳动年龄人口统计(15—16;4)，疏勒河流域特征(26;10)，我国东部地区夏季洪涝灾害(27;10)，云南省和成都市的交通运输布局(29;13) | 区域认知、人地协调观、国情认识、联系发展观 |
|  |  | 海草生态系统(5—6;4)，城市雨污分流收排系统(21;3) | 综合思维、人地协调观 |
|  |  | 中部崛起发展战略(7—8;4) | 合理的发展观、国情认识、家国认同感 |
|  |  | “农业＋新能源”生态高效生产方式(13—14;4) | 人地协调观 |

续表

| 试卷 | 年份 | 思政情境(题号;分值) | 思政要素 |
| --- | --- | --- | --- |
| 浙江卷 | 2021年6月 | 黄土高原的景观(1—2;4),我国全国及四大地区人口增长幅度和三次产业结构统计(6—7;4),甘肃、青海和宁夏三省区人口、耕地面积和人均粮食产量统计(26;10),珠江口部分城市岸线资源、2019年单位岸线货运量和地区生产总值(29;13) | 区域认知、人地协调观、合理的发展观、国情认识 |
| | | 全球性环境问题(5;2) | 综合思维、人地协调观、责任感 |
| | | 生态移民(12—13;4) | 合理的人口观、人地协调观、联系发展观 |
| | | 以上海为中心的长三角交通(14;2) | 合理的发展观、联系发展观 |
| | | 我国石油消耗总量和对外依存度统计(15—16;4) | 综合思维、合理的资源观、国情认识 |
| | 2022年1月 | 农田、湿地、森林、草原四种生态系统的生态服务值(2—3;4),洛杉矶水资源短缺问题(7—8;4) | 人地协调观 |
| | | 高铁新城空间结构(9—10;4) | 综合思维、联系发展观 |
| | | 我国劳动年龄人口和拥有大学文化程度人数的变化(21—22;6) | 综合思维、合理的人口观、国情认识 |
| | | 我国跨流域调水工程(26;10),碳关税的征收(28;5),中俄天然气合作(29;13) | 区域认知、合理的资源观和发展观、协作意识、国家认同感 |
| | 2022年6月 | 青藏高原冰川消融后的地貌景观(1—2;4),黄淮地区干热风灾害(27;10) | 区域认知、人地协调观、野外实践能力、国情认识 |
| | | 长三角城市群流入人口来源分布(7—8;4),南方电网电力资源分布(29;13) | 综合思维、区域认知、合理的人口观和资源观、国情认识 |
| | | 人工湿地(9—10;4),生物质天然气利用(13—14;4) | 人地协调观、联系发展观 |
| | | 现代农业产业园(21—22;6) | 勇于探索、联系发展观 |
| | | "一带一路"倡议(28;12) | 综合思维、国家认同感、联系发展观 |

续表

| 试卷 | 年份 | 思政情境(题号;分值) | 思政要素 |
| --- | --- | --- | --- |
| 全国卷 | 2021年全国甲卷 | 发展光伏发电(4—6;12), | 合理的资源观、联系发展观 |
| | | 城市热岛效应(7—8;8),湿地开垦(36;8) | 综合思维、区域认知、联系发展观 |
| | | 江西省兴国县红色旅游资源(43;10) | 区域认知、合理的发展观、野外实践能力、优秀文化传承 |
| | | 新疆吉木乃县的草原封育保护措施(44;10) | 区域认知、人地协调观 |
| | 2021年全国乙卷 | 新疆传统农业生产方式变革(1—3;12) | 勇于探索、国情认识 |
| | | 城市热岛效应和湿岛效应(7—8;8),全球变暖的影响(9;4) | 综合思维、人地协调观、联系发展观、责任感 |
| | | 上海的咖啡产业发展(36;22),青藏铁路建设和营运对环境的影响(44;10) | 区域认知、合理的发展观、国情认识 |
| | | 云南元阳哈尼梯田(43;10) | 区域认知、勇于探索、优秀文化传承、辩证唯物主义 |
| | 2022年全国甲卷 | “粮改饲”的生态意义(4—6;12),沿海冲积平原海岸线变化(7—8;8),澳大利亚气候异常(37;24),多氯联苯带来的环境污染(44;10) | 区域认知、综合思维、人地协调观、科学务实 |
| | | 蒙古族的杭盖草原(9—11;12) | 区域认知、人地协调观、国情认识、家国情怀 |
| | | 开放式生态博物馆的旅游资源(43;10) | 合理的资源观、勇于探索、优秀文化传承 |
| | 2022年全国乙卷 | 上海、北京、广州、深圳的中心城区人口变化(1—3;12) | 区域认知、合理的人口观、国情认识 |
| | | 产业扶贫(4—6;12) | 国情认识、家国认同感 |
| | | 黄河桃花峪的水文特征(7—8;8) | 区域认知、人地协调观、国情认识 |
| | | 淡水资源的短缺(36;22),海平面变化(37;24),汽车尾气导致的氯沉降对呼伦贝尔草原公路两侧牧草的影响(44;10) | 综合思维、合理的资源观、人地协调观、国情认识、联系发展观 |

从2021—2022年浙江省及全国高考地理试卷中涉及的思政情境来看，思政素材在高考地理中占据了重要地位。这些素材涵盖了区域的自然地理特征和人文地理现象、我国的方针政策、资源状况以及全球性的环境问题等多个方面。此外，这些思政情境在试卷中的分值也相对较高(表5.5)。尤其是在全国卷中，相关题目的分值明显高于浙江卷，绝大多数情况下，思政情境所占的分值超过整张试卷的60%。这一现象主要是由于全国卷的适用范围广泛、面向的考生群体多

样、题目数量相对较少以及对价值观培养的重视所致。高考充分将全球视野、合作共赢、国家社会经济发展成就、发展新理念、国家政策与战略、中国传统文化以及人地协调观等思政情境与思政要素融入地理知识的考察中。这不仅凸显了思政素养培养的重要性，也体现了地理学科在育人方面的深远价值①。

表5.5 2021—2022年浙江省、全国高考地理试卷涉及的思政情境所占分值

| 试卷 | 年份 | 高考地理试卷涉及的思政情境所占分值 |
|---|---|---|
| 浙江卷 | 2021年1月 | 56% |
| | 2021年6月 | 43% |
| | 2022年1月 | 46% |
| | 2022年6月 | 57% |
| 全国卷 | 2021年全国甲卷 | 48% |
| | 2021年全国乙卷 | 66% |
| | 2022年全国甲卷 | 76% |
| | 2022年全国乙卷 | 88% |

## 三、“三全育人”理念下高中地理课程思政情境教学的原则和策略

### （一）高中地理课程思政教学情境创设应遵循的原则

#### 1.科学性原则

地理学作为一门综合自然科学与社会科学的学科，要求在教学中兼顾科学性与思政性。在创设地理课程的思政教学情境时，必须遵循学生的认知发展规律，选取与地理学科知识相契合的热门时事和热点素材。所采用的素材应当具有科学性，确保其内容的准确性与可靠性②。科学的教学情境不仅能够为学生提供有价值的学习材料，还能促进知识的迁移，提升学生解决实际问题的能力。此外，科学性教学情境有助于增强学生的家国认同感和社会责任感。

在具体实践中，高中地理课程思政教学情境的创设要紧紧围绕课程的核心素养和思政目标进行。综合思维方面，情境设计应将地球表层的各个要素视为

① 王赛琳，黄榕青.高中政治地理的育人导向研究[J].中学地理教学参考，2020(14):4-6.

② 孙淑琴.北师大集宁附中高中地理情境教学现状研究[D].呼和浩特：内蒙古师范大学，2017.

一个复杂的整体，通过要素、区位和时空三个维度进行辩证分析。区域认知方面，情境设计应根据一定的标准，从不同尺度、功能和类型的区域入手，培养学生对区域和国家的热爱。在地理实践力方面，情境设计应创造交互式学习环境，引导学生自主探索地理学习的过程与方法。而在人地协调观方面，通过情境引导学生关注人与自然的关系，从而增强对生态环境保护的认知。

**2. 主题性原则**

在创设思政教学情境时，为了确保教学效果，必须控制情境的数量。课堂时间有限，过多的情境可能会分散学生的注意力，使他们难以集中精力于学习目标。因此，教师应根据所教学的知识和思政目标，选择合适的情境主题开展教学。主题式情境是为某一课时或特定课程提供的主题情境，其中心主旨应同思政维度保持一致，避免那些关联性和整体性差的多种情境的混合。在主题式情境中，教师可以围绕教学目标和思政目标进行情境创设与问题设计。例如，在高中地理必修一第一章第一节“地球的宇宙环境”中，选择“中国航空航天成就”为主题，通过了解中国在载人航天、探月以及空间站建设等方面的成就，帮助学生认识天体及天体系统。这样的主题不仅加深了学生对“地球是唯一家园”的理解，也激发了他们为祖国感到自豪的情感，鼓励学生努力报效祖国。另外，在高中地理必修二第四章第二节“交通运输布局对区域发展的影响”中，可以选择“一带一路”作为主题。通过搜集和分析我国在政治、经济、社会和文化等方面在“一带一路”倡议实施后的成就，学生能够总结交通运输布局对区域经济和聚落发展的影响，并理解“一带一路”倡议提出的背景及其带来的多方面影响。这种主题式情境的设计不仅有助于学生形成事物间联系与发展的观念，还培养了他们辩证思考问题的能力，从而提升思政素养。

**3. 尺度性原则**

尺度性是指地理课程思政教学情境所涉及的空间可拓展性，并形成“国家—区域—地方”的动态背景。传统的思想政治课程往往因为其专业性和宏观性，与学生的生活联系不够紧密，加之传统德育课堂的单向灌输式教学，使得学生难以产生情感共鸣，从而影响他们政治认同的培养[①]。然而，地理课程思政具有“地理即生活，生活即地理”的学科特色，能够通过情境的生活化将宏观情怀转换为

---

① 裴娜娜．教学情境的真实性对促进中学生地理核心素养的养成研究[D]．石家庄：河北师范大学，2018.

地方情感，拉近与学生直接经验的距离[①]，通过这种方式，家乡情怀得以升华为国家认同与国际理解，进一步增强学生思想政治素养的层次性。因此，地理课程思政教学情境的创设应借助地理学科的区域与综合思维特征，立足于不同区域，培养学生对国家和家乡的认同感。

4.问题性原则

有价值的地理课程思政教学情境应包含特定的问题，以有效促进学生的思维，增强课堂的活跃氛围。在设定情境中的问题时，需要明确教学目标和思政目标，同时考虑问题对学生实际意义的影响。问题设置要具针对性，考虑学生的年龄特点和知识水平，以确保大多数学生能够积极参与。此外，问题的设计应与思政要素相关，既要具有吸引力和新颖性，以激发学生的兴趣，又要能够增强他们的思考能力。真实且具有启发性的问题情境，将为学生提供更大的探究与成长空间，使他们在思考中不断深化对地理知识的理解。

5.真实性原则

情境的真实性是指教师创设的情境应尽可能贴近真实的社会和生活环境。通过观察、探索和解决问题等似乎真实的活动，学生能够建立科学、正确的思维模式及解决问题的能力，从而实现学以致用的目的[②]。在地理课程思政教学中，情境的真实性越高，就越能够吸引和激发学生的学习兴趣，帮助他们理解地理知识，培养和形成正确的思政素养。真实的教学情境能够更有效地实现学以致用的效果。例如，在高中地理必修二第三章第一节“农业区位因素及其变化”的教学中，教师可以创设一个较为真实的情境，让学生亲自调查影响家乡特色农产品生产的因素。通过调研，学生可以深入了解当地特色农产品的生产条件及其影响因素。在课堂上，教师可以组织学生讨论，探讨哪些因素对当地特色农产品的生产影响最大。课后，教师还可以提供相关的讨论题目，通过调查和真实情境的体验，引导学生提出自己的想法和看法。这样的真实教学情境创设，不仅有助于学生获得知识与技能，还能培养他们的家国情怀和对建设美丽家乡的责任感，进一步促进思政素养的提升。

### (二)“三全育人”理念下高中地理课程思政情境教学的策略

近年来，随着新时代思想政治教育从依靠思政课程转向“课程思政”的转变，

① 陈蓓.高中地理教学生活化研究[J].课程教育研究，2013(4):166-167.

② 周丽洁.中学生在真实情境下问题解决的思维策略研究[D].桂林：广西师范大学，2009.

高中地理课程思政的探索积累了丰富的经验。然而，道德素质的养成是一个高度生活化的过程，必须在情境中潜移默化地进行。因此，探索有效的情境教学策略是实现思想道德教育的实践基础。本研究在课程思政的价值遵循——“三全育人”理念的指引下，旨在将高中地理学科知识与思政价值意蕴充分融入情境教学中（图5.1）。在课堂教学中，教师可以通过以下策略来实施这一理念：①课前导入。宏观问题情境设置，教师可引用教研组创设的宏观问题情境进行导入，设计问题链，利用适当的活动方式引导学生探究问题，并感知负面的地理现象。这一过程能够有效激发学生的兴趣，帮助他们理解地理现象与自身生活的关联。②课中探讨。生活化情境分析，在课堂中，教师应鼓励学生创设生活化情境，设置子问题，通过选择合适的活动方式进行分析，思考负面地理现象对社会和环境的影响。这不仅能加深学生对知识的理解，还能培养他们的批判性思维能力。③课后深化。积极情境的构建，课后，教师应创设宏观积极情境，设置开放性探究问题，组织相关活动，引导学生迁移和应用所学的新知。这一过程有助于学生认同国家的积极政策，并形成正确的价值观和社会责任感。通过这种沉浸式的情境教学，可以有效解决学生在学习高中地理课程时所面临的认知困惑、价值困惑和情感困惑，帮助他们明确自身的价值和社会定位，从而践行正确的道德行为，为国家培养担当民族复兴大任的时代新人。

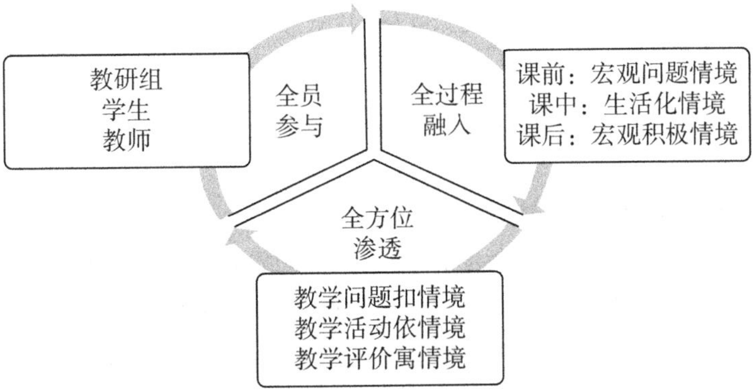


图5.1 “三全育人”理念下高中地理课程思政情境教学策略

**1.完善机制，全员参与情境创设**

全员育人是通过调动一切可调动的力量参与高中地理课程思政情境教学工作，形成全校教师、学生共同参与、责任明确、分工协作的情境教学大格局。在这一框架下，高中地理课程思政教学情境的创设面临一定的挑战，需要整个教研组作为支撑，教师作为纽带，学生作为基础，以更好地落实情境对实现高中地理课程思政育人责任的要求。为高效利用有限的教学时间，可以设计相关联的主题情境，将情境根据不同的尺度和特点进行划分，并根据情境创设主体的经验和能力进行相应的调整。围绕情境主题，创设宏观问题情境，让学生感知负面的地理现象。通过宏观问题情境与生活负面影响的联系，引导学生回顾自身的日常生活经历，产生关注问题的内在动机。接着，基于我国的应对措施，创设正面的宏观情境，进一步切换情境尺度，使学生在正负对比中树立对国家的认同感与思政情感。高中地理教研组作为整个学校地理教育的核心，在提升地理教学质量和育人导向方面发挥着重要作用，应整合各种传统教学资源与新媒体教学资源，以搜寻宏观问题情境。教师作为思政育人理念的实践者，应从我国的发展规划与政策中提取合适的宏观积极情境，将措施与问题紧密联系，树立积极正向的情感。学生作为思政育人理念的接受者，应在日常生活中寻找与宏观问题情境相关的生活化情境，从而更好地培育自身的思政素养(图5.2)。

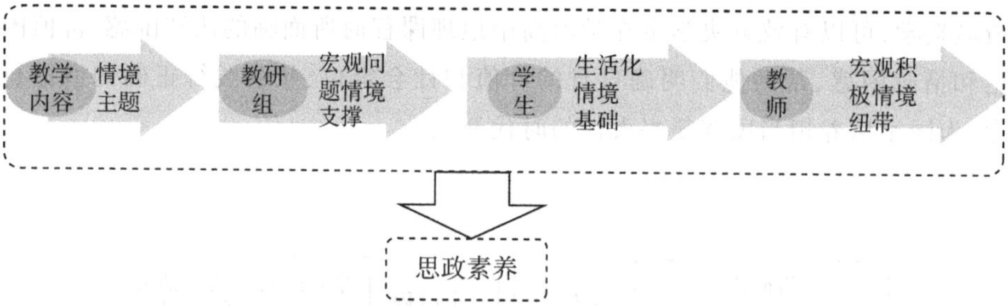


图5.2　全员参与情境创设的策略

**2. 以教研组为支撑，发挥引领作用**

高中地理教研组是由全体高中地理教师组成的学习共同体，旨在提升专业能力和提高教学质量。每位教师在这个共同体中都有自己的发展目标，但他们共同追求的崇高目标是促进学生全面发展和培养良好的思政素养。教研组不仅承载着这一使命，还通过开展各类教研活动来促进教师的专业成长。在这个环境中，教师们分享各自的教学经验，探讨新颖而灵活的教育理论和有价值的教学素材，从而形成更具活力的教学新方法和新模式。

在高中地理课程的思政情境教学中，地理教研组发挥着重要的支持、驱动和引领作用，为课程思政的实施提供了坚实的保障。宏观问题情境的创设能够帮助学生从较大区域尺度上认识并感知负面的地理现象，激发他们对问题的探究兴趣与解决方案的寻找。这类情境具有广泛的范围、复杂的内容、强烈的矛盾冲突以及迫切的解决需求，因此不适合由教师个人或学生单独创设。教研组的专业经验和协作能力正是建立宏观问题情境库的关键，为地理课程思政教学提供多样化的情境选择。

教研组的宏观问题情境库可以按照“找基础—定主题—选情境”的流程进行建立（图5.3）。第一步是“找基础”，指在创设地理课程思政教学情境之前，教师需深入解析教学内容、内容类型、教学目标、思政目标、地理核心素养的类型与水平，以及测试题的导向。这是创设高校地理课程思政教学情境的基础。例如，人教版《地理1》第六章第四节“地理信息技术在防灾减灾中的应用”涵盖了地理信息技术的特点、功能、使用原理及其在防灾减灾中的应用，属于现实类的地理教学内容，适合进行情境教学。该节课标要求学生通过探究自然地理问题，了解地理信息技术的应用，强调勇于探索自然地理问题的精神，同时培养学生运用地理信息技术解决实际问题的能力，突出了地理实践能力的思政教育要素。第二步是“定主题”，即在第一步的基础上，归纳总结出该部分教学内容的核心内容，并确立一个与核心内容高度契合的主题，为后续情境的筛选奠定基础。例如，在分析“地理信息技术在防灾减灾中的应用”时，可以识别出其核心内容为人们在防灾减灾中对地理信息技术的应用，而与这一核心内容契合度较高的主题便是“新冠疫情”。第三步是“选情境”，这一过程围绕确定的主题，从国家和区域层面筛选出包含负面地理现象的情境，并将这些情境进行整合，建立教研组的宏观问题情境库。例如，在“大主题：新冠疫情”下，可以筛选出一些国家因采取不隔离政策而导致感染人数激增的案例，或是由于病毒变异导致部分国家和地区对病毒

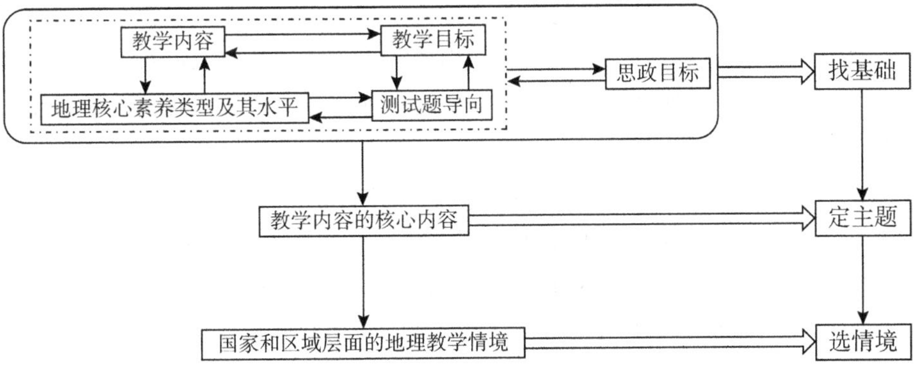


图5.3　教研组宏观问题情境库创设的程序

及疫苗研究的懈怠,从而出现重症患者增多的现象。通过这样的情境筛选与整合,教研组能够为高中地理课程思政教学提供更加丰富和多样化的情境素材,进而激发学生的思考与探究热情,培养其批判性思维与社会责任感。

#### 3. 以学生为基础,产生解决问题的动机

在高中地理课程的思政教学中,情境创设发挥着至关重要的作用。情境中蕴含的情感元素能够有效激发学生的学习兴趣,帮助他们获取更多的地理知识,并提高他们的思政素养。因此,为了实现更好的教学效果,教师应在情境创设中注重激发学生的共情能力,提升他们在课堂教学中的主体地位。通过多种方式,学生可以将自身经验融入情境之中,从而促进思政素养的提升,真正实现课堂教学的主体性。

微观生活化情境源自学生自身的生活实践,因此,学生的体验与情境素材主要来源于日常生活场景。教师应当充分发挥学生的主体地位,将他们的生活体验应用于情境的创设中。然而,在学生创设自身体验情境之后,教师需要对这些素材进行有效加工和呈现,以服务于教学目标,从而提高教学效果。学生的微观生活化情境通常是在教研组建立宏观问题情境库之后生成的,学生可以通过回忆或搜寻自身体验,与宏观问题情境之间的关联来缩小情境的尺度,从而产生共情的情感和关注问题的内在动机。例如,在“新冠疫情”主题下,学生面临境外传播的风险和病毒的肆虐,他们在出行时需做好防护措施,不去人群密集的地方,佩戴口罩,配合防疫检查,这样可以提升他们的疫情防控意识,维护生命安全。

#### 4. 以教师为纽带,树立国家认同感

高中地理课程思政情境教学的有效实施需要全校相关人员的高度参与,而教师则是这一过程中的关键纽带。课程思政的育人理念必须通过教师的情境教学活动得以实现,地理教研组的素材和方法需要传递给学生。具备较强情境创设能力的教师能够更好地吸引学生,他们的能力直接影响“课程思政”的育人效果。因此,教师情境创设能力的提升需要通过加强思政素养和提高专业素质来实现。

首先,强化教师的思政素养至关重要。教师在思政育人中扮演着重要角色,与学生的关系相对密切。教师自身的思想道德修养会深刻影响学生,并进而影响教学效果。因此,教师应不断学习与自省,深入研究国家的方针政策,积极提升自身的思政素养。为了培养出具有良好政治素质和政治意识的社会主义接班人,教师的思政素养必须达到较高水平。只有这样,学生在未来面对重大意识形态问题时才能保持清醒的政治头脑。

其次，提高教师的专业素质也至关重要。教师必须具备丰富的理论知识和高水平的理论能力。换句话说，作为一名教师，若想为学生传递一瓢水，首先必须自己拥有一桶水。因此，教师应自觉学习和提升自己，深入研究地理教学内容，积极学习新型的教育理论与方法，探索能更好发挥学生主体作用的策略，以扎实自己的专业基础，从而为更高效地应用情境教学实现地理课程思政奠定坚实基础。

宏观积极情境作为教师完成责任的载体，通过较大区域尺度的呈现，能够帮助学生理解国家政策措施，并在对策中树立国家认同的思政情感。教师的宏观积极情境是在教研组建立宏观问题情境库之后创设的，教师依据教研组在创设宏观问题情境时确定的主题，筛选国家和区域层面应对负面地理现象的情境。通过了解国家和区域层面的应对措施，教师能够提升学生的思政素养，树立正确的思想道德观念，从而更好地引导学生的实践。例如，在“新冠疫情”主题下，我国借助全球卫星导航系统跟踪活动和运输轨迹，利用地理信息系统分析国内疫情，科学运用地理信息技术进行防灾减灾，严格执行防疫政策（如健康码、行程卡等），确保疫情的感染人数保持在可控范围内。这体现了我国政府坚持以人民为中心的原则，坚决维护生命安全，进而提升了学生的社会责任感和对国家政策的认同感。通过这种教学方式，教师不仅传授知识，还能有效培养学生的爱国情感与社会责任感，使他们在未来面对挑战时能够更好地理解和支持国家的决策。

**5. 整合教学，全过程融入情境**

全过程育人是指根据学生在不同学习阶段和层面所需，系统性地创设地理课程思政的教学情境。此过程要求将情境的创设贯穿于地理知识学习和思想政治素养培养的每一个环节，强调育人的无间断性。通过课前宏观问题情境的导入、课中生活化情境的探究以及课后宏观积极情境的深化，全面融入地理课程思政情境教学可以实现一个完整的教学过程（图 5.4）。如果情境教学存在片段化的问题——无头无尾、无中间内涵或缺乏整体结构——那么课堂教学将难以真正提升学生的知识水平和思政素养。因此，情境教学必须在整个教学过程中保持一致性，以同一主题贯穿全节课，串联起各个知识点，这样才能促进知识学习的完整性与连续性，帮助学生建立更清晰的逻辑思维框架，从而有效提升其思政素养。

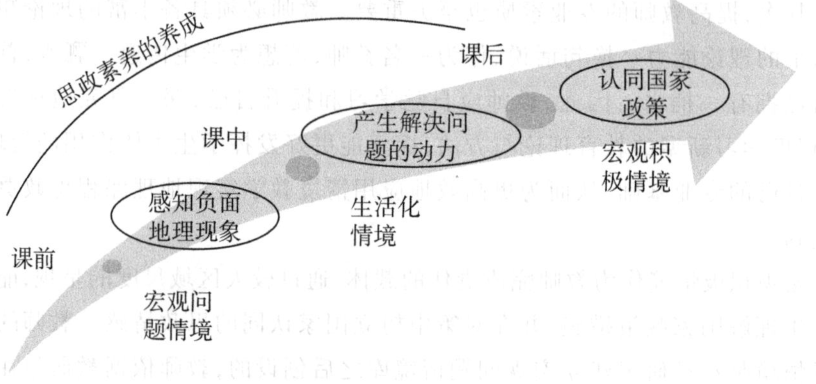


图5.4　全过程融入情境的教学策略

(1)课前宏观问题情境导入,感知负面地理现象

在情境教学中,导入阶段既能激发学生的探究兴趣,又能明确学习目标,为后续知识学习铺设基础。在地理课程思政情境教学中,教师应以教研组确定的教学主题为基础,选取宏观问题情境,引导学生感知负面地理现象。这一感知过程是学生学习的起点。当教学内容能够引发学生的共鸣时,他们的求知欲望与思维积极性将得到显著提升,已有知识和经验也能更有效地迁移到新知识的学习中,从而促进道德修养的提升。因此,在高中地理课程思政情境教学中,导入环节应充分调动学生的感知情绪,探索负面地理现象,从而提升他们对自身思政修养的审视。

例如,在学习高中地理必修二第五章"维护海洋权益"时,教师可以从宏观问题情境库中选取"菲律宾控告中国使中国海洋权益受到影响"的案例作为导入,学生通过了解该事件的经过,感知海洋权益的内涵,并激发对国家主权与领土完整的关注与探究。这不仅能激起学生的爱国主义情感,更能帮助他们理解维护国家海洋权益的重要性。接下来,教师可以引导学生分析情境,提出问题,并概括海洋权益的内涵及范围,例如:海洋政治权益、海洋经济权益以及海上安全利益等。通过这一导入过程,学生在感性认识的基础上上升到理性思考,体现出地理知识与生活的密切联系,真正发挥地理知识的社会功效与实用价值。

(2)课中生活化情境分析,思考负面地理现象的影响

在高中地理课程思政情境教学中,宏观问题情境的导入旨在激发学生的情感与学习兴趣,引导他们关注新知识的学习;而生活化情境的展开则有助于学生深入理解地理知识。基于导入环节对负面地理现象的感知,教师可组织小组活

动，促使学生讨论自身经验中负面地理现象的影响。教师应对学生讨论的结果进行收集与加工，层次分明地呈现生活化情境，将教学内容中需要解决的问题与知识融入生活化情境中，从而刺激学生的心灵，产生共情的情感和深入分析问题的内在动机。通过对生活化情境的分析，学生不仅能体会到地理学习的生活实用价值，还能习得源于生活但又有升华的地理知识，更加深入地反思自身思政素养方面的不足，最终引导他们树立正确的价值观。

以学习高中地理必修二第五章“维护海洋权益”为例，在学生对“菲律宾控告中国使中国海洋权益受到影响”的情境进行感知后，通过小组讨论，联想海洋权益受侵害带来的后果，比如海洋资源被剥夺、海上交通安全受到威胁、海洋渔业资源开发受阻等，学生将意识到这些问题直接影响到他们的日常生活，如油气资源、进口商品和海鲜的价格波动。这种现实的联结能够让学生产生强烈的共情感。随后，教师结合这一情境，设置问题并开展活动，引导学生分析现象背后的原因，深入理解海洋权益的内涵和维护海洋权益的重要性，从而意识到“无大国则无小家”的道理，鼓励学生为解决相关问题提出自己的看法。这不仅有利于课后宏观积极情境的深化，也有助于培养学生的责任感和家国情怀。

(3)课后宏观积极情境深化，认同正面地理国家政策

在高中地理课程的情境教学迁移与应用阶段，教师应通过切换教学情境，引导学生在积极的宏观情境中应用地理知识，逐步培养学生的思政素养和正确价值观。课后应深入探讨宏观积极情境，推进学生从理解阶段逐步过渡到掌握、分析、迁移和应用的深层次阶段。通过这一过程，宏观情境与前期的宏观问题情境形成对比，符合时代背景，帮助学生在学习地理知识的同时，更好地理解和认同国家的大政方针、战略政策，增强家国情怀、激发爱国情感，树立为国家建设贡献力量的决心，坚定中国特色社会主义道路自信、理论自信、制度自信、文化自信。

例如，在学习高中地理必修二第五章“维护海洋权益”内容后，教师可以利用教材、国家官方网站及多媒体资源，介绍我国在维护海洋权益方面的政策举措，营造宏观积极的情境，并布置知识迁移和应用的任务，以引导学生更深刻地理解和认同国家的海洋政策。例如，教师可以向学生展示我国自2012年起为维护南海诸岛及其周边海域权益所采取的措施，如设立三沙市，并将永兴岛定为市政府驻地；为维护钓鱼岛及附属岛屿的权益，自2012年9月起，我国发布了钓鱼岛及其周边海域的天气预报，并实现海警船常态化巡航。通过此类情境设置，学生可以进一步搜集相关资料，独立分析我国对南海诸岛及钓鱼岛的历史与现实权益，并形成系统的认知，深刻理解维护海洋权益的重要性，为将来参与海洋强国建设

打好基础。

**6.配套并举,全方位渗透情境**

全方位育人即通过拓宽育人维度,在情境教学的环节设置和方法选择上实现全面覆盖,以学生的综合发展为目标,落实立德树人根本任务,达到为党育人、为国育才的最终目标。全方位情境渗透从教学问题、教学活动和教学评价三方面配套展开,营造立体化的教学环境。情境教学以情境为核心,教学内容围绕情境展开,同时教学问题、教学活动和教学评价均与情境相结合(图5.5),实现情境与教学过程实时协同,学生在情境体验中逐步培育思政素养。

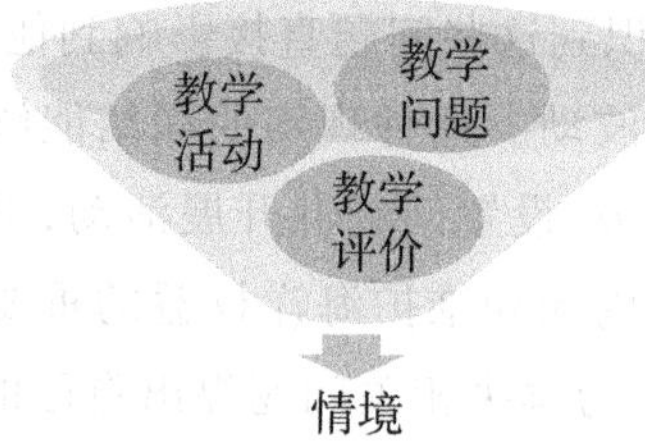


图5.5　全方位渗透情境的教学策略

(1)紧扣情境设置问题,激发学生探究精神

教师应在情境中精心设置问题,促使学生在思维探究中深化认知发展、提升分析能力,并逐步形成思政素养。为了帮助学生真正理解情境与知识点,同时完善其思想素质,问题的设计要有层次性和递进性,以激发学生的探究欲望和深入思考。这种设计以地理学的区域性和思政情境的动态性为基础——地理环境可根据不同标准分为多个子系统,突出其区域性;而思政情境的动态性则强调通过不断变化的情境让学生体悟社会现实。因此,基于这两大特征,情境问题的设计应包含主问题和多个子问题,主问题为教学过程提供支架,贯穿教学内容的主线;而子问题则是对主问题的细化和补充,具有层次性和递进性,有助于学生循序渐进地思考和理解。

例如,在高中地理必修一第六章"自然灾害的防治"教学中,教师可以设置一条主问题链:"什么是自然灾害—自然灾害分为哪些类型—自然灾害的防治措施有哪些。"围绕"什么是自然灾害"这一主问题,可以延伸出"自然灾害的概念是什么—具备哪些条件称为自然灾害—以下哪些属于自然灾害—自然灾害涉及哪些地球圈层—不同圈层各有哪些典型的自然灾害"等细化问题。这样的课程设计无论从主问题还是各子问题,都呈现出清晰的梯度结构,通过逐层解决问题链的方式，学生不仅能掌握核心知识，还能在此过程中逐步内化思政要素，提升其思维深度与广度。

（2）围绕情境开展活动，实现“在做中学、在做中培养”

情境教学活动应围绕核心情境开展，以培养学生核心素养和思政素养为目标，依托情境中的问题，激发学生的多重智能，使其在活动体验中自主探究和协作完成任务，达到“在做中学、在做中培养”的效果。情境活动需要教师与学生良性互动，充分挖掘学生的潜能，将学习引向深入，在潜移默化中帮助学生树立正确的思想道德观念。结合高中地理课程标准和思政教育特点，可以在课程情境中设计多样化的教学活动（图 5.6），教师可以根据教学内容、情境类型和学生特性灵活选择。

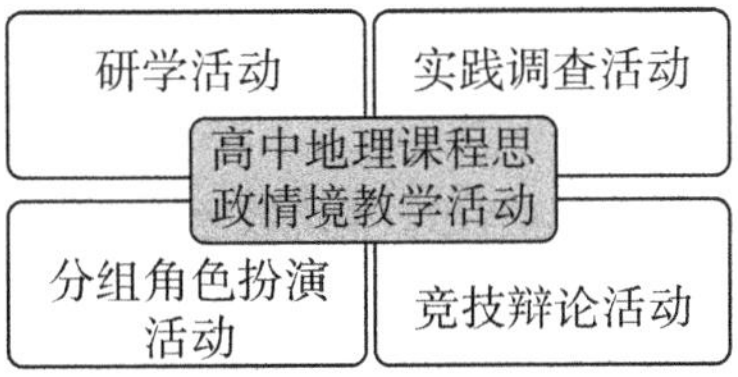


图 5.6　高中地理课程思政情境教学的活动方式

在新课改背景下，研学活动得到了广泛应用。研学倡导学生走出课堂，在实际情境中研究和学习。例如，在讲授“地貌的观察”时，教师可以带领学生走出教室，观察当地典型地貌，让学生体验自然地理之美，增进其对家乡风光的热爱，激发探索精神并树立地域认同感。实践调查活动则可以通过任务驱动学生进行地理实践，帮助其建立真实的情境认知。例如，在学习“人类面临的主要环境问题”后，教师可以布置调查任务，要求学生研究当地工厂的大气污染情况，汇总相关治理措施，并通过数据分析提出解决方案。这种实践调查不仅强化学生的动手能力，还能使其对环境保护产生深刻理解。分组角色扮演是另一种有效的情境教学方式，有助于培养学生的探究意识与社会责任感。比如，在讲授中国地理分区时，可分组表演情景剧，每组代表我国南方、北方、西北和青藏地区的居民，自行查找资料、编写台词、进行化妆演出，通过情境理解不同区域的生活习惯、生产模式和环境特点，在活动中激发其家国情怀与文化认同。竞技辩论活动则可以围绕情境中的问题展开辩论思维，有助于学生建立逻辑思维、培养辩证精神。例如，在学习“交通运输布局对区域发展的影响”时，教师可设置“一带一路”的情境主题，引导学生讨论其对我国及共建国家的影响，这不仅深化学生对地理知识的理解，也增强其对国家政策的认同感和思政素养。

(3)基于情境实施评价,检视学生思政素养的培养

教学评价是课堂教学中不可或缺的重要组成部分。在高中地理课程的思政情境教学中,评价体系应建立在现有地理课堂教学评价基础之上,制定具有针对性的评价内容和方法(图5.7),以全面反映学生的学习状况以及思政理念培养的达成程度。这一过程将为后续的教学调整和思政素养的提升提供依据。

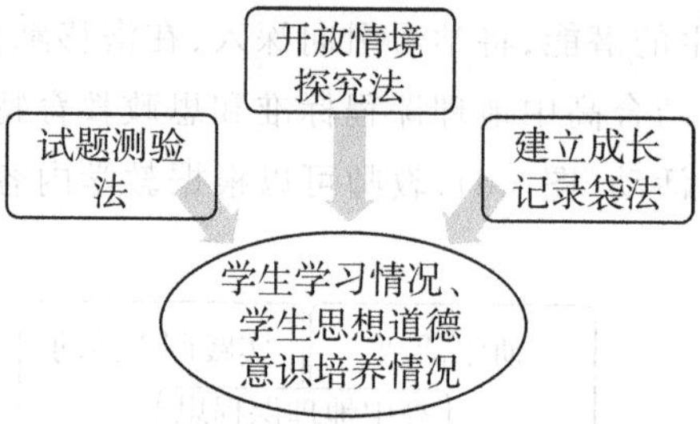


图5.7　高中地理课程思政情境教学的评价内容和评价方法

高中地理课程思政情境教学的实施效果评价,主要涵盖两个方面:一是学生的学习情况,二是学生思想道德意识的培养情况。首先,学生的学习情况可以通过学习成绩进行一定程度的反映,尤其是典型情境题目的得分更具参考价值。这些情境题目不仅能够考查学生的地理知识掌握情况,还能反映他们在思政情境下的综合运用能力。其次,学生思想道德意识的培养情况是对其作为“课程思政”主体的评价基础。评价标准主要包括两个方面:一是学生是否认同国家的方针政策,具备正确的世界观、人生观和价值观,并在意识形态上保持正确的立场;二是在解决具体情境问题的过程中,学生是否充分认识到地理知识在思政素养培养中的重要性和作用。

针对以上评价内容的特点与需求,高中地理课程思政情境教学的评价方法主要包括三种:试题测验法、开放情境探究法和成长记录袋法。试题测验法通过学生的成绩来反映学习情况。这种方法的优势在于试题素材来源丰富且开放,教师可以从时事热点新闻或日常生活经历中提取情境素材,经过适当加工后形成试题。同时,情境的复杂性也至关重要。复杂的情境能更全面地评估学生的成绩以及他们思政素养的发展情况,使评价更加真实和有效。开放情境探究法强调学生思政素养在实际生活中的应用,通过设置具体任务(如解释现象、分析政策合理性或撰写调查报告等),对学生在开放情境中表现出的地理思维能力、语言表达能力和思政理念进行综合分析与评价。这种方法能够激励学生进行深

入探究，增强其批判性思维能力。成长记录袋法答为学生的成长是一个动态的过程，思政修养的培养亦是持续进行的。因此，评价学生思想道德意识时需全面考虑整个情境教学过程，避免片面看待。成长记录袋法强调从多个角度对学生在不同情境下的道德行为表现进行长期综合评价，通过记录学生在各种情境中的表现，跟踪其道德修养形成过程，以全面反映学生的成长与变化。

## 四、“三全育人”理念下高中地理课程思政情境教学的案例设计

为了更加直观地展现“三全育人”理念下高中地理课程思政情境教学的应用策略，本书基于人教版高中地理必修第一册和第二册（2019年版），选择必修一第三章第一节“水循环”和必修二第四章“交通运输布局与区域发展”为研究对象。通过利用我国两条母亲河——黄河与长江的真实情境，以相关国家政策为主题进行高中地理课程思政的情境教学设计，旨在引导学生探究水循环与交通运输布局及区域发展的相互关系，帮助学生树立正确的思政观念，为一线高中地理教学提供参考与借鉴。

### （一）“水循环”课程思政情境教学的案例设计

#### 1.选择依据

“水循环”一节的课标要求学生能够运用示意图说明水循环的过程及其地理意义。水循环承载着地球各圈层及圈层间基本的物质流和能量流，在自然地理环境中发挥着广泛而深远的作用。因此，依据课标的要求，本节课主要包含两个内容。首先，学生需要通过示意图了解水循环的具体过程。在学习这一部分时，应运用辩证唯物主义的观点，理清三种水循环类型的特点，利用联系发展的视角理解人类活动对水循环环节的影响，并结合人地协调的观念及家国情怀，深入理解我国水利工程建设的重要性。其次，关于水循环的地理意义，学生需采用辩证思维和全球视野，认识到全球水资源的动态平衡；通过生态文明理念，理解水资源的有限性，从而帮助学生树立水量平衡的思想和节水意识，激发他们的社会责任感。同时，借助联系的视角，探讨水循环对全球气候的影响。由于本节内容与生活息息相关，宏观情境与微观生活情境相结合，能够有效地将教学内容融入实际生活中，促进学生在情境中学习知识并培养思政素养。因此，该内容的选择符合“三全育人”理念下高中地理课程思政情境教学的基本要求。

#### 2.情境主题的确定

在日常生活中，水循环的过程无时无刻不在影响着人类的活动，而人类的生产生活同样也在改变自然界的水循环过程。我国的母亲河——黄河，正是通过

水循环的原理影响人类的生产与生活，黄河流域居民的生产活动也反过来影响着水循环的进程。黄河流域作为古代中国文明的发源地，开发历史悠久，存在明显的人地关系矛盾与频发的生态问题。党的十九大提出了2035年“生态环境根本好转，美丽中国目标基本实现”的奋斗目标，而2019年，习近平总书记在黄河流域生态保护和高质量发展座谈会上强调，黄河流域的生态保护与高质量发展是国家的重要战略。水作为黄河流域高质量发展的重要生态要素，其生态环境的优劣直接关系到黄河的水循环过程，以及美丽中国与高质量发展的实现。因此，以“黄河流域生态”为“水循环”的情境教学主题，有助于引发学生的家国情怀，具有重要的现实意义。

在“水循环”的情境教学过程中，首先选用黄河流域在水质、水资源和水土保持等方面存在的宏观问题作为情境导入；接着，转入黄河流域水生态环境问题对人们生活的影响；最后，再深入探讨黄河流域生态保护和高质量发展的具体解读。这一系列情境的设计使学生能够形成“感知—联系—认同”的思想政治情感路径，从而有效实现思政素养的培养。通过这种情境教学，学生不仅能够深入理解水循环的科学原理，还能够在心灵深处培育起对生态环境保护的责任感与使命感，成为未来建设美丽中国的重要力量。

**3.情境教学设计脉络**

具备知识迁移和育人价值的地理课程思政情境教学，必然需要通过整体的情境来开展，从而使思政素养的落地具体化，知识的迁移可操作化。在“水循环”的课程思政情境教学中，以教研组确定的“黄河流域的生态”为主线，系统设计了情境教学脉络。课前，我们分析教研组创设的黄河流域在水质、水资源和水土保持方面存在的宏观问题，帮助学生理解水循环的过程和类型；课中，则针对学生所提出的黄河流域水生态环境问题，探讨这些问题对产业、经济发展水平及生活水平的影响，总结人类活动对水循环环节的影响；课后，教师引入黄河流域生态保护和高质量发展的积极情境，加深学生对水循环地理意义的理解。整个情境教学围绕黄河流域的生态之危、生态之痛和生态之治，构建相互关联、逐步推进的子情境，通过情境问题链条和多样化的情境活动全方位进行思政渗透，巧妙融合知识学习与思政培养，如图5.8所示。

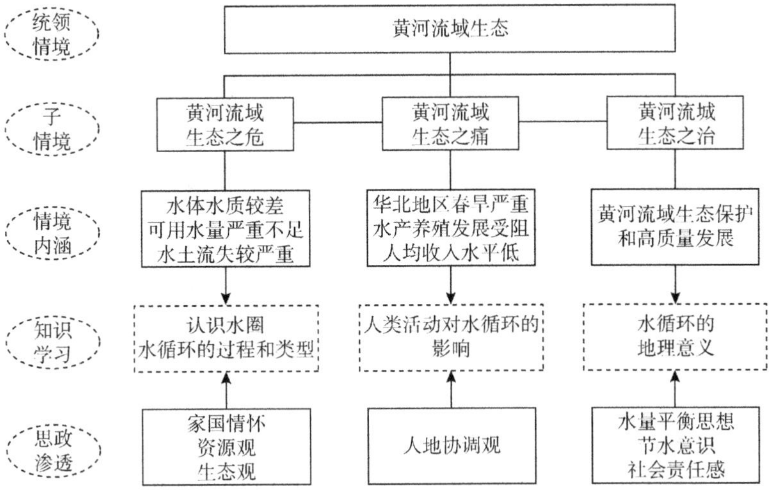


图5.8 “水循环”课程思政的情境教学设计脉络

**4.课前导入**

在课前导入部分，我们创设黄河流域水质、水资源和水土保持方面的问题情境（表5.6），旨在感知负面的地理现象，从而激发学生强烈的求知欲和探索欲。在“黄河流域生态之危”的宏观情境中，我们设置了以“黄河流域的不同水体如何实现水循环”为主题的问题链，并开展实践调查活动。学生通过参与水循环过程的总结，深入了解黄河流域的生态问题。这样的情境活动不仅增强了学生的参与感，更在潜移默化中激发了他们强烈的家国情怀，帮助他们树立正确的资源观和生态观。

**5.课中教学**

在课中教学环节，教师加工学生创设的情境，呈现华北地区春旱严重、黄河流域水产养殖发展受阻、黄土高原贫困等生活情境（表5.7），帮助学生感受这些水质、水资源和水土保持问题对日常生活的影响，进而激发他们解决黄河流域生态之危的动力。在微观生活情境教学中，我们设置以“人类活动如何影响水循环”为主题的问题链，开展分组角色扮演活动。学生在不同角色中分析各类人类活动所发挥的作用及其对水循环的影响，最终总结出人类活动对水循环的具体影响。在这一过程中，学生通过融入角色，积极参与情境问题的解决，深化对黄河流域生态问题的认识，同时了解保护黄河流域生态的具体措施。这不仅激发了学生解决问题的动力，还促使他们积极建言献策，树立节约用水、尊重自然规律、协调人类活动与地理环境关系的理念。通过这样的课堂设计，学生不仅能够

表 5.6 “水循环”课程思政情境教学的课前导入

<table>
<tr><th>宏观问题情境</th><th>情境问题</th><th>情境活动</th></tr>
<tr>
<td>黄河流域生态之危<br>(1)水体水质较差<br>《生态环境部通报2022年1—9月全国地表水环境质量状况》显示，2022年1—9月黄河流域劣Ⅴ类断面比例为2.7%(如下图所示)。根据《2022全国地表水水质月报》，8月份黄河流域仍有2%的劣Ⅴ类断面，其中干流无劣Ⅴ类，支流劣Ⅴ类占2.4%，68个省界断面中劣Ⅴ类占1.5%。<br>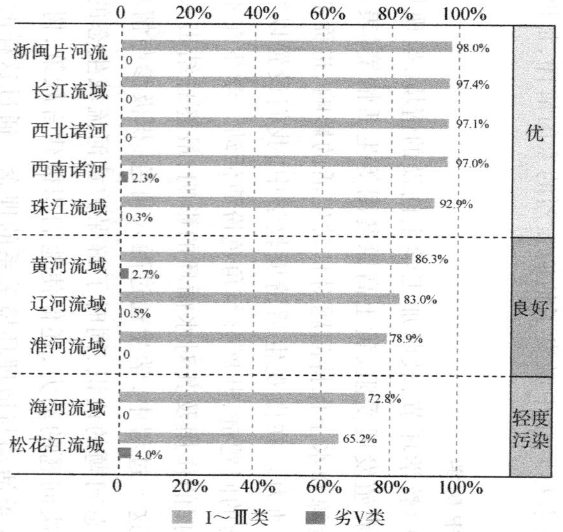
</td>
<td>黄河流域的不同水体如何实现水循环？<br>(1)结合第一章“水圈”的内容，指出黄河流域涉及哪些水体？<br>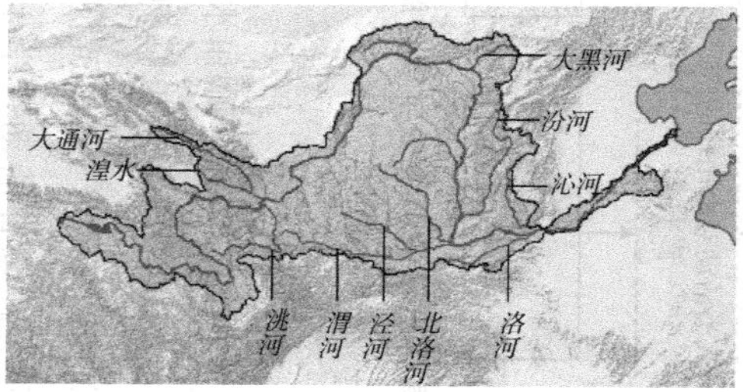
<br>(2)①数千年来，在太阳辐射影响下，黄河之水为什么没有蒸发干，一直川流不息，拥有一定水资源量？黄河之水最终流向哪里？这与水资源总量概念中涉及的降水、地表径流、下渗、地下径流等环节有关系吗？请结合黄河流域图回答以上问题，解释原因。</td>
<td>借助教材、互联网、报纸和新闻等，开展实践调查活动：<br>①找出黄河流域不同水体景观图。<br>②在黄河流域图中，将以上水体景观图复位，自上游至下游标出水循环的环节，描述黄河流域参与的水循环过程，总结水循环的过程和类型。<br>③阅读《黄河流域水土保持公报(2020年)》，列出其中采取的水土流失治理措施，分析每一个措施影响了水循环的哪一个环节，进而影响黄河流域的水循环过程</td>
</tr>
</table>

续表

| 宏观问题情境 | 情境问题 | 情境活动 |
|---|---|---|
| (2)可用水量严重不足<br>《2021年中国水资源公报》显示，黄河区水资源总量为1000.9亿$m^2$(水资源总量指地表径流量与降水入渗补给地下水量之和)，占全国约3%，占长江区约9%；人均水资源量仅有318$m^2$，人均生活用水量仅124L/d；水资源实际开发利用率已达86%，远超一般流域40%的生态警戒线。<br>(3)水土流失较严重<br>近些年，在一系列水土流失治理措施(营造水土保持林、种草等)的影响下，黄河流域水土流失实现面积和强度的“双下降”。《黄河流域水土保持公报(2020年)》显示，2020年黄河流域水土流失面积为26.27万$km^2$，水土保持率为66.94%。但水土流失仍是阻碍黄河流域持续发展的一大障碍，黄河仍是世界上含沙量最大的河流 | ②蒸发、降水、地表径流、下渗、地下径流等这些环节在陆地内部、海洋与陆地之间、海洋上都是如何完成的，能否形成一个完整的循环过程？请结合以下示意图回答问题。<br>(3)分析水土流失治理措施如何影响水循环，使黄河流域水土流失面积和强度实现“双下降” | |

理解水循环的科学原理，还能在实际情境中培养出对生态环境保护的责任感与使命感，从而成为未来建设美丽中国的重要力量。

表 5.7 “水循环”课程思政情境教学的课中教学

| 微观生活化情境 | 情境问题 | 情境活动 |
| --- | --- | --- |
| 黄河流域生态之痛<br>(1)华北地区春旱严重<br>每年春季，气温回升，蒸发量大，且黄河流域水质差、可用水量不足，水库水量无法满足生活用水、农业用水等用水需求，导致华北地区旱灾严重。<br><br>(2)水产养殖发展受阻<br>黄河流域水资源总量较少，湿地、浅滩面积萎缩，水域生态平衡严重破坏。在南水北调工程实施后，水域生态环境有所改善，渔业资源量有所回升，但多为人工养殖且品种少。<br>(3)人均收入水平低<br>黄河流域水土流失面积大，尤以黄土高原为主，破坏地面完整，土壤肥力减退，土地生产力下降，生态环境恶化，民不聊生，因此，黄土高原在历史上被称为“穷山恶水”。自2018年《生态扶贫工作方案》发布后，大力实施生态工程扶贫、生态产业扶贫、生态补偿扶贫等，实现了生态环境改善与贫困户稳定增收的双赢，但仍然面对返贫风险 | 人类活动如何影响水循环？<br>(1)水库的功能是什么？修建水库改变了水循环的哪些环节？<br>(2)南水北调工程在缓解黄河流域水资源短缺、促进水产养殖发展方面发挥的作用是什么？其改变了水循环的哪些环节？<br>(3)生态工程如何实现扶贫？其改变了水循环的哪些环节？<br>(4)结合导入时的第三个问题和以上三个问题，总结人类活动对水循环环节的影响，最主要影响哪一个水循环环节？ | 开展分组角色扮演活动，分水库组、南水北调组、生态工程组，搜集资料分析水库、南水北调、生态工程如何影响水循环，进而改善黄河流域的水生态环境 |

**6. 课后深化巩固**

在课后深化巩固环节，我们创设了黄河流域生态保护和高质量发展的宏观积极情境（表 5.8），旨在帮助学生深入了解国家重大战略的内涵，并激发他们对国家政策的高度认同感。在这一情境教学中，我们围绕“水循环的地理意义”设置了主问题的问题链，开展了竞技辩论和实践调查活动，让学生感知水资源的有限性以及水流对地貌的塑造作用。通过这些活动，学生能够更好地理解水循环的地理意义。在辩论和调查的过程中，学生不仅掌握了水循环的相关知识，更在潜移默化中激发了认同感，培养了节水意识和社会责任感。这样的课后巩固设计，不仅巩固了课堂上所学知识，还促进了学生对生态保护和可持续发展的深刻理解。

**表 5.8 “水循环”课程思政情境教学的课后深化巩固**

<table>
<tr><th>宏观积极情境</th><th>情境问题</th><th>情境活动</th></tr>
<tr>
<td>黄河流域生态之治<br>2019 年，习近平总书记在黄河流域生态保护和高质量发展座谈会上的讲话，强调黄河流域生态保护和高质量发展是国家重要战略，标志着黄河流域发展进入新阶段。<br>生态保护与经济社会发展是一对相辅相成的矛盾共同体①。流域生态保护和高质量发展重点在于以水为脉，提升河流生态系统的质量与稳定性，为人民提供更多优质生态产品；高质量的经济社会发展，又反哺夯实城乡防洪除涝和供水安全保障能力，促进人的节水意识责任和保护环境的自觉行动<br>
</td>
<td>水循环的地理意义<br>(1)流域生态保护和高质量发展重点在于以水为脉，结合全球水量平衡的表格，思考黄河流域如何夯实供水安全保障能力？
<table>
<tr><th rowspan="2" colspan="2">区域</th><th colspan="2">多年平均蒸发量</th><th colspan="2">多年平均降水量</th><th colspan="2">多年平均径流量</th></tr>
<tr><th>体积($\times 10^4 km^3$)</th><th>深度(mm)</th><th>体积($\times 10^4 km^3$)</th><th>深度(mm)</th><th>体积($\times 10^4 km^3$)</th><th>深度(mm)</th></tr>
<tr><td colspan="2">海洋</td><td>50.5</td><td>1400</td><td>45.5</td><td>1270</td><td>4.7</td><td>130</td></tr>
<tr><td rowspan="2">陆地</td><td>内流区</td><td>0.9</td><td>300</td><td>0.9</td><td>300</td><td>—</td><td>—</td></tr>
<tr><td>外流区</td><td>6.3</td><td>529</td><td>11</td><td>24</td><td>4.7</td><td>395</td></tr>
<tr><td colspan="2">全球</td><td>57.7</td><td>1130</td><td>57.7</td><td>1130</td><td>—</td><td>—</td></tr>
</table>
(2)黄河流域不同河段高质量发展各有特色，这与各河段的地貌景观息息相关，思考各河段的地貌景观与水循环有何关系？</td>
<td>(1)结合全球水平衡表格和不同水体更新周期表格(教材 49 页表 3.1)，开展竞技辩论活动：水资源是/不是取之不尽、用之不竭的？<br>(2)开展实践调查活动，整理黄河流域高质量发展在不同河段的实现途径，搜集不同河段的地貌景观图，分析其与水循环的关系</td>
</tr>
</table>

**7. 教学案例评价**

以“黄河流域生态”为主题的“水循环”情境教学将知识学习与思政培养紧密结合，成功实现了课程思政的目标。首先，在水循环的学习过程中，学生在课前已经对相关内容有了一定的了解，因此他们能够更好地掌握这一知识。同时，课程中的水循环相关知识考查通常与学生的生活实际和社会热点紧密联系，如黄河流域的水体景观、地貌特征、生态问题与保护等，均与水循环原理息息相关。人类活动通过改变水循环，直接影响黄河流域的水生态环境，因此将“黄河流域生态”作为情境主题贯穿整个课堂教学，有助于学生深化对水循环的理解并实现知识迁移。

其次，在教学过程中，我们创设了不同层次的情境，分为课前导入、课中教学

①牛玉国，张金鹏．对黄河流域生态保护和高质量发展国家战略的几点思考[J]. 人民黄河，2020，42(11)：1-4，10.

和课后深化巩固三个部分。在课程开始时，通过分析黄河流域在水质、水资源和水土保持方面存在的问题，激发学生的情境认知冲突，提升他们的探究欲望。课堂教学则聚焦于生活情境，分析人类活动对水循环的影响。在情境教学的最后，通过黄河流域生态保护和高质量发展，引出水循环的地理意义。教师充分挖掘其中的思政元素，帮助学生树立正确的节水意识和人地协调观，激发了他们的家国情怀和社会责任感。

本案例基于"三全育人"的课程思政情境教学提供了思路和方法，但仍存在局限性。一方面，黄河流域生态情境问题的设置连续性不足，未能有效将水循环的相关知识形成系统，导致学生在学习过程中可能感到知识的碎片化。此外，问题的解决对学生提出了一定的挑战，部分问题较为复杂，可能降低学习效率。另一方面，本案例的实践调查活动在现实条件下受到限制，学生了解的资源类型较少，获取信息的途径受到制约，从而影响了问题解决的有效性。

### （二）"交通运输布局与区域发展"课程思政情境教学的案例设计

#### 1.选择依据

"交通运输布局与区域发展"的课程标准要求学生"结合实例，说明运输方式和交通布局与区域发展的关系"。高效的运输方式组合和合理的交通运输布局不仅是区域经济高质量发展的基础，更是经济持续增长的重要支撑。因此，交通运输方式和布局与区域经济发展密切相关，具有相辅相成的关系。基于这一课程标准，本单元内容主要涵盖三个方面：第一，介绍五种主要交通运输方式的特点，并运用辩证唯物主义观念，结合实际情况进行适当选择；第二，探讨交通运输布局对区域发展的影响，从区域认知和综合思维的角度出发，分析交通运输布局如何影响区域经济和聚落发展，帮助学生认识国情，树立家国情怀和正确的发展观；第三，阐述区域发展对交通运输布局的影响，分析区域发展的交通运输需求与资金对布局的影响，培养学生的协作意识和全球视野。此外，课标要求学生"结合实例"，教师可以通过创设真实情境，结合生活实际，引导学生探究交通运输方式和交通布局与区域发展的关系，提升其思政素养。因此，选取这些内容契合了"三全育人"理念下高中地理课程思政情境教学的基本要求。

#### 2.情境主题的确定

交通运输是区域经济发展的基础与载体，区域经济的空间联通与拓展通常需要依托一定的交通运输网络。道路联通是区域硬环境建设的基本要求，硬联通促进软联通、心联通，交通之于区域经济发展的意义，是经济发展的桥梁，不直接创造经济价值，但间接使经济收益加速倍增。区域发展之于交通的意义，是交通的支撑，通过区域交通运输需求的变化和资金来影响区域交通运输的布局和变化。长江是我国最重要的东西轴线，沿线区域聚集了我国绝大多数的人口和GDP，依托长江黄金水道，形成东西向的经济发展格局。“一带一路”倡议是中国建设人类命运共同体、构建“以国内大循环为主体、国内国际双循环相互促进的新发展格局”的重要实践和体现。长江经济带与“一带一路”运输通道实现互联互通，既是长江经济带自身发展的内在驱动力，也是国家顶层战略设计同步协调推进的要求。因此，以“长江经济带与‘一带一路’交通互联互通”为“交通运输布局与区域发展”的情境教学主题，利于引起学生国家认同感的情绪感知，具有重要的现实意义。在“交通运输布局与区域发展”情境教学过程中，选用长江经济带与“一带一路”交通互联互通在内部发展、黄金水道航运方面存在的宏观问题为导入情境；然后切换至两大经济带交通互联互通问题所带来的影响；最后再切换至两大经济带的新动力、新潜能，使学生形成“感知—联系—认同”的思想政治情感发生路径，实现思政素养的培养。

**3.情境教学设计脉络**

课标指明了教师教学的方向和范围，教材是学生达成这一目标的载体，但不是唯一的载体。因此，在教学过程中，教师应树立地理整体观的理念，用更广阔的视角，发掘和组织各种课程资源，创造性地使用教材。在“交通运输布局与区域发展”的课程思政情境教学中，将教材中设计的两节内容进行整合，以教研组确定的“长江经济带与‘一带一路’交通互联互通”为统领情境，课前分析教研组创设的长江经济带与“一带一路”交通互联互通在内部发展、黄金水道航运方面存在的宏观问题，说明主要交通运输方式的特点和交通运输布局遵循的一般原则；课中结合学生所创设的两大经济带交通互联互通问题对经济发展和聚落发展所带来的影响，总结交通运输布局对区域经济发展、聚落布局的影响；课后教师引入两大经济带的新动力、新潜能的宏观积极情境，理解交通运输需求、资金对交通运输布局的影响；整个情境教学从长江经济带与“一带一路”交通互联互通之危、之痛、之治创设相互关联、逐步推进的子情境，通过情境问题链条和不同情境活动全方位进行思政渗透，将知识学习与思政培养在整体的情境中得以巧妙融合，如图5.9所示。

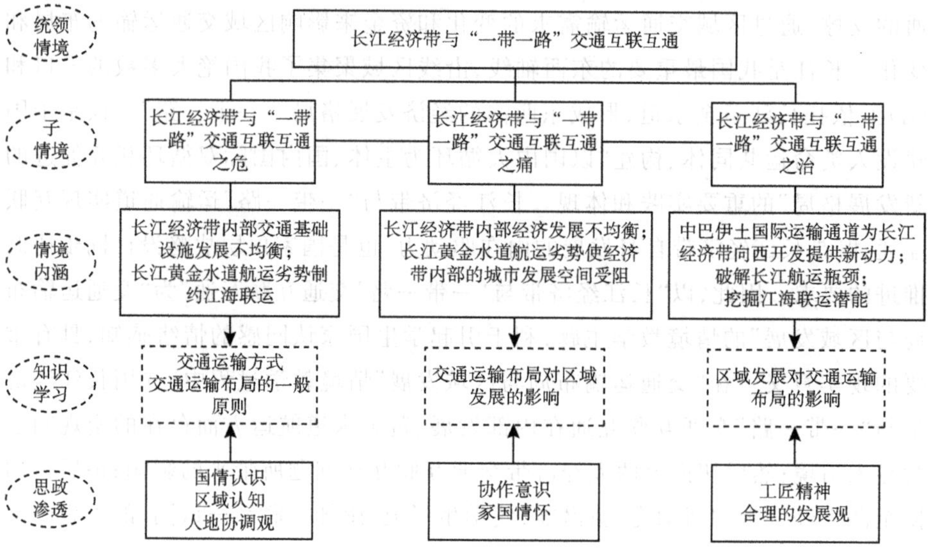


图5.9 “交通运输布局与区域发展”课程思政的情境教学设计脉络

**4.课前导入**

在课前导入部分，创设长江经济带与“一带一路”交通互联互通在内部交通发展、黄金水道航运方面的问题情境（表5.9），感知消极的地理现象，产生解决问题的内在动力。在长江经济带与“一带一路”交通互联互通之危的宏观情境中，设置以“交通运输布局的一般原则”为主问题的问题链，开展实践调查活动，依据长江经济带上中下游的交通运输布局特征总结交通运输布局的一般原则。学生在参与调查活动、解决问题链的过程中，认识长江经济带与“一带一路”交通互联互通的问题，于无形之中引导学生认识国情，培养区域认知和人地协调观的核心素养。

**5.课中教学**

在课中教学部分，教师加工学生创设的情境，呈现长江经济带中上游和中下游经济发展水平对比、城市发展空间形态变化的生活情境（表5.10），感受长江经济带与“一带一路”交通互联互通的内部交通发展问题、黄金水道航运问题对生活的影响，引起情感的共鸣，产生强烈的探索欲。在微观生活情境教学中，设置以“交通运输布局对区域发展的影响”为主问题的问题链，开展分组角色扮演活动，在不同的角色中分析交通运输布局对区域经济发展、聚落空间形态变化的影响。学生在沉浸角色、解决主问题与子问题的过程中，认识长江经济带与“一带一路”交通互联互通问题的影响，发掘改善不良影响的着力点，于无形之中激发

**表 5.9 “交通运输布局与区域发展”课程思政情境教学的课前导入**

| 宏观问题情境 | 情境问题 | 情境活动 |
|---|---|---|
| 长江经济带与“一带一路”交通互联互通之危<br>(1)长江经济带内部交通基础设施发展不均衡<br>长江经济带交通运输网络密度由东向西逐渐递减，高速铁路多集中在东部沿海地区，经济带内部跨省交通体系对接、多式联运等方面存在不平衡的问题。<br>在对外运输通道方面，长江经济带西部地区交通运输成本较高，对外联通能力较弱，承载中欧班列的新亚欧大陆桥具有时效快的相对优势，但铁路运输成本远高于海运。西部陆海新通道提供了一条新的出海大通道，有助于强化与“一带一路”沿线地区交通互联互通，但西部陆海新通道沿线省市运输能力趋于饱和，2020年广西钦州港集装箱吞吐量395万标箱，规模仍偏小①。<br>(2)长江黄金水道航运劣势制约江海联运<br>改革开放以来，长江内河航运的条件总体上得到显著改善，2017年整个长江运输量达到25亿吨，稳居世界内河运输量首位②。长江航运量中，大多数航运量分布在长江中下游江段，上游航道等级低、配套设施不足、自然条件差等造成运能不足，中游航运整体处于自然状态，有较大开发潜力。对于长江经济带上游地区来说，长江水道是该地区连接“一带一路”的最经济运输通道，是发展外向型经济的重要支撑。但三峡船闸已成为长江上中下游水上长距离运输的瓶颈，其货物通过量在2011年已突破1亿吨，提前19年达到设计通行能力 | 交通运输布局的一般原则：<br>(1)请分析长江经济带交通运输网络密度由东向西逐渐递减的原因。<br>(2)广西钦州港的集装箱吞吐量与三峡船闸的货物通过量无法满足一定时期的运输需求，因此，交通运输布局应该注意什么？<br>(3)长江上游航运和长江经济带西部地区交通建设成本较高，这与当地的自然环境有关系吗？这说明交通运输布局应该注意什么？<br>(4)①多式联运，是由两种及其以上的交通工具相互衔接、转运而共同完成的运输过程。请思考主要交通运输方式有哪些？<br>②新亚欧大陆桥运速快，但运输成本高于海运，请依此从运速、运价角度分析以上主要交通运输方式的特点 | 借助互联网、新闻素材、教材等工具，开展实践调查活动：<br>(1)搜集2022年中国十强城市的GDP数据及这10个城市的第七次全国人口普查数据，在长江经济带区域图中，标出10个城市中分布于长江经济带的城市，分析这些城市的东西布局，解释长江经济带交通运输网络密度的布局特征。<br>(2)查找北京大兴国际机场的预计旅客吞吐量和预留旅客吞吐量，结合情境，分析交通运输布局的设计标准。<br>(3)调查长江经济带西部地区的自然环境条件(从气候、地形、土壤、水源着手)，分析其对交通运输布局的影响，理解因地制宜的交通运输布局原则。<br>(4)查找长江经济带下游的上海虹桥综合交通枢纽图，指出其中的主要交通运输方式，从运速、运价角度进行对比。不同运输方式各有优势，做好转运和衔接，可提高运输效率，分析其体现的交通运输布局原则 |

①钦州港建设[EB/OL]. (2021-10-09)[2021-10-14].http://www.qinzhou.gov.cn/glqz_205/shsy/202110/t20211009_3660089.html.

②长江干线年货物通过量达25亿吨[EB/OL]. (2018-01-04)[2021-05-22].http://www.gov.cn/xinwen/2018—01/04/content_5253183.html.

表 5.10 “交通运输布局与区域发展”课程思政情境教学的课中教学

| 微观生活化情境 | 情境问题 | 情境活动 |
| --- | --- | --- |
| 长江经济带与“一带一路”交通互联互通之痛<br>(1)长江经济带内部经济发展不均衡<br>①在长江经济带内部,由于中上游交通基础设施发展不均衡,跨省交通体系对接不平衡,云贵川丰富的矿产资源无法迅速流到下游长三角地区,以促进长三角工业区的高效生产;同时阻碍南亚、西亚市场的开拓,不利于贸易交流,经济发展缓慢。中下游交通基础设施完善,经济发展迅速,同城化效应明显,如借助地铁每日往返两地的“昆沪候鸟”越来越多。在2021年《长三角城市跨城通勤年度报告》中,昆山获得与上海市域双向跨城通勤联系第一。<br>②长江经济带中上游中欧班列与西部陆海新通道的修建,缓解经济带内部交通发展不均衡,加强与南亚、中亚、长江经济带下游的联系。要修一段高速铁路,需要用到钢筋、水泥、劳动力、电力等,与其相关的钢铁工业、水泥工业、建筑工业、能源工业等都会被带动发展起来。另外通车后,还会带动动车采购、电气化配置等的发展,促进中上游地区经济发展。<br>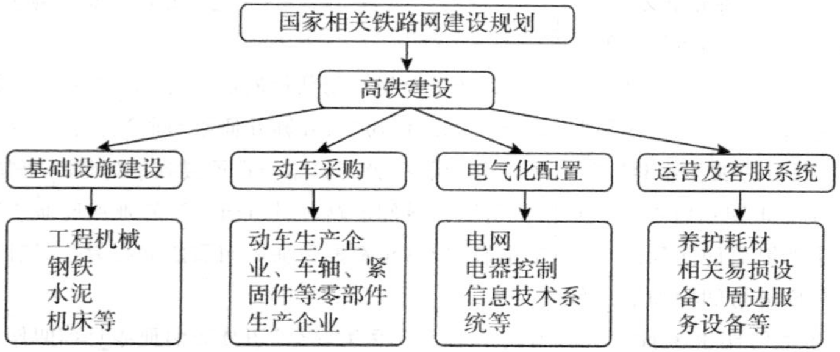<br><br>(2)长江黄金水道航运劣势使经济带内部的城市发展空间受阻<br>①成都位于岷江与长江交汇处,城市的空间形态早期沿两江布局;由于长江航运能力不足,成渝、成昆铁路的开通,城市空间形态呈现向东、向南扩张,沿江城市发展空间趋于稳定。<br>②宁波市位于长江经济带的下游,受长江黄金水道航运劣势影响,较少通过江陆联运实现与中南半岛、南亚的联系,而是大力开 | 交通运输布局对区域发展的影响:<br>(1)①长江经济带中上游交通布局的变化,表明中欧班列与西部陆海新通道对区域联系产生了怎样的影响?<br>②高铁建设如何进行产业协作?<br>③结合“昆沪候鸟”的事例和中上游地区的产业贸易状况,说明交通对区域经济发展所起的作用。<br>(2)结合成都市、宁波市的城市空间形态变化,说明交通在聚落空间布局上所起的作用 | 开展分组角色扮演活动,分区域经济发展组、聚落组,利用百度地图等工具搜集资料,获取交通信息,同时结合情境中的图文材料,分析交通运输布局对区域经济发展、聚落空间形态变化的影响 |

学生解决问题的动力，培养学生的协作意识和家国情怀。

**6.课后深化巩固**

在课后深化巩固这一部分，创设中巴伊土国际运输通道和三峡新通道的宏观积极情境（表5.11），加快推进长江经济带与“一带一路”互联互通，构建以国内大循环为主体、国内国际双循环相互促进的新发展格局，认识国家政策破解瓶颈、联通江海的举措，产生浓厚的家国情怀和认同感。在国家政府新举措的情境教学中，设置以“区域发展对交通运输布局的影响”为主问题的问题链，开展实践调查活动，感知区域的交通运输需求、资金、技术对交通运输布局的影响。学生在调查、解决情境问题的过程中，掌握区域发展对交通运输布局的影响，于无形中感受我国基建工作者勇于探索和迎难而上的气概，领会工匠精神，履行工匠精神，以工匠精神引领合理的发展。

表5.11 “交通运输布局与区域发展”课程思政情境教学的课后深化巩固

| 宏观积极情境 | 情境问题 | 情境活动 |
| --- | --- | --- |
| 长江经济带与“一带一路”交通互联互通之治<br>(1)中巴伊土国际运输通道为长江经济带向西开发提供新动力<br>基于长江经济带东西双向开放和上中下游协调发展的需要，中巴伊土国际运输通道（川渝（中国）—西藏（中国）—新疆（中国）—巴基斯坦—伊朗—土耳其—西欧）通过成渝地区双城经济圈的枢纽作用，将长江经济带与“一带一路”交通互联互通，获得一条便捷的通往印度洋、西亚、欧洲的贸易便利化通道，扩大了物流贸易、产能和能源合作方面的发展空间。<br>(2)破解长江航运瓶颈，挖掘江海联运潜能<br>随着成渝地区双城经济圈的高质量发展，经济要素、人员、商品的流动需求进一步释放，长江中上游货运总量及集装箱运量呈快速增长态势，江海联运将发挥重要作用。为此，需破解长江航运瓶颈，加快三峡新通道规划建设，疏解长江三峡船闸瓶颈制约，充分释放黄金水道运输能力，满足沿线地区经济发展的货运需求，推动长江经济带与“一带一路”实现高质量互联互通 | 区域发展对交通运输布局的影响<br>(1)中巴伊土国际运输通道沿线自然条件恶劣，地形复杂，国家为何克服困难建设运输通道？<br>(2)成渝地区双城经济圈之间有哪些交通运输方式？为何在两城间布局多条平行交通线？<br>(3)结合中巴伊土国际运输通道上的川藏、新藏等铁路建设事例和三峡新通道建设事例，说明资金在交通运输布局上发挥了什么作用？ | 借助百度地图、互联网、教材等图文工具，开展实践调查活动：<br>(1)搜集中巴伊土国际运输通道沿线的自然环境资料和三峡新通道的资料，指出沿线可能遇到的自然环境问题，说明资金和技术在其中扮演的角色，领会中国的“工匠精神”。<br>(2)借助百度地图，画出成渝地区双城经济圈之间的主要交通干线，理解交通运输需求对区域交通运输布局的影响 |

### (三)教学案例评价

"交通运输布局与区域发展"课程以"长江经济带与'一带一路'交通互联互通"为主题的情境教学,将知识学习与思政教育紧密融合,实现了课程思政的有效渗透。第一,该教学案例巧妙地将交通运输方式、交通网络布局、区域经济和聚落发展等学习内容与学生的日常生活相联系。教学设计充分利用了真实的情境和时政热点,通过长江经济带与"一带一路"交通互联互通及其对区域发展的重要作用,帮助学生深入理解两大战略的背景及意义。通过情境贯穿,学生能够清晰理解交通运输布局与区域发展的互动关系,增强了对知识的迁移和实际应用的能力。第二,情境教学设计通过多层次的情境创设分步推进,从课前的导入、课中的教学到课后的深化巩固,层层递进。课程伊始,教师通过展示长江经济带内部交通基础设施发展不均衡、长江黄金水道运能不足等实际问题,激发学生的认知冲突,引导他们关注当前社会问题并思考解决策略。课堂教学阶段,情境尺度逐渐缩小至与学生生活相关的具体情境,通过分析交通运输对区域经济发展和聚落空间形态的影响,使学生直观感受到长江经济带与"一带一路"交通互联互通带来的实际影响。最终,通过中巴、伊朗和土耳其的国际运输通道以及三峡新通道的规划建设,引导学生探讨区域交通运输需求和资金分配如何影响交通布局。这一系列教学设计充分挖掘了课程中的思政元素,使学生在解决问题、讨论情境的过程中自然而然地提升家国情怀、增强国情认识,培养协作意识和全球视野。当前案例在实践中仍存在一些局限。首先,"长江经济带与'一带一路'交通互联互通"情境的设计以及相关情境资料的收集,对教研团队、教师和学生都提出了较高要求。这一情境涉及的区域范围广泛,内部交通设施和区域发展的差异性较大,收集和整合完善的数据资料具有一定的难度。其次,案例中涉及的实践调查活动需要调用多种资源,若缺乏适当的教师指导,学生可能因目标不明确而盲目搜集资料,难以有效地获取有用信息,进而影响问题的解决和课程学习效果的达成。

## 第二节　基于核心素养培育的高中地理情境教学——以"姚江建闸"为例

新课标提出的四个地理核心素养并非相互独立,四者关系为紧密关联且相互渗透,其中区域认知与综合思维二者具有显著的关联性,特别是在培养学生区域认知素养的过程中，必然会涉及综合思维的培养。情景教学是落实地理核心素养的一种重要途径，以区域认知素养和综合思维能力为培养目标，依托“姚江建闸”的真实情境，结合“区域与区域发展”相关内容优化教学情境，并提出情境教学模式下落实区域认知与综合思维能力素养的建议。

《普通高中地理课程标准(2017年版)》首次提出地理核心素养的概念。地理核心素养主要包括人地协调观、综合思维、区域认知和地理实践力。四大核心素养并非独立而为相互关联。人地协调观作为基本价值观，其他的地理核心素养是基于人地协所展开，地理实践力侧重实践力与社会责任感；综合思维侧重认识地理环境的思维方式和能力；区域认知侧重以空间——区域的观点认识地理环境的思维和能力。由此可见区域认知与综合思维作为地理核心素养中的基本方法与基本思维，二者具有紧密联系。在培养区域认知素养的过程中必定会涉及综合思维的培养。而情景教学法又是一种常用且能有效落实地理核心素养的教学方法。其要求教师应在教学过程中创设接近生活实际的真实情境，基于学生的已有认知，在课堂上开展基于真实情境的教学活动，以宁波市姚江建闸为背景创设情境，并借助该情境运用情景教学法培养学生的区域认知与综合思维素养。

## 一、情境教学、区域认知与综合思维

### (一)情境教学

情境教学是指在教学过程中，教师有目的地引入或创设生动具体的场景，激发学生的态度体验，进而辅助学生理解教材，同时使学生心理机能得到充分发展的教学方法。这种模式寓教于生动具体的情境中，极大地丰富教学内容，不仅发挥教师的主导作用，还充分激发学生的学习热情，提高学生的学习效率。夸美纽斯曾在《大教学论》中写道：“一切知识都是从感官开始的。”这种论述反映教学过程中学生认识规律的一个重要方面：直观可以使抽象的知识具体化、形象化，有助于学生感性知识的形成。情境教学法使学生身临其境，通过给学生展示鲜明具体的形象(包括直接和间接形象)，使学生从形象的感知达到抽象的理性的顿悟，激发学生的学习情绪和学习兴趣，使学习活动成为学生主动的、自觉的活动，促进知识的迁移与应用。

### (二)区域认知素养

区域认知素养作为地理核心素养之一，是人们运用空间—区域的观点认识地理环境的思维和能力，它能帮助人们从区域的角度，分析认识地理环境以及它和人类活动的关系。结合其内涵与其他学者的观点，将区域认知素养分为四个组成部分(图5.10)。要培养区域认知素养，首先要以合适的尺度来确定其范围，全面分析区域的特征，比较不同区域之间的差异，并达到区域发展的最终目的①。课标对于区域认知素养的水平作出四级划分，这里的教学目标为第四水平：能够对现实中的区域地理问题，运用认识区域的方法和工具进行分析，能够较全面地评析某一区域决策的得失，提出较为可行的改进建议。

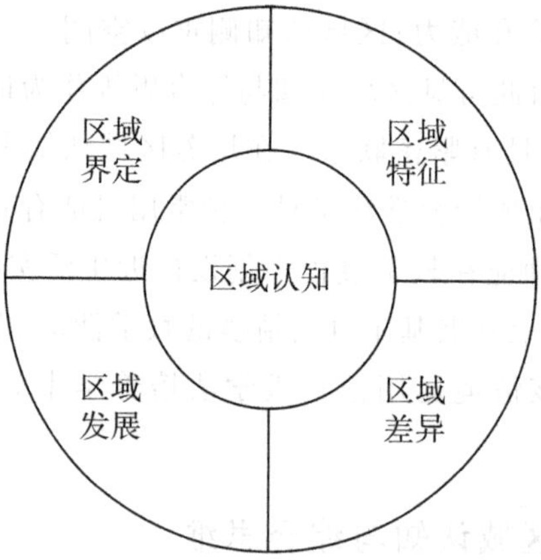


图5.10　区域认知划分图

(三)地理综合思维

综合性是地理科学的一个重要的学科属性，综合思维是指人们全面、系统、动态地认识地理事物和现象的思维品质和能力。综合思维是学生分析、理解地理过程、地理规律、人地关系系统的重要思想和方法。其具体表现为以下三个方面：

要素综合：从地理要素综合的角度认识地理事物的整体性，认识地理要素相互作用、相互影响的关系，认识一个地区的地理成因，要从自然要素与人文要素这两个角度综合的思考问题。

时空综合：时空综合即能够从空间和时间两个角度分析地理事物和现象的

① 郜彗，崔晓莉，张祥耀，等．尺度思想与区域认知素养培养的融合探究——基于30个课堂教学视频的分析[J]．中学地理教学参考，2020，1：25-28.

发生、发展和演化，既能够关注地理事物或现象在空间上的差异，又能够关注自身在时间上的发展变化。在研究区域时，需要将其发展现状和所处的时间阶段联系在一起；有时候还需要和尺度综合联系在一起，需要将该区域与其他区域进行类比，考察其区域特性；又要考虑该区域的发展演化过程，所以需要时空综合分析，从而对该区域能有完整而准确的研究和评价。

地方综合：地方综合又称区域综合即能够立足一个具体的地方或区域，综合分析区域自然和人文要素对区域特征形成的影响以及区域人地关系问题。地方综合是一个地方或区域各种自然要素与人文要素相互作用形成的整体特征。地方与地方之间会表现出明显的差异性①。

### （四）三者关系

#### 1.区域认知与综合思维的关系

综合思维素养所表现出的三个方面都离不开地方或区域，分析一个地区的地理要素总是基于一定的区域才有其意义。而分析区域的特征、比较区域的差异、为区域发展献计献策都离不开综合思维，一个区域的特点要通过对其自然与人文要素的分析才能得以呈现，有时甚至要用到时空综合，对比不同区域的差异更要用到综合思维，特别是在区域发展中更要运用到地方综合，不光要考虑到区域的各要素特点，还需要考虑到区域中的人地关系。总之区域认知与综合素养相互渗透，相互包含。

#### 2.情境教学能够有效落实区域认知和综合思维素养

一个目标明确、知识完整的情境，可以帮助学生建立完善的知识体系，学生能够通过情境对所研究的区域有一个清楚的认知，并能根据知识体系分析该地区的各类要素。情感对个体的认知活动起一定的强化作用，情境教学法通过一个身边真实存在的情境，引起学生积极的健康的情感体验，直接提高学生对学习的积极性，使学习活动成为快乐的事情。并且一个真实的情境是与生活环境相吻合，并非人为随意编造的。这样学生能够在接近真实的环境中，融入情感，将所学知识与现实生活相联系，去解释现实中各种地理现象，做到学以致用，最终培养学生区域认知与综合思维核心素养，所以情境教学是培养学生区域认知与综合思维素养的重要途径。

① 王文洁，周维国，张琦.地理“综合思维”的内涵和特点[J].地理教学，2017，12:14-16.

## 二、情境教学实施的注意事项

### (一)保持情境与生活的关联性与真实性

陶行知先生提出:“生活即教育”,主张教育要在生活中进行,只有将教育与生活结合起来,才能实现教育的真正价值,所以在情境教学中,情境创设一定要真实符合现实情况,而非随意捏造或在现实的基础上进行修饰改编,创设真实生活情境是帮助学生连接知识与生活的桥梁。高中地理教学的目的不光是传授学生地理知识,更在于培养学生作为一个公民所必备的地理素养,学生能通过相关的学习解决生活周边存在的问题,解释生活中的现象,促成知识迁移,在培养区域认知的同时也能将相关知识迁移并解决其他地区的相关问题。

### (二)情境需切合学生兴趣

兴趣是最好的老师,地理作为一门理科在发展之初却具有很强的文科属性,特别是在高中的科目分类中更是直接划分给文科,这也说明地理的相关内容很多需要记忆与背诵,面对背诵的内容学生很容易丧失耐心与兴趣,所以在创设情境的时候一定要能激发学生兴趣,可以从玩乐和吃喝等角度为切入点,创设情境,例如可以以上海外滩与宁波外滩创设一条游玩路线的情境,如此能够激起学生玩的兴趣,以达到情境创设的目的。也可以创设一条有关宁波当地美食的路线,以本地的美食为情境进行教学。在课上学习的同时,课后学生更有兴趣将此方案付诸实践。

### (三)以学生已有认知为基础

情境教学本就是建构主义理论应用于实践的一种表现,其符合建构主义学习理论的基本原则,所以情境教学一定要结合学生的已有认知包括之前所学的知识,以本节内容所在的章节为例,选择性必修相对于必修来说其难度是螺旋性上升的,其中本节内容强调区域的整体性和差异性。其中,必修一与选择性必修一提到自然环境的整体性,即自然要素相互联系、相互作用、相互制约。除此之外,学生在必修二中也学习过地理环境中的人文要素也相互联系、相互作用、相互制约,形成人文环境的整体性,而自然要素和人文要素也是相互影响的,在此基础上可以引导学生对于生活的环境进行整体性和差异性的分析,否则学生会陷入知识储备不足以及没有方向的迷茫。

## 三、以“姚江建闸”为例的情境创设

教学过程如表5.12所示。

表5.12 教学过程[①]

| 教学步骤 | 教师活动 | 设计意图 |
| --- | --- | --- |
| 课程导入 | 教师展示宁波美术馆的图片，介绍宁波美术馆的前身为三江口码头，随着船舶的大型化，码头迁移到镇海北仑，后改建为宁波美术馆，引出码头迁移与姚江建闸存在一定联系。教师展示姚江大闸的图片并提出问题：姚江建闸与码头搬迁有什么联系？姚江大闸对于姚江的上下游有什么影响？ | 通过熟悉的图片引发学生对于家乡情感并提高学习兴趣，学生回答出大闸对环境有哪些影响是为进一步创设情境 |
| 情境创设与课程实施 | 教师总结大闸对于环境的利弊，并且讲解姚江大闸的历史以及当初建立姚江大闸对宁波市的重要意义，提供材料并说明当前宁波存在关于姚江大闸是否需要拆除的讨论，并提出相应问题。学生根据材料完成下列表格。<br>材料1：姚江原为潮汐江，属平原河道，全长107km，比降很小，汇入甬江的流域面积为1934km$^2$。建姚江大闸前为潮汐河道，据记载如连续晴20~30天，咸潮逆河而上可抵丈亭，连续晴40天，咸潮可上溯至上虞通明。海水退潮时，水流湍急。由于江水盐度较高，沿岸土地盐渍化严重；若遇连绵阴雨又逢潮水顶托，往往积涝成灾，两岸百姓深受其害。宁波市政府开始在江北湾头地区兴建姚江大闸，1959年6月建成。建成后，湾头5km原河道不再成为姚江主河道，新增引河1.24km，形成新的河流形态，剩余的姚江盲端于2004年建成日湖公园。姚江大闸的建设使得困扰沿岸农业生产的咸潮问题得以解决，沿岸土质得到改善。<br>材料2：甬江为浙江八大水系之一，奉化江、姚江于三江口汇合成甬江，并于宁波镇海口流入东海。由于甬江含沙量较多，疏浚后一般一年便回淤到浚前水深。甬江严重淤积后，政府每年需要花费大量资金用于疏浚河道，而且甬江通航能力和泄洪排涝能力明显降低3000t客轮须候潮进出，5000t货轮不能进出，姚江排涝能力约减少一半。<br>材料3：镇海上游的宁波港原来是一个天然良港，早在鸦片战争后就被辟为“五口通商”口岸之一。姚江大闸建成后，宁波港已不能停泊5000t级的货船，港口的货物吞吐量受到严重影响。事实上，姚江大闸的建设也影响到了下游的镇海港，因为目前甬江每年都要进行定期的清淤工作。如果再建设甬江大闸，那么首当其冲受影响的是镇海港。另外从工程选址来看，若甬江大闸建在镇海港的下游（靠近出海口），那么必须建设船闸，从而增加船只过闸时间以及有关费用；若甬江大闸建在镇海港的上游，那么闸下的清淤任务将变得更为繁重[①] | 通过展示宁波市姚江大闸这一真实的情境，以及对于姚江大闸建设后的积弊的整理，为学生提供该地区相关要素的材料，引起学生对于家乡建设情感上的共鸣，使学生从要素综合、地方综合的角度思考问题，结合对该地的区域认知，将课外材料与书中内容的连接，学生从案例中找到理论依据，反过来又利用理论知识对实际案例进行优化。通过小组讨论、表格的学习，能够提高学生团结协作和提取主要信息的能力，以辩论的形式开展又能提升学生的参与感。通过层层递进的三个活动，将解决相关问题的方法模式教给学生，最后根据姚江大闸这个实例，学生根据所学知识提出治理甬江与姚江的改进意见，达到课标中要求的区域认知素养培养的最高水平 |

①冯利华，鲍毅新．甬江建闸的环境影响分析[J]．自然灾害学报，2004，13(6)：88-91.

续表

<table>
<tr><th>教学步骤</th><th>教师活动</th><th>设计意图</th></tr>
<tr><td>情境创设与课程实施</td><td>材料4：<br><br>【活动一】结合材料<br>
<table>
<tr><th>提问</th><th>内容</th></tr>
<tr><td>简述姚江大闸、甬江、姚江的地理位置</td><td></td></tr>
<tr><td>简述姚江流域的区域特点</td><td></td></tr>
<tr><td>简述甬江流域的区域特点</td><td></td></tr>
<tr><td>比较甬江与姚江所处区域的异同</td><td></td></tr>
<tr><td>说明姚江大闸对于姚江流域的影响</td><td></td></tr>
<tr><td>说明姚江大闸对于甬江以及三江口流域的影响</td><td></td></tr>
<tr><td>结合材料评价一下姚江大闸的建设意义</td><td></td></tr>
</table>
</td><td></td></tr>
</table>

续表

| 教学步骤 | 教师活动 | 设计意图 |
| --- | --- | --- |
| 情境创设与课程实施 | 教师总结并补充学生所答内容后将学生分为两个组开展活动二，教师负责在活动过程中进行指导，学生观点言之有理即可。<br>【活动二】请两组同学分别扮演反对拆除大闸的群众，以及支持拆除大闸的群众，以四人小组为单位展开讨论，并总结出支持己方观点的论据，5分钟后展开一场“事关大闸拆除与否”的表决大会<br>【活动三】听完两组同学的观点，我们发现姚江大闸存在与否都有其意义，所以对于大闸的拆除问题也一直存在争议，这个争议的主要矛盾在于如何协调姚江上游平原的海水倒灌、土地盐碱化、防洪排涝问题与三江口与甬江河道淤积、影响航运并需要不断投入资金疏浚的问题。接下来请同学们根据刚才两组提出的观点以及甬江与姚江存在的问题，在可行性的基础上为甬江水系的治理与发展献计献策，提出一些改进意见(各抒己见，言之有理即可) | |
| 课堂总结与反馈 | 总结本节课所学内容，并且展示现阶段宁波市政府为甬江与姚江治理所开展的政策 | 通过把学生的建议与实际案例做对比，证明将理论转化为实际的可行性，同时激发学生对于家乡的自豪情感，达到情境教学的目的 |
| | 让学生以小组为单位，查询三峡大坝的相关资料，结合本节课所学分析三峡大坝的建立对于上下游河道有何影响，并提出一定建议作为作业上交 | 教师帮助学生将研究方法推广迁移到新的真实情境，解决新的问题①。强化对知识的理解，并检验经过本节课学习之后学生的区域认知与综合思维素养所处的水平，为下一阶段的教学提供参考与反思，并不断优化教学设计，最终达到本节课的教学目的 |

① 钱丽娟，陈桂珍.在真实情境中落实地理核心素养——以“区域生态问题及其治理”为例[J].地理教育，2021，3:47-49.

## 四、情景教学下培养区域认知与综合思维素养的策略

### (一)将所学为所用,培养核心素养

情境教学鼓励教师将生活中的实际情境引入到课堂当中,其也鼓励学生用实践的方法来验证知识,将课堂上所学的理论知识运用于实际生活。最常见的方式之一就是地理研学旅行,例如在地貌、植被、土壤的相关学习中,组织学生到四明山国家森林公园开展实际的研学活动,通过研学这一实践活动将课内与课外的知识联系起来,加深学生对于相关内容的理解与印象,加强学生对四明山地区的区域要素分析,落实区域认知素养。也可以在课堂中展开模拟情境的演示,例如上述情境围绕宁波市姚江大闸的建设问题,可以通过角色扮演的形式让学生扮演持不同观点的宁波市民,结合相关的材料,引导学生思考姚江大闸对不同地区居民的影响,进一步掌握相关的地理知识并加强其与实际生活的联系,进而培养学生的综合思维、区域认知等素养。

### (二)融入问题教学,注意问题引导

问题教学法是情景教学下的常用教学手法,运用问题教学能由浅入深的引导学生思考,其注意事项具体来说是,首先提出的问题要围绕创设的情境所展开,并且要有一定的引导性,由浅入深,要遵循区域认知素养各部分的关系,如在"区域整体性与关联性"部分要做到以下几点即:先做到区域的划分与界定;然后分析该区域的要素,根据各要素总结区域特点;再根据不同地区的要素比较不同地区的要素差异:最后从综合思维的角度运用区域认知的方法,全面的评析该地区的发展决策,并提出建议,从而达到因地制宜的发展目的。问题的设置在给学生指明方向层层递进的同时,也是在教学生如何分析区域相关问题,以及解决区域问题的步骤,进而训练学生解决问题的能力,在培养区域认知的同时也达到综合素质能力的提升。

### (三)内容深度与难度双向拓展

情境教学法是以学生已有认知为基础创设情境,最终目的是让学生掌握课程所学的知识与地理学习方法,培养区域认知等地理核心素养。以"区域整体性与关联性"为例,教师需要引导学生自己分析区域要素的联系以及,对目标区域形成自己的认知。随着新课标对学考与选考学生所能达到的水平做了四个级别的要求,教师所提出的问题以及教学内容也要达到一定的深度。设置的情境以及其问题要层层递进,由简到难。在情境教学中创设情境往往不可能完全建立

在所有学生的认知基础之上，所以对于有关内容需要增加知识的广度，提供相应的材料以及课外知识。并且在地理学科的学习过程中往往穿插着其他学科的知识，这点在人文地理部分最为明显，在人文社会区位因素中往往穿插着历史等其他学科。在利用情境教学法培养学生区域认知素养的时候可以适当拓展相关内容的广度，拓宽学生的知识面，丰富教学内容。

## 第三节　融入绿色发展理念的高中地理主题式情境教学设计——以北仑区工业和旅游发展及生态建设为例

绿色发展理念在中小学教学中的融入是美丽中国建设的基础性任务。高中地理课程内容与人口、资源、环境等联系密切，教学中能高度融合并深入贯彻绿色发展理念。本书基于绿色发展理念，结合北仑区独特的区域优势资源，利用OBE模式进行“工业篇”“生态篇”“文旅篇”三大模块的主题式情境教学设计，并构建多元动态的评价体系，实现教学设计的持续改进，旨在培养学生的地理核心素养与未来必备能力，增强学生的可持续发展意识，将绿色教育落到实处。

### 一、研究背景

绿色发展是指以生态文明建设为着力点，践行绿色、低碳、循环三大原则，构建人与自然和谐的价值取向，实现可持续发展的新型发展模式[①]。党的二十大报告提出，必须牢固树立和践行绿水青山就是金山银山的理念，站在人与自然和谐共生的高度谋划发展，为绿色发展提出新要求，赋予新内涵。当今各国积极应对全球气候变化，共同探索环境保护与经济发展的平衡点，立足于中国国情的绿色发展不仅是实现中国式现代化的必然选择，也向全球生态危机提供了中国方案。

《绿色低碳发展国民教育体系建设实施方案》要求将绿色低碳融入教育教学，引导青少年牢固树立绿色低碳发展理念。地理学作为综合性、生活性极强的

① 任理轩.深入学习贯彻习近平同志系列重要讲话精神 坚持绿色发展——“五大发展理念”解读之三[EB/OL].(2015-12-22)[2025-01-08].http://theory.people.com.cn/gb/n1/2015/1222/c40531-27958738.html.

学科，密切关注当代人口、资源、环境和发展问题[①]，旨在培养具备地理学科核心素养，拥有家国情怀、世界眼光和可持续发展意识，并会解决实际问题的综合型人才，绿色发展理念可以和中学生地理课程高度融合。教师充分挖掘、整合教材中的绿色发展课程元素，以真实生活情境为载体，潜移默化地引导学生尊重、顺应、保护自然，从而形成人类命运共同体意识，增强社会责任感。加强中学生绿色发展教育是落实立德树人根本任务和社会主义核心价值观的有效切入点[②]，为新时代生态文明建设提供高素质绿色人才支撑，符合当下的时代之需、育人之要。

## 二、OBE模式和主题式情境教学

《普通高中地理课程标准(2017年版2020年修订)》指出教师要重视问题式教学，关注学生的表现性评价，让学生学习终生有用的地理[③]。基于此，本书选取OBE模式和主题式情境教学作为教学设计的理论基础。OBE理念以学生为中心，以成果为导向，重视学生个性和未来必备能力的培养[④]，强化成果应用并进行多元评价，进而持续优化改进教学[⑤]，形成"一中心五环节"的迭代循环模式(图5.11)。主题式情境教学也强调学生的主体地位，教师通过整合各类教学资源，以小切口展现具有清晰主线的主题，围绕真实情境设计一系列梯度问题，学生在自主学习、合作探究中主动构建知识体系，完成知识的迁移与应用，从而达到发展高阶思维的目的[⑥]，体现了知识、方法与思想的有机融合，兼具整体性和

① 中华人民共和国教育部.普通高中地理课程标准(2017年版2020年修订)[M].北京：人民教育出版社，2020.

② 臧小林，任江林."三全育人"视野下的大学生绿色教育探析——以重庆三峡学院为例[J].重庆三峡学院学报，2020，36(5)：114-120.

③ 中华人民共和国教育部.普通高中地理课程标准(2017年版2020年修订)[M].北京：人民教育出版社，2020.

④ 陆梦婷，赵清，韩林.成果导向教育在高中地理教学中的应用探讨[J].地理教学，2022(7)：27-31.

⑤ 詹传梅，陈松林.基于OBE理念的"工业区位因素及其变化"问题式教学设计[J].中学地理教学参考，2021(6)：67-70.

⑥ 林飞燕.主题情境教学在高中区域地理中的教学实践探索[J].地理教育，2022(S2)：20-24.

综合性[1]。两者在核心内涵和育人目标上不谋而合，在教学中相辅相成。主题式情境教学将基于OBE模式的教学目标情境化，OBE模式又为主题式教学提供层次化、可测量的评价反馈，以此更好地提升教学质量，扎实培养学生的创新精神和实践能力，助力地理学科核心素养"掷地有声"。

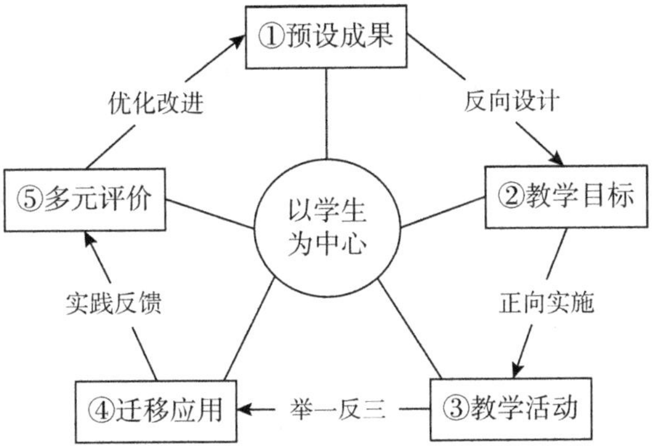


图5.11　OBE理念迭代循环模式

## 三、OBE模式下绿色发展主题式情境教学设计与实施

### （一）教学主题的确定

以产出为导向的OBE教学模式是从学生的培养目标和毕业要求出发组织实施教学的。本书基于新课标规定的培养目标和学业质量水平进行教学设计，注重学生地理专业知识、学科核心素养和未来必备能力的协同发展。近年来，宁波市北仑区坚持以"两山"理念为价值引领，积极探索"两山"转化路径，用"金山银山"反哺"绿水青山"，走出了一条临港工业地区的特色生态治理道路，实现经济、生态的双向增益。基于OBE模式，本书整合高中地理学生培养目标和教材中与绿色发展主题有关的内容，以"宁波北仑，向'绿'蜕变"为主线，选取该区域生态文明建设相关案例，依据地方性、典型性和时代性特色，设计绿色发展理念培养下的工业篇、生态篇、文旅篇三大主题式情境教学模块（表5.13）。

---

① 刘伟苹，周维国，周雪忠．大概念指引下的"地形"主题教学实践探索[J].地理教育，2022(3):27-32.

表 5.13 “宁波北仑,向‘绿’蜕变”教学目标和教学内容

| 专题名称 | 相关课标 | 教学目标 | 教学内容中绿色发展理念的落实 |
|---|---|---|---|
| 工业篇:科技变革引领双碳风尚 | 必修二.5:结合实例,说明工业的区位因素。<br>选择性必修3.1:结合实例,说明自然资源的数量、质量、空间分布与人类活动的关系 | • 区域认知:观察地图,说出北仑区的矿产、能源资源分布;结合材料,了解北仑区的工业发展进程。<br>• 综合思维:结合案例,分析工业区位因素;理解工业生产对区域环境的影响。<br>• 地理实践力:通过实地考察,了解企业节能减排、低碳循环、能源转型等情况,针对绿色工业现状进行小组汇报。<br>• 人地协调观:通过案例,了解工业绿色发展实施路径,增强环境保护的意识,树立因地制宜、可持续发展的观念 | • 结合资料,多维度分析北仑区传统重工业(采矿、石化、钢铁、制造等)的发展优势;通过查阅资料和访谈居民,了解重工业发展造成的环境问题和生态破坏,认识到经济与环境要协调发展。<br>• 实地考察,调研大榭工业园区以“企业小循环”“产业中循环”“区域大循环”为核心的循环经济,了解其运转机制、环境效益,并以小组为单位进行调研成果展示,讨论日常生活中该如何践行低碳循环原则。<br>• 综合分析当地风力、光伏、氢能等新能源发展的有利条件;参观相关产业,了解发展状况,思考这些产业对能源转型的重要意义;查阅资料了解其他成功案例,通过扮演企业、政府、用户等多个角色,从多角度提出可行性建议,增强社会主人翁意识 |
| 生态篇:凝聚合力打造蓝色海湾 | 选择性必修2.6:以某生态脆弱区为例,说明该类地区存在的环境与发展问题,以及综合治理措施。<br>选修4.2:运用资料,说明主要的环境修复原理 | • 区域认知:结合材料,说出梅山湾的自然地理特征、存在的环境问题;了解海湾修复技术。<br>• 综合思维:运用材料,多角度分析梅山湾生态脆弱的原因;探究环境综合治理对经济、社会、生态的影响。<br>• 地理实践力:制作生态瓶,搭建湿地生态系统,了解地理各要素之间的关系,认识湿地保护的重要性。<br>• 人地协调观:通过案例学习,认清自然与人类活动的关系,形成人与自然是生命共同体的观念 | • 结合资料并实地考察,了解梅山湾的生态环境特点,多维度分析其形成原因。<br>• 查阅资料,了解梅山湾生态综合整治措施(水道工程、生物治理互花米草、生态浮床、水系生态治理、数字化环境管理监测等)、工作原理及其对环境的影响,认识人类对环境的能动作用;结合身边真实案例,讨论环境治理成效,并分享感悟,提高环境保护意识。<br>• 参观梅山湾沙滩公园、湿地公园,了解蓝色海湾建设带来的经济、社会、生态效益;通过制作生态瓶,认识到自然界是一个相互影响的有机整体,从而坚持人与自然和谐共生 |

续表

| 专题名称 | 相关课标 | 教学目标 | 教学内容中绿色发展理念的落实 |
| --- | --- | --- | --- |
| 文旅篇：产业融合筑梦富裕道路 | 选修5.2：举例说明某种旅游资源的成因和价值；<br>选修5.6：结合实例，分析旅游业对区域经济、社会、文化发展的带动作用；<br>选修5.7：举例说明旅游开发过程中的环境保护措施 | • 区域认知：参观展馆，了解北仑的生态文明建设成果以及存在的问题。<br>• 综合思维：结合案例，综合分析地区旅游资源的形成原因；多维度评价旅游产业对区域的影响。<br>• 地理实践力：通过社会调查、实地考察，了解地区旅游发展现状，撰写开发潜力评估报告。<br>• 人地协调观：通过实地考察，深入理解体会“绿水青山就是金山银山”的内涵 | • 设计实践路线：宁波生态文明教育馆—三山村—九峰山风景区—宁波国际赛道—梅山湾万博鱼度假区。<br>• 具体实践内容：①走进宁波生态文明教育馆，体验低碳环保互动、参观智慧环保监管中心等，感知当地生态建设历程；②了解三山村的“农＋文＋旅”融合现状，深入现代农业园、农事课堂、民俗活动、生态旅游等项目，探索其发展共性以及对乡村振兴的带动作用；③探寻九峰山风景区的自然风光、人文底蕴，认识景区生物多样性，为景区的可持续发展建言献策；④通过查阅资料和采访居民，了解宁波国际赛道（原为矿山）的“前世今生”及其对地区服务业的带动作用；⑤感受梅山湾体育、旅游、教育一体化的融合发展模式，对比梅山湾过去情况，理解产业融合对区域发展的影响，并探讨产业融合中如何体现绿色发展理念。<br>• 展示实践成果：①根据实践内容，撰写旅游资源评估报告；②结合自身感悟，以绿色环保为主题，通过设计旅游产品、制作宣传标语、绘制旅游手册、创作歌曲等形式打响北仑旅游名片 |

### （二）教学设计与实施——以专题“生态篇：凝聚合力打造蓝色海湾”为例

#### 1. 教学设计

本专题预设的学习成果如下：①地理知识，即选择性必修2.6、选修4.2的课程标准内容；②地理学科四大核心素养；③未来必备能力，即学生逐步形成自主学习、合作探究、动手操作等能力。因此，本书以梅山湾的发展为例，构建基于OBE理念的情境教学模式（图5.12），通过剧幕的形式展开具体教学活动（表5.14）。

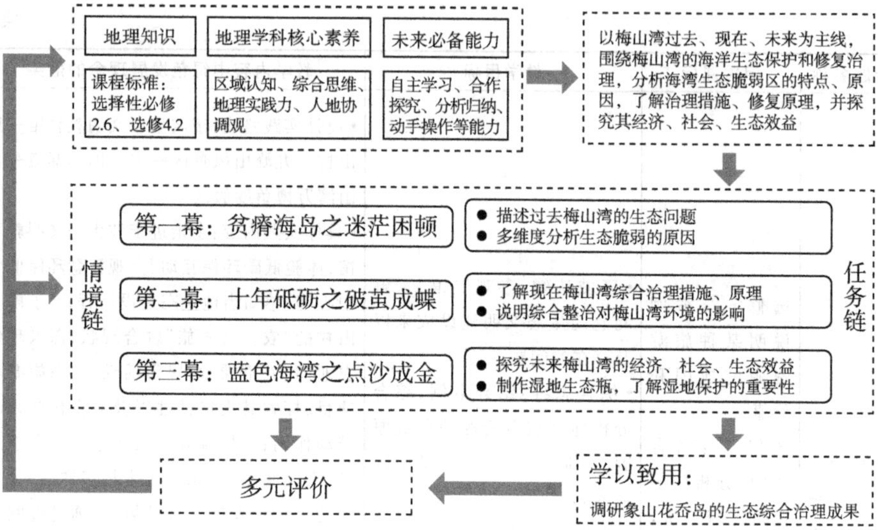


图5.12 “生态篇：凝聚合力打造蓝色海湾”具体教学模式

表5.14 基于OBE理念的“生态篇：凝聚合力打造蓝色海湾”教学设计

| 教学环节 | 教师活动 | 学生活动 | 设计意图 |
|---|---|---|---|
| 情境导入 | 播放梅山湾航拍视频 | 观看视频，感受梅山湾“水清、岸绿、波宁、潮平”的壮丽景观 | 利用视频，让学生整体感知梅山湾良好的生态环境，提高学生学习兴趣，为教学开展埋下伏笔 |
| 第一幕：贫瘠海岛之迷茫困顿 | 提供梅山湾地图、历史图片、居民口述、新闻报道、纪录片等材料，介绍梅山湾的区域位置、自然地理特征，并聚焦梅山湾的生态环境基本情况。<br>困顿一：海水浑浊、海床淤积；<br>困顿二：风暴潮、海水倒灌、盐田、荒滩遍布；<br>困顿三：赤潮泛滥、互花米草肆虐 | 根据所给材料进行实地考察，描述梅山湾的生态特点，小组探讨分析梅山湾生态问题的形成原因（自然、人为因素） | ①结合图文材料，加深学生对梅山湾的认识，培养区域认知。<br>②通过自学和小组讨论的形式，探究梅山湾生态问题的成因，培养学生的自主学习能力、合作探究能力以及分析归纳能力，提升综合思维能力 |

续表

| 教学环节 | 教师活动 | 学生活动 | 设计意图 |
|---|---|---|---|
| 第二幕：十年砥砺之破茧成蝶 | ①展示水道工程建设前后对比图、工作原理视频及其带来的影响。<br>②呈现生物治理互花米草、水系生态治理、生态浮床等原理材料，介绍治理后水域的变化。<br>③说明数字化环境管理监测在环境治理中发挥的重要作用 | ①综合分析，认识水道工程在提升湾内水质、防潮防洪、渔业避风、疏港交通等方面的作用。<br>②归纳整理海湾水体富营养化的治理措施及其对水域的净化作用。<br>③了解数字技术赋能生态环境治理的创新实践，体会数字化生态文明建设。<br>④聚焦身边真实案例，分享有关环境治理的感悟 | ①结合材料，了解海湾的主要修复技术原理，培养学生的概括总结能力。<br>②通过案例学习，增强海湾环境保护的意识，认识人类对环境的能动作用，培养人地协调观 |
| 第三幕：蓝色海湾之点沙成金 | ①展示以下材料：<br>材料一：梅山湾沙滩公园景观图及其撬动地方产业发展相关数据；<br>材料二：承办体育赛事新闻、青少年研学活动、有关社会评价；<br>材料三：梅山湾湿地公园治理前后对比图、生物多样性数据等。<br>②准备生态瓶制作工具：玻璃瓶、凡士林、瓶塞、镊子、水草、小鱼、螺、鱼虫、淤泥、沙子、河水等，并指导学生完成湿地生态瓶制作 | ①根据所给材料进行实地考察，小组探究梅山湾带来的经济、社会、生态效益。<br>②小组为单位，在教师的指导下，搭建湿地生态系统，感受生态系统中各要素的相互联系、相互作用，并在课后进行观察记录瓶内现象 | ①结合图文材料，了解梅山湾目前的发展现状，形成因地制宜发展意识，落实人地协调观。<br>②通过建立湿地生态系统模型，了解湿地生态系统的稳定性，提高湿地保护的意识，有效培养学生的创新思维，提高动手操作能力，增强地理实践力 |
| 学以致用 | 提供象山花岙岛生态综合治理案例，指导学生完成调研报告 | 以查阅资料、实地考察、访谈等形式，了解象山花岙岛的生态问题、成因及其综合治理措施，形成调研报告 | 通过调研，了解生活中的地理，培养地理实践力，同时提高学生的知识迁移与应用能力，更好地理解并内化所学知识 |
| 多元评价 | 引导学生总结主要收获，了解教学效果，并对学生进行有效点评 | 反馈课程学习情况，并以合作小组为单位进行自评和他评 | ①实现知识的系统化，建立新旧知识之间的整体性联系。<br>②通过评价结果，学生持续改进学习方法，教师持续改进教学方法，实现教学设计的持续改进 |

### 2. 教学实施过程

教学环节始终坚持以学生为中心，第一幕中侧重培养学生掌握区域认知、综合思维的一般方法以及自主学习、合作探究、分析归纳的能力。运用视频、图文等材料，学生感知梅山湾的自然地理特征，并聚焦梅山湾过去存在的生态环境问题和成因，渗透尊重、顺应、保护自然的观念。师生针对某一生态问题共同分析描述，以作示范。最后学生通过自学和小组合作进行知识能力的迁移，分析凝练区域其他生态问题并进行成果汇报。教师从汇报成果中了解学生存在的问题，指导学生学会提取有用信息，厘清分析思路。

第二幕中侧重培养学生的人地协调观和材料概括能力。通过视频、图文等材料，学生基于已有的信息提取能力，独立探究梅山湾近年来的综合治理措施及其工作原理和影响，并分享身边环境质量改善的案例，认识环境保护的重要性，形成绿色生活方式。教师针对学生看待问题片面化等不足，在教学中着重引导学生重视地理整体性联系，同时可适当加入跨学科内容丰富教学资源，进一步拓宽学生视野。

第三幕中侧重培养学生的人地协调观、地理实践力以及动手操作、创新能力。利用视频、图文等材料，学生基于已有的分析归纳能力，评价未来梅山湾经济、社会、生态协调发展的意义，树立因地制宜发展的意识，倡导绿色价值取向。此外还设计“地理＋生物”跨学科活动——制作湿地生态瓶，有效建立知识的横向联系。教师根据学生思维的局限性，在教学中引导学生多方面表达自己的观点，并在此基础上充分发散学生思维。

在学以致用环节侧重培养学生的地理实践力以及知识整合、迁移和应用能力。该环节设计课后实践活动，学生小组分工合作，完成象山花岙岛生态综合治理调研工作，并形成调研报告，以绿色思维方式深入理解生态文明建设成果。

在多元评价环节，对于主题式教学不仅要考评结果，更要重视过程，关注学生的思维逻辑和语言表达能力、小组合作能力等①。因此，本书立足教学过程和教学效果，以自评、他评、师评为主体，构建多元、动态的评价体系(表5.15)。学生在教师的指导下梳理知识体系，反馈和评价小组合作情况，发现学习过程中的问题，持续改进学习方法。教师通过分析数据，整体回顾反思教学中的不足，并优化和完善教学各环节，构建循环高效的课堂，达到“以评促改、以评促优”的效果。

---

① 刘佳佳，潘化兵，刘云．基于项目式学习的单元主题教学设计——以“发展战略与国家权益”为例[J]. 地理教育，2021(6)：16-24.

表 5.15 “生态篇:凝聚合力打造蓝色海湾”评价量表

| 评价项目 | | 评价标准 | 权重 | 评价主体 | | |
|---|---|---|---|---|---|---|
| | | | | 自评 | 他评 | 师评 |
| 教学过程 | 个人自学 | 能利用地图、文字等多种材料,完成课堂任务,具备自主学习、分析归纳能力 | 10% | | | |
| | 小组合作 | 资料收集整理高效、有针对性;小组成员分工明确,沟通良好,合作精神强,具有较好的团队协作、解决问题能力 | 20% | | | |
| | 知识迁移 | 能有效地将所学知识迁移应用到生活实际案例,并评析 | 10% | | | |
| | 实时反馈 | 能在教师的指导下认识到自身存在的问题,并积极改进 | 10% | | | |
| 教学效果 | 知识掌握 | 掌握海湾生态脆弱区的基本特征,能多角度分析总结成因,并总结解决类似问题的一般方法;能清晰、有条理地阐述主要的海湾环境修复原理 | 20% | | | |
| | 素养形成 | 认识人类与自然环境的相互影响,树立因地制宜发展的意识,形成人地协调观 | 10% | | | |
| | 实践成果 | 调研报告具有真实性、针对性、逻辑性,主题突出、层次分明,能综合分析象山花岙岛的生态变迁 | 20% | | | |
| 总分=自评×40%+他评×30%+师评×30% | | | | | | |

绿色发展融入地理教学是构建多层次绿色低碳理念育人体系、落实立德树人的重要途径。以地理核心素养为导向的OBE模式与主题式情境教学都强调以学生为中心,重视知识的迁移应用,利于培养高素质综合型人才,符合当下育人目标。本书结合绿色发展背景,选择生活案例,初步探讨了高中地理教学中如何有效融合OBE模式和主题式情境教学,为高中地理教育改革提供新思路,充分发挥课程育人功能,推动高质量绿色发展。但是,对于高中地理教学中如何更好地渗透绿色发展理念、如何加强OBE模式和主题式情境教学的深度融合以及如何提升评价的实用性等诸多问题,需要进一步探索与研究。

## 第四节 国家安全视域下融入“双碳”目标的高中地理大单元教学设计——以“环境安全与国家安全”为例

2022年4月，教育部明确指出要将绿色低碳理念纳入教育教学体系。在国家安全背景下，将“双碳”目标与地理教学进行有机融合具有重要意义。本书通过对人教版教材选择性必修3的解构与分析，挖掘其中“双碳”要素。基于此，结合SSI教学法构建“环境安全与国家安全”大单元教学体系，贯彻“一个低碳理念”、落实“五个低碳素养”，将“双碳”理念的教育渗透在地理教学中，以期为高中地理教学与“双碳”目标结合的实施提供借鉴。

全球气候变化所带来的安全问题已成为影响国家发展的重要因素之一。为推进节能减排，降低气候变化衍生的国家安全风险，我国提出了在2030年实现“碳达峰”、2060年实现“碳中和”的“双碳”目标。“双碳”目标的本质是“碳减排”和“碳增汇”，其所涉及的能源转型、绿色环保、气候变化等内容都与高中地理教学内容息息相关。由于地理学科的综合性，“双碳”目标的相关理论与实践知识在高中地理教学中的渗透具有得天独厚的优势。《普通高中地理课程标准(2017年版)》(以下简称“新课标”)选择性必修三《资源、环境与国家安全》中提出了“运用碳循环和温室效应原理，分析碳排放对环境的影响，说明碳减排国际合作的重要性”[①]的要求。因此，把高中地理教学与“双碳”目标进行有机融合，对培养学生低碳减排的绿色素养具有重要意义。

当前，有关高中地理和“双碳”目标相结合的教学探讨成果较少，低碳教育在中学地理教学中仍具滞后性[②]。这显然无法适应“双碳”时代下推进高中生“碳普惠”教育的迫切需求。随着“双碳”目标的逐步实现，许多社会性科学性议题将随之产生。社会性科学议题(Socio Scientific Issues)教学法可将现实生活中真实存在的、有争议的开放性议题融入地理教学，让学生更好地理解科技发展与环

① 中华人民共和国教育部.普通高中地理课程标准(2017年版)[S].北京：人民教育出版社，2018.

② 陈志坤.低碳教育在地理教学中的渗透[J].中学地理教学参考，2015，368(8)：66-67.

境保护、生活伦理等方面的辩证关系[①]，从而使"双碳"目标得到有效渗透。本书以人教版选择性必修三"环境安全与国家安全"为例，探索国家安全背景下"双碳"目标与高中地理的教学的有机融合，启发学生节能减排的绿色低碳意识，在潜移默化中提升学生的低碳素养。

## 一、国家安全背景下地理教材中蕴含的"双碳"要素分析

实现"双碳"目标是全球尺度的人地关系问题，需要能源生产端的脱碳、产业消费端的减排和生态固碳端的增汇[②]，这与低碳教育中的环境教育和资源教育不谋而合。高中地理作为资源、环境教育的重要载体，人地关系是其探讨的永恒主题。在国家安全背景下，"碳中和"行动通过重新定义和配置能源、资源、生态环境、贸易通道等一系列地理因素，形成新的国际合作与竞争，塑造了全新的地缘政治形态[③]。通过对"双碳"的内涵、目标及应对举措进行分析，发现在地理教学中"双碳"理念的渗透可从资源、环境及人地关系三方面的内容入手，深入挖掘高中地理教材中的"双碳"要素。

人教版教材中蕴含了许多亟待挖掘的"双碳"理念和低碳素养，如《地理1》中"地球的大气"、《地理2》中"环境与发展"、选择性必修一中"大气的运动"、选择性必修二中"资源、环境与区域发展"、选择性必修三中"资源安全与国家安全"、"环境安全与国家安全"等章节[④]。其中，选择性必修三"资源、环境与国家安全"教材内容涉及的环境教育与资源教育最为典型，与国家安全背景下的"双碳"人才培养要求一脉相承(图5.13)。学生通过学习我国在资源安全、环境安全上所采取的措施，树立环保意识，提升低碳素养，从而为助力国家实现"双碳"目标培养具有可持续发展意识的高素质复合型人才[⑤]。

---

① 梁蓉，钟全林．高中地理SSI教学探索——以人教版选择性必修3中的"环境污染与国家安全"为例[J]．中学地理教学参考，2022(18)：38-39，42．

② 丁仲礼．中国碳中和框架路线图研究[J]．中国工业和信息化，2021(8)：54-61．

③ 张锐，相均泳．"碳中和"与世界地缘政治重构[J]．社会科学文摘，2022(1)：13-15．

④ 牛禹杉，程煜，祁新华．高中地理教学中渗透"双碳"目标教育的影响因素——基于Logistic回归模型的分析[J]．地理教学，2022(15)：24-28，35．

⑤ 徐永新．以绿色教育为导向的地理科学专业建设探索[J]．绿色科技，2019(11)：274-276．

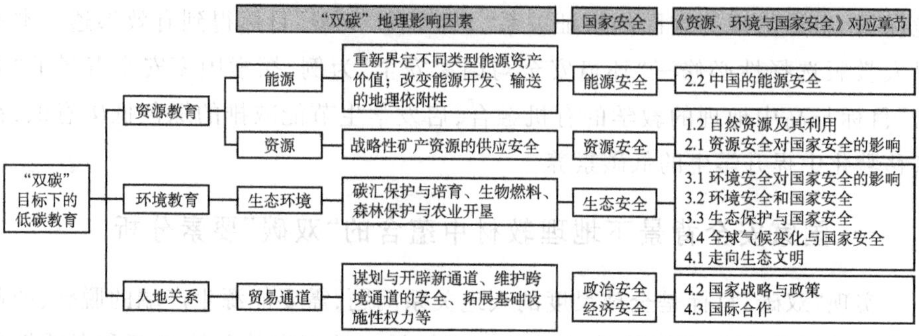


图 5.13　国家安全背景下"双碳"目标下的低碳教育与选择性必修三教材的对应关系

## 二、国家安全背景下地理教材中"双碳"目标要素的融入

以教材第三章"环境安全与国家安全"为例，挖掘教材内容中适宜渗透"双碳"目标的教学案例，可从知识、意识、技能、道德和行为五个方向出发，使得教学中"一个低碳理念"得到贯彻、学生的"五大低碳素养"得到培养[①]，探寻国家安全背景下地理教学渗透"双碳"理念教育的切入点（表 5.16）。

表 5.16　"环境保护与国家安全"中"双碳"目标要素的融入

| 章节 | 页码及主题 | 融入"双碳"要素 | 素养培养 |
| --- | --- | --- | --- |
| 3.1 环境安全对国家安全的影响 | 60 页<br>【活动】分析空气质量对不同人群身体健康的影响 | 结合"蓝天保卫战"，融入"双碳"行动为大气减污降碳提供的巨大动力，让学生理解实现"双碳"目标与改善空气质量是两个相互促进的过程，进而提高节能、减排的低碳意识 | 低碳知识<br>低碳意识 |
| 3.2 环境污染与国家安全 | 64～65 页<br>【案例】伦敦烟雾事件对居民生命健康的危害 | | |
| | 67～68 页<br>【案例】有毒物质对沿河国家水环境的污染和居民用水的影响 | 认识到水环境是减污降碳关键领域之一，水环境污染防治和水源保护是减污降碳的关键措施，进而培养学生"节水即治污、节水即降碳"的低碳行为 | 低碳行为<br>低碳技能 |
| | 69 页<br>【案例】我国禁止"洋垃圾"入境 | 了解我国对环境安全事件高度重视的态度，设立应对机构、相应法律法规等措施积极应对，进而增强环保意识，维护环境安全 | 低碳意识<br>低碳道德 |

① 张豆豆，罗娅，杨志远，等．低碳理念在高中地理生态课堂中的运用——以"低碳食品知多少"活动探究为例[J]．中学地理教学参考，2021，519(15)：53-55.

续表

| 章节 | 页码及主题 | 融入“双碳”要素 | 素养培养 |
| --- | --- | --- | --- |
| 3.3 生态保护与国家安全 | 75页<br>【活动】分析我国土壤侵蚀问题 | 拓展“土壤固碳”相关概念，了解土壤碳库的重要意义，结合所学知识，提出解决土壤侵蚀问题的建议，进而增强爱护土壤的低碳意识，提高保护土壤的低碳技能 | 低碳知识<br>低碳意识<br>低碳技能 |
| | 80页<br>【案例】丰林国家级自然保护区 | 科普我国生态系统“固碳制氧”等知识，让学生了解生态碳汇的重要性，增强热爱大自然等低碳意识 | 低碳知识<br>低碳意识 |
| 3.4 全球气候变化与国家安全 | 81~87页<br>【正文】<br>84页<br>【案例】图瓦卢“环境难民”<br>87页<br>【案例】气候变化的长效治理和应对措施<br>【活动】全球二氧化碳持续累积的趋势及其危害 | 运用碳循环、温室效应原理分析人为碳排放与全球气候变化的关系，了解全球变暖对自然环境服务功能和人类生存的危害，能够站在国际合作尺度上提出“碳减排、碳增汇”等减缓和适应措施抑制气候变化对国家安全的威胁，进而落实可持续发展观、全球治理观 | 低碳知识<br>低碳意识<br>低碳技能 |
| | 90页<br>【问题研究】是否应该发展核能 | 通过了解核能是清洁高效的能源，分析发展核能的利弊，探究能源转型对实现“双碳”的重要性。 | 低碳知识<br>低碳意识 |

## 三、国家安全背景下渗透“双碳”理念的大单元教学设计

### （一）融合国家安全，构建“双碳”理念教育体系

在高中地理教学中渗透“双碳”教育，让学生逐步树立生态文明观、可持续发展观、人类命运共同体等价值理念，理解个人、社会和国家在保护自然资源和环境中的责任与担当。从四大地理学科核心素养的培养中出发，实现与“五大低碳素养”的同频共振，从而落实“双碳”理念，培养“低碳”人才，形成融合国家安全案例的“双碳”理念教育体系（图5.14）。

### （二）融入议题教学，落实“双碳”理念素养培养

基于对“环境安全与国家安全”一章的框架解构，其知识内容及活动案例可覆盖全球变暖、环境污染、生态保护和能源转型等影响“双碳”行动的相关地理因素，涉及到了国家安全的多个层面。因此，在国家安全背景下，可在知识讲授中融入“双碳”相关社会性科学议题设计大单元教学，分析教学逻辑（图5.15），促进学生加深理解在当今国际合作中应如何通过“碳减排”、建立生态保护区等措施缓解由于环境、资源等问题造成的国家安全威胁，以提升学生的低碳素养。

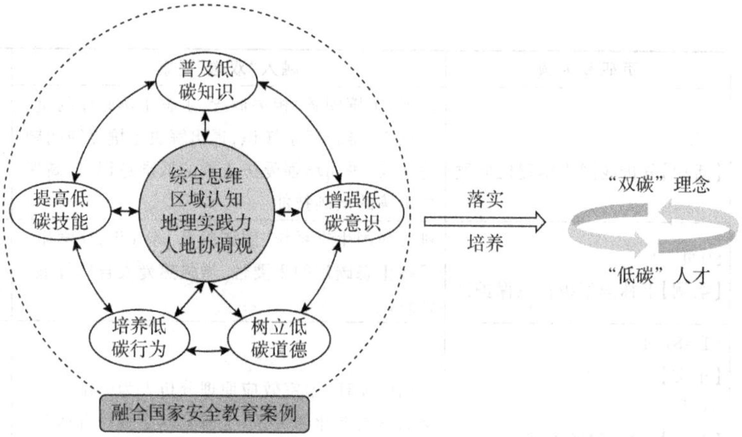


图5.14 融合国家安全教育案例的“双碳”理念教育体系

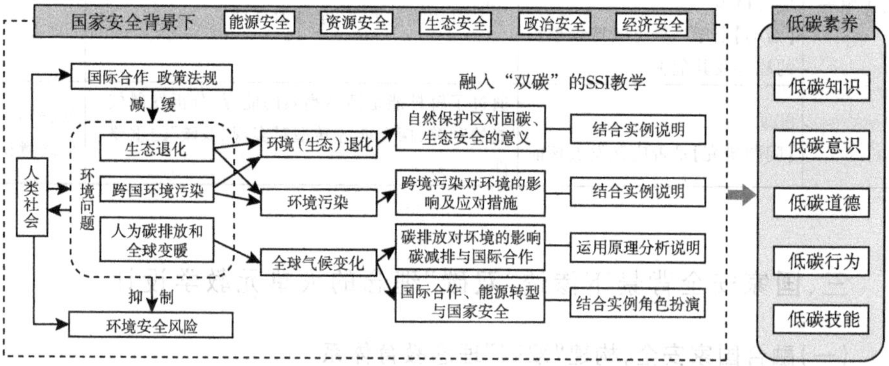


图5.15 “环境安全与国家安全”融入“双碳”议题教学的逻辑分析

### (三)聚焦时事热点,创新“双碳”理念教学设计

在“环境安全和国家安全”一章中,包含了环境安全、环境污染、生态保护及全球气候变暖与国家安全四小节的内容。本书运用SSI教学法,以“北溪天然气管道泄漏”案例为总议题,下设其衍生的全球气候变化、环境污染和能源转型三个子议题,采用辩论、角色扮演等方式融入教学,促使学生从不同视角探究议题,最终形成解决方案,渗透低碳理念,培养学生的地理核心素养。基于对教材知识内容的解构,构建了全球气候变化与国家安全、环境保护与国家安全和能源转型之“是否应该发展核能”三个课时内容的大单元教学体系(表5.17)。

表 5.17 “北溪天然气管道泄漏”议题式大单元教学设计

| 教学环节 | 教师活动 | 学生活动 | 设计意图 |
|---|---|---|---|
| 全球气候变化与国家安全(1课时) | | | |
| 情境导入 | 【总议题】2022年9月26日，由俄罗斯向欧洲输送天然气的“北溪-1”和“北溪-2”管道因不明原因产生泄漏。<br>【子议题一】此次泄漏导致约50万吨的甲烷气体被排入空中，成为史上最大温室气体排放案例。<br>【提问】“北溪”管道泄漏对气候变化的影响。<br>【导入】全球气候变化与人为碳排放 | 结合材料及所学知识，思考并回答问题 | 创设议题情境，利用社会热点话题进行课堂导入，激发学生的学习兴趣和讨论欲望 |
| 地球测温 | 【展示】碳循环、温室效应示意图。<br>【提问】什么是碳循环？什么是温室效应？人类活动如何影响？<br>【展示】全球气温和大气中二氧化碳浓度变化(1880—2016年)。<br>【提问】全球气温变化与二氧化碳浓度变化有什么共同之处？<br>【教师引导】碳循环和温室效应是两个彼此联系的自然过程，在自然状态下处于平衡和稳定。全球变暖与人类活动导致的温室气体浓度升高有关 | 结合所学知识，运用碳循环和温室效应原理分析人为碳排放与全球气候变化的关系 | 通过读图，培养学生对地理过程的理解能力，明晰气候变化与人类活动之间的关系 |
| 地球发烧 | 【展示】课本84页案例：图瓦卢举国搬迁；全球气候变暖对自然系统和人类社会影响的填空图。<br>【小组讨论】结合框架图，运用影响传递逻辑分析全球气候变暖的影响。<br>【教师引导】规范学生的表达，提供必要的术语与名词，帮助学生梳理逻辑框架 | 小组合作，将案例中的材料填入框架图中对应的位置。<br>运用影响传递逻辑分析全球气候变化对国家安全的影响 | 培养学生小组探究合作的能力，锻炼其应对真实问题的决策能力 |
| 地球降温 | 【展示】应对全球气候变化的国际合作：《联合国气候变化框架公约》《京都议定书》《巴黎协定》。<br>【提问】从全球尺度，碳减排中不同国家将要如何合作？<br>【任务】了解近年来中国为了实现碳排放目标实施了哪些举措？2030年和2060年分别要实现什么目标？①<br>【教师引导】引导学生践行公民生态环境行为规范，理解“碳减排面前，没有旁观者”，既需要全球合作，也需要人人参与，因为地球是所有人类的地球 | 小组讨论，结合材料与教材，认识应对气候变化的中国贡献 | 设置任务驱动，激发学生求知欲，使学生加深理解“国际合作、全球治理”的学科大观念 |

①全汝逸，乐淮辉．基于真实情境的大单元教学设计——以“环境安全与国家安全”为例[J].地理教学，2021(15):12-15.

续表

| 教学环节 | 教师活动 | 学生活动 | 设计意图 |
| --- | --- | --- | --- |
| 素养提升 | 【任务】为助力国家完成“双碳”目标、实现低碳经济，整理我们在日常生活中可采取的措施，制作成手抄报在班级宣传栏展览 | 查找、阅读资料，整理总结并汇报 | 促使学生全面认识低碳减排，培养低碳环保的生活习惯 |
| 环境保护与国家安全(1课时) | | | |
| 情境导入 | 【子议题二】“北溪-1”和“北溪-2”天然气管道的泄漏点位置均位于国际海域，使得当前海面上充满了甲烷，这意味着泄漏区域发生爆炸的风险也大幅增加。<br>【导入】水环境也是实现“双碳”目标减污降碳的关键领域之一，探究“北溪”泄漏污染物对该区域海洋生态环境及安全的影响 | 结合材料及所学知识，思考并回答问题 | 创设子议题情境连接上节课所学内容，利于学生知识建构 |
| 和睦邻里 | 【展示】课本第71页案例：松花江跨境污染事件的中俄合作应对。<br>【角色扮演】邻里合作，解决“跨境污染”。<br>“北溪”泄漏属于发生在国际海域的突发环境事件，结合课本案例，组织学生分角色扮演污染海域各个邻国的代表官员(如丹麦、瑞典等)，商讨处理污染物的跨境转移的对策，降低生态环境风险 | 结合材料，分角色扮演，基于了解我国对该事件的处理方式，立足全球尺度，提出解决措施 | 多角色扮演调动学生的积极性，培养学生多角度思考的综合思维能力 |
| 案例分析 | 【展示】课本第80页案例：利用生物固碳是实现“碳中和”最重要的生物措施。我国丰林国家级自然保护区的建设，大大改善了该区域固碳制氧、净化环境等环境服务能力。<br>【小组讨论】分析生态保护对实现“双碳”目标有何重要性？如何保障生态环境中的国家安全？ | 结合材料，小组成员合作交流并汇报，科学合理地提出战略、政策与行动 | 培养学生小组探究合作的能力 |
| 素养提升 | 总结环境污染问题，归纳自然保护区在保护自然环境服务功能的意义 | 查找、阅读资料，整理总结并汇报 | 学以致用，提升学生低碳素养 |
| 问题探究：能源转型之核能发展(1课时) | | | |
| 情境导入 | 【子议题三】“北溪”天然气管道是欧洲能源大动脉，在俄国与欧洲能源博弈中起关键作用。由于当前国际局势变化，俄方减少了对欧洲的天然气供应，导致欧洲能源危机加剧。<br>【展示】2022年夏，受罕见高温天气影响，欧洲多国陆续遭遇严重旱情，以水资源为基础的能源利用也遭遇困境，这将导致欧洲能源危机“雪上加霜”。<br>【提问】“北溪”泄漏如何影响世界能源格局和地缘政治？<br>【导入】课本第90页问题探究：是否应该发展核能 | 结合材料及所学知识，思考并回答问题 | 创设子议题情境，串联知识，引发学生讨论能源危机与能源转型问题 |

续表

| 教学环节 | 教师活动 | 学生活动 | 设计意图 |
|---|---|---|---|
| 角色扮演 | 【角色扮演】国际合作，解决“天然气荒”<br>【任务布置】组织学生分角色扮演天然气生产企业（如俄罗斯）、天然气消费企业（如欧洲），商讨修建天然气运输通道、解决欧洲供暖季天然气缺口的对策等问题 | 分角色扮演，基于全球尺度，提出应对能源危机进而保障国家安全的措施 | 通过角色扮演，锻炼学生的开放性思维 |
| 素养提升 | 【辩论比赛】是否应该发展核能。<br>【材料】党的二十大对实现“双碳”目标做了最新战略：实现“双碳”，前提是从化石能源转向新能源的能源体系转型。<br>【任务布置】课前针对发展核能的利弊分为正方与反方，安排分配好各小组及成员的角色，布置辩论任务，课上开展辩论赛 | 课前收集、分析资料准备辩论赛，针对发展核能的利弊进行辩论，增进对能源转型的认识 | 锻炼学生批判性思维，认识能源转型对实现“双碳”目标的重要性，落实低碳素养的培养 |

我们以贯彻“一个绿色理念”、落实“五个绿色素养”为目标，采用SSI教学法构建了“环境安全与国家安全”的大单元教学体系，为国家安全背景下“双含”理念在地理教学中的渗透提供了借鉴。随着时代的发展，“双碳”目标所包含的低碳教育内涵也在不断丰富，地理教育模式与培养理念应结合时代的要求做出相应的调整，将低碳教育与中学地理教育有机融合，从而全面增强学生的低碳意识，培养适应国家绿色发展战略的高素质人才，服务“双碳”目标的实现。

## 第五节　深度学习理论指导下的高中地理混合式学习模式设计——以人教版“乡村和城镇空间结构”为例

新时代、新发展、新变革、新要求，地理教学应冲破传统的藩篱，为培养学生的核心素养提供更好的模式。本书在概述深度学习理论和混合式学习模式的基础上，以人教版“乡村和城镇空间结构”一节为例，结合乡土化的教学资源，从确定教学目标、设计混合式教学过程、创新评价方式等方面探讨了深度学习理论指导下的混合式学习模式，为进一步优化高中地理教学提供参考。

地理学是一门强调时空关系、综合考虑人类生存生活与自然环境相互关系的一门学科，在现代学科体系中占有重要地位。随着新时代信息化的发展，地理学应与时俱进，开拓改革创新的新局面；高中地理教育也应随之发生改变，突出培育学生的学科核心素养[①]。深度学习理论指导下的混合式学习模式作为有效途径,在培育学生核心素养的过程中发挥重要作用;深度学习理论契合了知识信息时代培养学生的目标,混合式学习模式为深度学习提供了思路和方法。

深度学习理论是指学习者能动地批判性思考新知识并将其与原有知识进行整合,寻求意义与知识的链接,形成对学习内容的理解,应用所学来解决复杂的问题,完成学习迁移,最终能以改造自身的方式内化为知识的一种学习理论[②③]。它涵盖了三个特征:①主体性学习,学习者本身能够调控学习;②交互性学习,学习过程中的交流不是各自独白,而是彼此间相互倾听;③探究性学习,学习者学习的意义是将所学知识进行功能性应用与探究,更好同客观世界、他人和自己对话。混合式学习模式形式上是传统的面对面学习与数字化学习相结合,利用现代化的信息技术进行知识体系构建,将课程目标、学习资源、学习任务、巩固反思任务等在线上端发布,学生在线上进行先知及拓展迁移学习,针对疑惑和问题教师线下加以整合和引导,解决问题,多种因素共同作用促进学习者的深度学习,完成知识的建构、迁移和创造[④](图5.16)。本书基于深度学习理论和混合式学习模式的分析,选取了学生有一定知识基础、与生活联系紧密的"乡村和城镇空间结构"一节为例,探讨了深度学习理论指导下的高中地理混合式学习模式在实践中的运用。

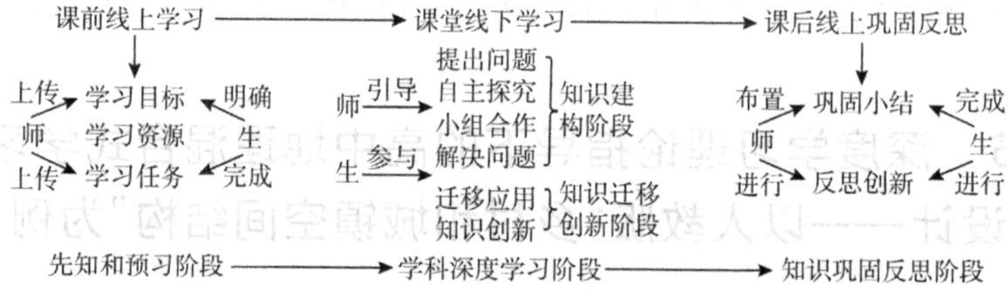


**图5.16 深度学习理论指导下的混合式学习模式流程**

---

① 余文森.从"双基"到三维目标再到核心素养——改革开放40年我国课程教学改革的三个阶段[J].课程·教材·教法,2019,39(9):40-47.

② Loyens S M M, Gijbels D, Coertjens L, et al. Students' approaches to learning in problem-based learning: Taking into account professional behavior in the tutorial groups, self-study time and different assessment aspects[J].Studies in Educational Evaluation, 2013, 39(1):23-32.

③ 郭华.深度学习及其意义[J].课程·教材·教法,2016,36(11):25-32.

④ 张雪,张清.中学地理混合式学习必要性及实施策略探讨[J].中学地理教学参考,2018(18):24-25.

## 一、基于深度学习理论指导下的混合式学习模式——确定教学目标

高中地理人教版必修二中“乡村和城镇空间结构”一节的课标要求为“结合实例，解释城镇和乡村内部空间结构，说明合理利用城乡空间的意义”[①]。本条标准关注的主体是城乡内部空间结构，行为动词是解释、说明，对学生要求较高。教材省去学生在义务阶段已学过的聚落知识，按聚落发展历史先讲乡村再讲城镇，通过各种土地利用方式在空间上的布局表征城乡内部空间结构，由简入繁，符合学生的认知规律，有利于充分调动学生的积极性，开展主体性学习、交互性学习、探究性学习，培养学生的深度学习能力。行为产生的条件是结合实例，这就要求学习过程中运用合适的案例，帮助学生解释说明所学知识；混合式学习模式利用现代化的信息技术提供适宜的学习案例，学生结合案例解释城乡内部空间结构，迁移应用所学知识说明合理利用城乡空间的意义，完成深度学习的目标。

依据课程标准要求，立足于深度学习理论指导下的混合式学习模式，确定了“乡村和城镇空间结构”一节的教学目标。①区域认知目标，结合线上区域资料，开展线下探究性学习，说明城乡不同土地利用方式在空间上的分布及变化。②综合思维目标，在线上线下学习中，能够解读案例和资料，从自然和人文因素综合分析城乡内部空间结构的形成与变化。③人地协调观目标，解读线上和线下呈现的案例，分析案例在城乡内部空间结构上存在的问题，从人地协调角度提出问题的解决措施。④地理实践力目标，在线上调查本地区情况，运用所学知识分析本地区城乡内部空间结构的布局及影响因素，并给出合理的规划建议。

## 二、基于深度学习理论指导下的混合式学习模式——设计教学过程

### （一）课前线上学习，知识储备形成

教师通过线上教学平台从教师端向学生端发放学习目标、教学资源、学习任务单（表5.18），学生明确目标并在规定时间内按要求完成学习任务单并回传给老师，老师给予批注。

---

① 中华人民共和国教育部．普通高中地理课程标准（2017年版2020年修订）[M]．北京：人民教育出版社，2020.

借助在线教学平台，学生利用教学资源进行自主化学习，完成线上学习任务单，认识城乡内部土地利用方式，理清城乡不同土地利用方式在空间上的布局，对即将要学的新知识建立起基本的思维框架和知识结构，激发了自身的学习动机，进行主体探究式学习，为深度学习做铺垫。

表 5.18 课前线上学习任务单

| | |
|---|---|
| 任务一 | 观看视频《诸葛八卦村》、阅读诸葛村平面图，完成问题：<br>①该村的生产活动有哪些？<br>②该村的土地利用方式有哪些？（土地利用方式即土地用途）<br>③找出这些土地利用方式在空间上的分布 |
| 任务二 | 阅读分析宁波市城市用地规划图，完成问题：<br>①图中的土地利用方式有哪些？<br>②找出这些土地利用方式在空间上分布在哪里，有什么分布特点 |
| 任务三 | 小法官断案，有这样一个对话，甲说："我正在宁波市福明附近的一个工厂码零件呢。"乙说："你说的不可能，我现在也在福明附近，这里根本没有厂房，我正坐在办公室里喝茶呢。"请同学们通过搜集资料判断真假，并说明理由 |

### （二）课堂线下学习，知识建构迁移

教师展示景观图片，唤起学生已有知识的记忆，让学生说出城乡从事的主要生产活动类型，为后面学习城乡的土地利用方式和城乡内部空间结构打基础，有利于学生将新旧知识进行有效联结和整合，深度理解所学的新知识（表 5.19）。

表 5.19 初遇城乡教学过程

| 教学程序 | 教师活动 | 学生活动 |
|---|---|---|
| 初遇城乡 | 教师展示两张景观图片：一张为乡村、一张为城镇，引导学生找出景观的显著特征，思考这些特征与之前所学的城乡概念有什么联系 | 学生读图，说出景观的显著特征、特征与城乡概念的联系，得出城乡从事的主要生产活动类型 |

课前线上学习与课堂学习进行连接，学生认识乡村内部空间结构，解决线上任务一的问题疑惑，将实际的案例与知识相联系，有一个从实践到理论的提升；教师设计由浅入深的问题，引导学生自主对教材内容与案例情境进行分析，解释所学的新知识，强化学生的深度学习意识（表 5.20）。

**表 5.20　深识乡村教学过程**

| 教学程序 | 教师活动 | 学生活动 |
| --- | --- | --- |
| 深识城乡 | 深识乡村：请同学们回顾课前学习任务单的任务一，结合教材 24—25 页的内容分析问题：乡村的土地利用方式有哪些？它们与乡村生产活动有什么联系，在空间上如何分布？这种布局是乡村内部空间结构吗？课前线上任务一中的诸葛村内部空间结构是怎么样的？ | 阅读教材内容，分析任务一，回答问题，解释乡村内部空间结构 |

课前线上学习任务与课堂线下学习内容进行联接，开展混合式学习，增强学生学习兴趣，激发学生学习动机，通过自主探究、合作学习的方式解释城镇内部空间结构的形成与变化；师生、生生间进行交互式学习，实现思维的碰撞，对影响城镇内部空间结构形成的因素深度探究，达到更透彻的理解（表 5.21）。

**表 5.21　深识城镇教学过程**

<table>
<tr><th>教学程序</th><th>教师活动</th><th>学生活动</th></tr>
<tr><td rowspan="2">深识城乡</td><td>深识城镇：<br>[探究一]请同学们回顾任务二，阅读教材 25—26 页，完成下表，并说出任务二宁波市的城镇内部空间结构。<table><tr><td>城镇功能区的形成过程</td><td></td></tr><tr><td>城镇功能区的类型</td><td></td></tr><tr><td>城镇主要功能区的布局和特点</td><td></td></tr><tr><td>城镇内部空间结构的概念</td><td></td></tr></table></td><td>学生阅读教材，分析任务二，自主完成表格中的内容，回答问题，解释城镇内部空间结构。</td></tr>
<tr><td>[探究二]请同学们回顾任务三，结合教材第 28 页的内容和自己搜集到的资料，小组讨论每个成员的判断和理由阐述是否恰当？思考影响城镇内部空间结构形成和变化的因素有哪些？哪一个因素是最主要的，它是如何影响的？</td><td>学生结合教材内容和资料进行小组讨论，组员间对各自的判断加以校正，阐明理由；说出影响城镇内部空间结构形成与变化的因素和主要因素</td></tr>
</table>

在学生已学知识上嫁接新的具有关联性的案例情境，迁移应用知识，提高学生在案例情境中融会贯通、解决问题的能力，加深对城乡内部空间结构的理解和掌握，实现学生在解决问题过程中的思维情感提升，达到深度学习的目的（表 5.22）。

表 5.22　优化城乡教学过程

| 教学程序 | 教师活动 | 学生活动 |
|---|---|---|
| 优化城乡 | 优化意义：请同学们结合所学的城乡空间结构和教材第29页的内容，思考合理利用城乡空间的意义。 | 学生提取信息回答问题。 |
| | 优化案例：结合教材巴西利亚城市功能分区的案例材料，分析巴西利亚城镇内部空间结构的优势与不足；针对不足，提出解决措施 | 学生阅读案例材料，结合本节课所学的内容分析利弊，提出解决措施 |

## （三）课后线上巩固反思，知识创新巩固

在线上，学生基于旧知识和所学的新知识完成任务单（表 5.23），对知识进行批判性地理解、探究性地精细加工，巩固、内化为自己的理解，创新知识，为合理规划城乡内部空间结构建言献策，协调人地关系。

表 5.23　创新知识任务单

| | |
|---|---|
| 巩固知识 | 对本节课所学内容小结 |
| 创新知识 | 若你是宁波市市长，要把宁波打造为国际化的港口城市，你该如何进行宁波市的城乡空间结构布局？请搜集相关资料，据此话题写一篇地理小论文 |

# 三、基于深度学习理论指导下的混合式学习模式——创新评价方式

深度学习理论指导下的混合式学习模式着眼于学生在不同学习方式中的自我调控、学生的主体探究性学习能力和学生的迁移应用能力。因此，其评价应凸显量质结合、多视角、过程性、科学性、多样化、可视化等原则。量质结合评价包括量化评价和质性评价，将学生的学习能力进行量化和质化；多视角评价包括线上线下的过程性评价和结果性评价，使学生在两种不同学习方式中的表现与收获有一个较全面的反馈；科学性评价关注学生的深度学习目标达成与否，用量化和质性相结合的方式加以衡量；多样化评价提倡学生自评、小组同伴测评、教师评价等多种评价形式，充分发挥评价促进学生改进与发展的作用；可视化评价用权重分和文本加以呈现。根据以上原则设计的具体评价方案如表 5.24 所示。

**表5.24　学习评价方案**

<table>
<tr><td colspan="5">量化评价(65%)</td></tr>
<tr><td>学习方式</td><td>权重</td><td>考核内容</td><td>成绩比例</td><td>考核方式</td></tr>
<tr><td rowspan="3">线上学习</td><td rowspan="3">35%</td><td>课前任务完成度</td><td>10%</td><td>给出1～10的评分</td></tr>
<tr><td>课后知识创新度</td><td>15%</td><td>给出1～15的评分</td></tr>
<tr><td>个人自评</td><td>10%</td><td>给出1～10的评分</td></tr>
<tr><td rowspan="4">线下学习</td><td rowspan="4">30%</td><td>课堂问题回答</td><td>10%</td><td>给出1～10的评分</td></tr>
<tr><td>个人自评</td><td>5%</td><td>给出1～5的评分</td></tr>
<tr><td>小组测评</td><td>5%</td><td>给出1～5的评分</td></tr>
<tr><td>教师测评</td><td>10%</td><td>给出1～10的评分</td></tr>
<tr><td colspan="5">质性评价(35%)</td></tr>
<tr><td>学习方式</td><td>权重</td><td>考核内容</td><td colspan="2">考核方式</td></tr>
<tr><td>线上学习</td><td>20%</td><td>课程收获与反思</td><td colspan="2">提交文本材料</td></tr>
<tr><td>线下学习</td><td>15%</td><td>课堂表现与反思</td><td colspan="2">提交文本材料</td></tr>
</table>

本书以人教版“乡村和城镇空间结构”为例，探讨了深度学习理论指导下的混合式学习教学设计。从前期分析、确定教学目标、教学实施、评价方式等方面构建教学模式，以期适应信息时代和新课改的发展。师生在教学过程中，将线上与线下相结合，通过学生的个性化学习、合作探究解决问题，并将所学知识与原有知识整合，迁移应用于实际生活中，培养学生的地理学科核心素养，完成深度学习的目标。

但是，深度学习理论指导下的混合式学习模式在实际实践中还存在若干优化项。在该模式中，师生往往更多关注混合式学习开展、忽略深度学习能力的培养。在这种情况下，教师应进行有意义引导，学生应积极查阅资料、主动探究课程的学习任务和内容，否则将流于形式，不能达到深度学习的目的。另外，该模式多适用于时空尺度较小、有一定知识背景的学习内容，学生对这类知识容易精细加工和迁移创造。因此，教师在实施该模式教学时应做好前期准备分析，基于课标要求、学习内容、学情等，选择合适的章节实施深度学习理论指导下的混合式学习模式，提高学生的自主探究能力，培养学生的深度学习意识，以期适应信息化社会的发展。

# 第六节 融合学科核心素养和思政教育的初中地理教学设计——以湘教版“贵州省的环境保护与资源利用”为例

思政教育融入各科教学是当下教育改革的重要趋势，对培养全面发展的高素质综合型人才具有重要意义。初中地理课程具有综合性、实践性和生活性等特点，可与思政教育高度融合，培养学生的家国情怀、全球视野等。本研究梳理了湘教版初中地理教材中与思政教育联系密切的章节内容，并以“贵州省的环境保护与资源利用”为例，构建以地理学科素养和思政教育为中心的“双边”教学目标，采用问题情境教学法对思政教育在初中地理教学中的高度融合进行探讨，以期为初中地理开展课程思政教学提供思路。

## 一、研究背景

在“立德树人”的时代背景下，随着课程改革的不断推进，思政教育的形式不断丰富和创新。习近平总书记指出，“要挖掘其他课程和教学方式中蕴含的思想政治教育资源，实现全员全程全方位育人”[①]，这为思政教育的开展明确方向，学科教学成为开展思政教育的重要依托和主阵地[②]，课程思政的地位日益凸显。地理学科兼具自然与人文属性，具有较强的综合性、实践性和生活性[③]，可与思政教育高度融合开展课程思政教学，学生基于真实情境分析、解决问题，外拓全球视野，内塑家国情怀。课程思政推动课堂教学实现立体化育人转型，对学生树立正确的世界观、人生观、价值观具有重要意义，为培养社会主义建设者和接班人提供保障。初中阶段是人生的“拔节孕穗期”，学生具有较强的求知欲和探索精神，思想品格的形成受外界影响较大，因此抓好课程思政至关重要。

课程思政是指以立德树人为根本任务，以课程为载体，将思想政治教育融入

---

① 吴晶，胡浩．习近平主持召开学校思想政治理论课教师座谈会强调 用新时代中国特色社会主义思想铸魂育人 贯彻党的教育方针落实立德树人根本任务 王沪宁出席[J]. 人民教育，2019(7)：6-8.

② 夏宇．课程思政在初中地理教学中的设计研究[D]. 西宁：青海师范大学，2022.

③ 中华人民共和国教育部．义务教育地理课程标准（2022年版）[M]. 北京：北京师范大学出版社，2022.

其中，形成协同育人效应，实现课程育人价值的教育实践活动[①]。《义务教育地理课程标准（2022年版）》正式将区域认知、综合思维、人地协调观、地理实践力四大学科核心素养切实融入初中地理课堂，集中体现了课程的育人价值。核心素养与课程思政在育人理念上高度契合，后者为前者提供了有效的实践化途径[②]，在教学过程中，以学科核心素养为导向，深入挖掘教材中的思政元素，以小切口、多角度、全方位拓宽课程思政渠道，推进思政教育润物无声地融入课堂，达到专业教学与价值引领的协同，实现显性教育和隐性教育的统一，增强育人合力，从而培养全面发展的高素质综合型人才[③]。

## 二、湘教版初中地理课程思政元素

初中地理教材蕴藏着丰富的思政元素，拥有开展思政教育的天然优势[④]。地理学科专业知识与思政内容的渗透和融合是开展地理课程思政的重要环节[⑤]，根据《高等院校课程思政建设指导纲要》和初中地理课程培养目标，课程思政元素可划分为政治认同、家国情怀、全球视野、文化理解、科学精神五个维度[⑥]。笔者又根据教材具体内容，将这五个维度进一步细化（图5.17）。基于此，本书梳理了湘教版初中地理教材中与思政教育联系密切的章节内容（表5.25）。

① 殷文韬，叶宇萍，陈山山．初中地理“课程思政”的探索与思考[J]．中学地理教学参考，2021(3)：20-23.

② 魏丹，邓长芳，王静爱．核心素养视域下高中地理课程思政研究——以人教版选择性必修3为例[J]．地理教育，2022(6)：74-78.

③ 李青子．中学地理融合思政教学的研究[D]．南京：南京师范大学，2021.

④ 高学通，李季瑶，黄日昌，等．基于核心素养的高中地理思政教育研究——以“水循环”为例[J]．科学咨询，2021(16)：112-113.

⑤ 林悦，王健，钱伟，等．“课程思政”理念与高中地理教学的融合[J]．中学地理教学参考，2021(3)：17-20.

⑥ 龚湘玲，许诺．义务教育地理课程渗透思政教育的课例赏析——以“世界的聚落”为例[J]．中学地理教学参考，2021(19)：53-56，61.

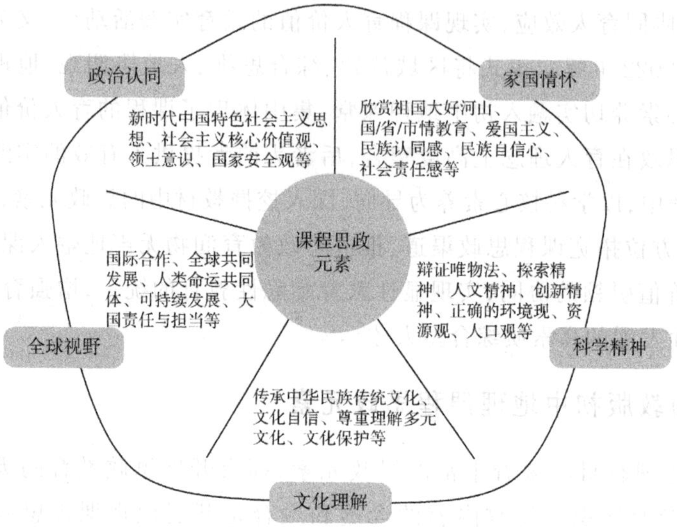


图5.17　初中地理课程思政元素

表5.25　湘教版初中地理教材中涉及的课程思政目标

| 思政维度 | 课程章节内容 | 思政细化目标 |
|---|---|---|
| 政治认同 | ①中国的疆域、行政区划。<br>②认识北京和港澳台 | ①认识中国辽阔的疆域、优越的地理位置，强化国家领土主权、国土安全意识。<br>②了解北京、港澳台的自然地理特点、历史文化传统及其在党的带领下取得的经济建设成就，坚定“四个自信”；认识台湾自古以来就是中国不可分割的领土 |
| 家国情怀 | ①中国的自然环境；中国的自然资源；中国的主要产业。<br>②四大地理区域；区域经济的联系与差异 | ①欣赏祖国大好山河的壮美，培养热爱祖国、热爱家乡的情感；了解自然资源特征，感受人类生产生活的多样性，认识合理利用资源的重要性，树立可持续发展理念。<br>②了解不同区域的自然和人文环境特点、经济和社会发展状况，形成因地制宜发展经济的意识，树立建设家乡、祖国的理想信念，增强社会责任感 |
| 全球视野 | ①发展中国家与发达国家；国际经济合作。<br>②认识大洲；了解地区；走进国家 | ①比较不同国家的发展水平，认识世界发展差异和全球合作的重要意义，形成人类命运共同体意识，担负起大国责任与担当。<br>②认识不同地区与国家的自然环境和人文环境，了解人类活动与地理环境的关系，学会用地理视角看待问题，树立人地协调观 |

续表

| 思政维度 | 课程章节内容 | 思政细化目标 |
|---|---|---|
| 文化理解 | ①世界人口、人种；世界语言与宗教。<br>②世界聚落；世界文化遗产的保护。<br>③中国的民族 | ①了解世界人口、人种、语言、宗教、习俗等特点，认识世界文化的丰富多彩，尊重、理解多元文化。<br>②比较城市与乡村的景观特征，认识世界各地的民居特色，尊重文化差异，了解世界各地文化遗产，增强对优秀文化的保护意识。<br>③了解中国各民族的分布特点和文化习俗，增强对中华传统文化的了解和认同，树立文化自信和中华民族共同体意识 |
| 科学精神 | ①地球形状的探索；地球运动；海陆变迁。<br>②区域的环境问题与发展 | ①了解人类认识地球形状、海陆变迁的过程，领悟科学家求真务实、勇于创新的探索精神，建立科学的宇宙观；认识地球运动对人类活动的影响，形成尊重自然、顺应自然的观念。<br>②认识我国的自然灾害和环境问题，提出合理的防治措施与建议，从发展的角度看待问题，树立科学的环境观 |

## 三、课程思政教学设计
## ——以“贵州省的环境保护与资源利用”为例

湘教版“贵州省的环境保护与资源利用”对应的课程标准是：运用地图和相关资料，说出某区域的地理位置和自然地理特征，说明自然条件对该区域经济社会发展的影响，认识因地制宜的重要性。笔者对该章节中课程思政元素进行梳理，构建地理学科素养和思政教育“双边”教学目标（图5.18）。

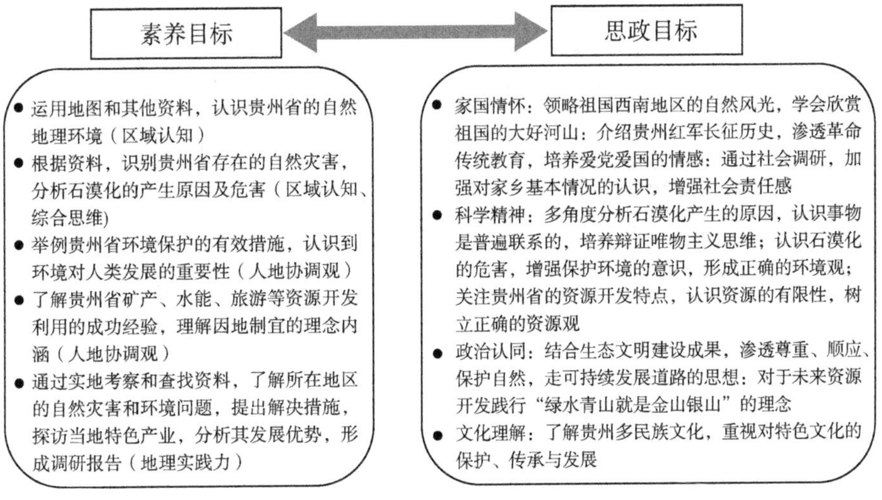


图5.18　“贵州省的环境保护与资源利用”“双边”教学目标

## (一)融合地理学科素养和思政教育的教学策略

本节内容以大国重器"天眼"为主线,选取"天眼"选址、建设、运行中的典型材料,创设多个问题情境,将政治认同、家国情怀、文化理解、科学精神的思政教育内容融入课堂。运用视频、景观图、文字等材料,通过个人探究和小组探究相结合的形式,让学生感知贵州的自然地理特征,加强区域认知,学会欣赏祖国的大好河山;引导学生思考分析贵州自然灾害和环境问题的成因和危害,锻炼辩证思维,并结合生态文明建设成果,探究生态治理措施,培养综合思维和人地协调观,意识到环境保护的重要性;引导学生了解贵州资源的多样性和开发利用的成功案例,认识资源的有限性,树立因地制宜发展经济的观念。最后设计课后实践活动,学生针对家乡的环境问题和发展前景开展调研,提升地理实践力,加强对家乡的认识,形成社会主人翁意识,厚植家国情怀。总体按照"情境导入—感知特征—探因明理—展望未来—拓展运用"环节展开,具体教学设计思路如图 5.19 所示。

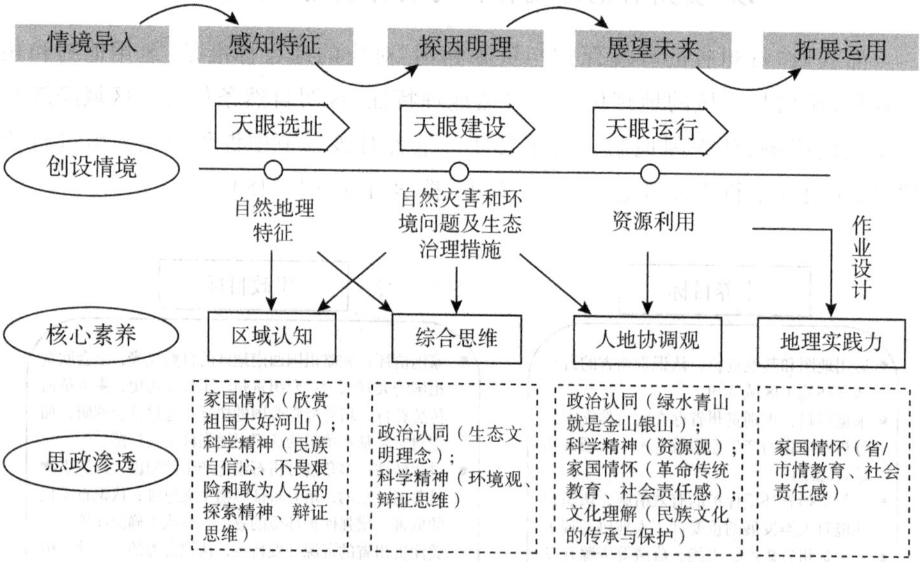


图 5.19 "贵州省的环境保护与资源利用"教学思路设计

### (二)“贵州省的环境保护与资源利用”的教学过程

教学过程如表5.26所示。

表5.26　教学过程设计表

| 教学环节 | 教师活动 | 学生活动 | 设计意图 |
| --- | --- | --- | --- |
| 情境导入 | ①播放贵州省宣传片。<br>②定位宣传片第一幕“天眼”，简要介绍大国重器天眼对世界的贡献以及“天眼之父”南仁东的事迹，带领学生走进天眼背后的故事进入课程内容 | ①观看视频感受贵州的自然景观和人文情怀。<br>②讨论如何理解南仁东身上的精神品质 | ①利用视频，让学生整体感知贵州地理环境，激发学习兴趣，同时提高对贵州的区域认知。<br>②通过宣传片，培养学生学会欣赏祖国大好河山，形成爱国的情感。<br>③以天眼为切入点，介绍我国的科技成就，提高学生的民族自信心；通过南仁东事迹，让学生感受科学家不畏艰险、敢为人先的探索精神 |
| 感知特征 | ①展示天眼选址的要求，创设问题情境1——为什么南仁东会把目光瞄向贵州？<br>②播放视频、展示不同类型景观图，简要介绍贵州喀斯特地貌类型。<br>③展示选址队员对贵州天气的口述，创设问题情境2——为什么夏天晒得皮肤黝黑，时常突发大雨？<br>④展示拍摄团队对生活用水的回忆，创设问题情境3——为什么贵州降水丰富但水资源短缺？ | ①结合地图，说出贵州的地理位置，并通过地形图，认识贵州的地形特征。<br>②了解喀斯特地貌的定义，欣赏地上、地下喀斯特地貌类型。<br>③结合气候图，认识贵州的气候特征，从地理学角度分析贵州气候宜人，寒暑适中的原因。<br>④综合分析，归纳整理：地形、气候等水文特征的影响 | ①通过图文材料，加深学生对贵州地理位置、地形、气候、水文特征的认识，强化区域认知能力。<br>②学生运用所学知识，分析气候成因以及地形、气候对水文特征的影响，加强知识间的整合，培养学生的综合分析、知识应用和迁移能力，逐步形成地理综合思维。<br>③通过视频和景观图，了解贵州的特殊地貌类型，增强学生对祖国大好河山的欣赏能力。<br>④分析水文特征时，构建“矛盾式”问题情境，有助于让学生学会从多角度思考并解决问题，培养辩证思维 |

续表

| 教学环节 | 教师活动 | 学生活动 | 设计意图 |
| --- | --- | --- | --- |
| 探因明理 | ①展示中国科学院研究员对建设过程的描述，创设问题情境4——为什么天眼建设伴随着大大小小的危险？并展示贵州近期灾害新闻。<br>②展示施工人员的口述，创设问题情境5——为什么满地都是石头？并展示相关图片、当地民谣和播放视频，介绍石漠化现象。<br>③指出生态保护是贵州的发展底色，创设问题情境6——如何进行贵州的生态治理和恢复？并介绍贵州省生态文明建设成果 | ①观察天眼建设过程的自然灾害图片（泥石流、崩塌、冰雹等），说出贵州的自然灾害，分类归纳贵州省的地质灾害和气象灾害。<br>②自主阅读，小组讨论，结合视频及课文内容，分析说明石漠化的产生原因和危害。<br>③结合课本内容，小组探究，归纳整理贵州的生态治理措施 | ①通过图片和新闻，增强学生对自然灾害的感性认识，增强区域认知能力。<br>②以个人自学、小组讨论的形式，探究石漠化的成因和危害，培养学生自学能力、归纳总结能力和团队协作能力，进而提升综合思维。<br>③学生了解贵州不同类型的生态治理措施，认识自然环境与人类活动的关系，逐步形成人地协调观。<br>④通过对石漠化危害的认识，增强学生保护环境的意识，形成正确的环境观。<br>⑤结合生态文明建设成果，渗透尊重、顺应、保护自然的观念，坚持走可持续发展道路 |
| 展望未来 | ①展示普通家电与天眼运行用电量表格数据对比，创设问题情境7——贵州的电从哪来？<br>②呈现贵州省logo图，并展示贵州不同类型的旅游资源，简要介绍贵州多民族文化、红军长征历史等内容。<br>③展示贵州GDP等有关数据，介绍近年来发展情况，激励学生树立远大理想，将个人前途与国家命运紧密相连，每个人都拥有无限“黔”力 | ①观察煤矿、水电站分布图，了解贵州省煤炭资源、水能资源开发成功案例。<br>②指出logo图中贵州的代表性景点，并列举贵州省旅游资源 | ①通过图文材料及教师归纳总结，让学生了解贵州资源的多样性和有限性，要合理开发资源，形成因地制宜发展经济的意识，落实人地协调观。<br>②介绍贵州资源的现状，形成正确的资源观，未来开发利用要坚持“绿水青山就是金山银山”的发展理念。<br>③以贵州省logo为切入点，介绍贵州省的旅游资源，加强学生对祖国的热爱，同时让学生重视对当地少数民族特色文化的保护、传承和发展。<br>④加强对学生的革命传统教育，做好红色基因传承，厚植爱党、爱国的情感。<br>⑤鼓励学生为祖国建设添砖加瓦，认识到“天下兴亡，匹夫有责”的意义，增强社会责任感 |

续表

| 教学环节 | 教师活动 | 学生活动 | 设计意图 |
|---|---|---|---|
| 拓展运用 | ①设计主题为“探生态保护之道，明产业发展之路”的地理实践活动 | ①通过查找资料、实地考察、设计问卷、访谈等各种形式，了解所在地区的自然灾害和环境问题，提出解决措施，探访当地特色产业，分析其发展优势，并给予相关建议，最后整理材料，形成一份社会调研报告 | ①通过调研的形式，让学生学会地理常用的研究方法，在真实生活中观察、认识地理环境，培养地理实践力。<br>②在实践中深入了解省情、市情，树立社会主人翁意识，强化社会责任感 |

思政教育融入地理教学是构建大中小一体化思政教育体系、形成“大思政”育人格局、实现“立德树人”目标的重要途径。核心素养和课程思政兼具育人价值，两者作为地理教学的重要抓手，能有效提升课堂育人实效。本书选择时政热点设计教学情境，将地理课程思政生活化，初步探讨了初中地理教学中如何将地理教学与核心素养、思政教育深度融合，但对于初中地理如何继续深挖思政元素融入课堂，如何提高思政教育的适切性以及如何有效评价等诸多问题，未来仍需积极探索和持续关注，初中地理课程思政发展之路任重道远。

## 第七节　本体—边缘教学规律视域下国家安全教育——以“中国耕地资源和粮食安全”为例

本体—边缘教学规律是探究教学本体要素与边缘要素之间客观存在的矛盾运动的教学规律，对地理教学有重要的指导意义。基于本体—边缘教学规律基本观点，结合俄乌战争背景，以人教版高中地理“中国耕地资源与粮食安全”为例，充分挖掘本节课所蕴含的教育系统、社会系统和生物系统各要素之间的必然联系，设计阶梯式问题教学案例，培养学生国家安全意识，为国家安全教育提供教学参考。

近年来，国际形势变幻莫测，其中俄乌战争的爆发引发了国际性粮食能源危机、政治经济危机等问题，我国的国家安全问题也面临着严峻的挑战。《普通高中地理课程标准（2017版2020年修订）》提出立德树人的根本目标，要求培养学生保护资源与环境、维护国家安全的意识①。2020年教育部印发《大中小学国家安全指导纲要》，提出中小学应将国家安全教育融入各学科专业教育教学，开展国家安全专题教育②。2022年，党的二十大报告提出建设现代化国家安全体系，必须加强粮食安全保障措施并推动国家安全发展。地理课程具有综合性、育人性价值特征，是国家安全教育的重要载体，肩负国家安全教育责任③。因此，在剖析本体]边缘教学规律的基础上，以"中国耕地资源和粮食安全"为案例进行教学设计，为国家安全教育提供教学参考，推动国家安全教育发展，培养学生国家安全意识，维护国家安全。

## 一、本体—边缘教学规律内涵与意义

本体—边缘教学规律最早是由何宝安提出的，该理论强调以教学规律为核心开展教学设计④。本体—边缘教学规律提出以下观点(图5.20)：①教育者、受教育者与教育媒介之间存在着矛盾运动与联系，即教育生产力；②教育者与受教育者、教育者之间、受教育者之间存在着矛盾运动与联系，即教育关系；③教育生产力与教育关系之间存在着矛盾运动与联系，即教育方式；④上一个教育过程与下一个教育过程之间存在矛盾运动与联系，即再教育规律。⑤教育规律不止作用于教育本身的某一方面，其与社会系统、生物系统都有着密切的联系。本体—边缘教学规律贯穿于教学系统、社会系统及生物系统，以更广阔的视域探讨教学设计所应遵循的价值导向。同时，本体—边缘教学规律将再教育规律纳入教学活动规律，进一步明确课堂教学对学生阶段性与长期性的正向引导，为终身教育理念提供新的思维导向。

本体—边缘教学规律对地理教学有重要的指导意义。目前，地理教学设计存在失衡问题④，即过度重视教育生产力、教育关系、教育方式对教学的影响，忽视再教育规律与边缘规律对教学的影响。然而，再教育规律与边缘规律在很大

① 中华人民共和国教育部.普通高中地理课程标准(2017年版2020年修订)[M].北京：人民教育出版社，2020.

② 中华人民共和国教育部.教育部关于印发《大中小学国家安全教育指导纲要》的通知[J].(2020-10-20)[2022-05-30].http://www.gov.cn/zhengce/zhengceku/2020-10/28/content_5555255.htm.

③ 张鹏韬.国家安全教育：地理学科的责任、课程响应及启示[J].地理教学，2022(14)：4-8，24.

④ 何宝安.关于教育规律的分类学研究[J].南京师大学报(社会科学版)，1994(4)：60-65.

程度上制约着教学效果，比如社会发展趋势影响教学目标的制定、再教育规律影响教学目标达成度等。因此，基于本体—边缘教学规律开展地理教学活动，可以充分考虑教学本体规律及边缘规律对教学设计与实施的影响，提高教学成果。

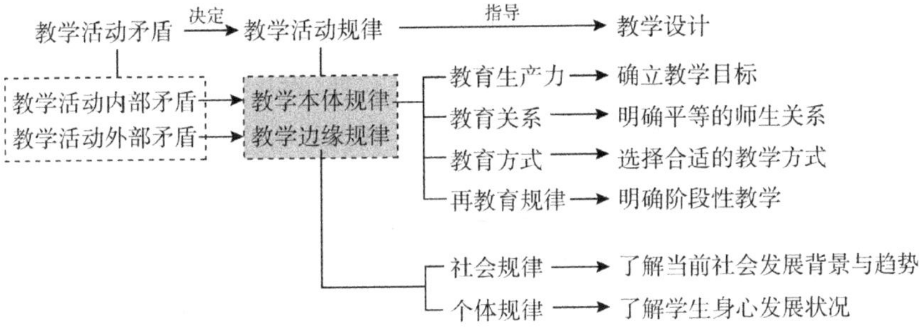


图5.20 本体—边缘教学规律体系及其教学指导

## 二、教学设计思路

本体—边缘教学规律聚焦于本体要素和边缘要素分析进行教学设计，以人教版选择性必修三第二章第二节“中国耕地资源与粮食安全”为案例，基于本体—边缘教学规律基本观点，围绕国家安全教育主题，以“教学目标—教学方式—教学关系—再教育设计”为主线进行教学设计（图5.21）。

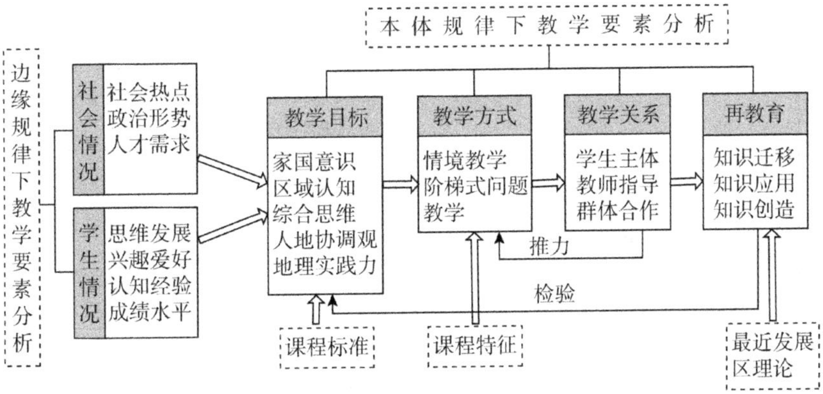


图5.21 基于本体—边缘教学规律的教学设计思路

(一)确定教学目标

在本体—边缘教学规律指导下,教学目标以课程标准为核心,参考社会环境和学生学情进行确定。《普通高中课程标准(2017年版)》要求本节课充分运用耕地资源专题图表,锻炼学生从专题地图中获取信息的能力,并利用图文数据描述中国耕地资源特征,说明其开发利用现状,从而提出粮食安全保障策略①。因此本节课通过图表分析、实际案例分析落实教学目标(表5.27),通过引导学生了解国家基本国情进而培养学生国家安全意识,实现由知国到爱国的转变②。

表5.27 教学目标设计

| 教学内容 | 选择性必修三第二章第二节"中国耕地资源与粮食安全" | 教学目标 |
|---|---|---|
| 课标分析 | 运用图表,解释中国耕地资源分布,说明其开发利用现状,以及耕地保护与粮食安全关系 | 【人地协调观】结合实例,分析人类活动对耕地资源的影响,理解人类活动与粮食危机之间的关系;举例说明保护耕地质量的主要途径。<br>【区域认知】结合实例,分析不同地区耕地质量差异的成因;结合实例,了解不同国家粮食安全保障措施。<br>【综合思维】结合图表资料,描述中国耕地资源在时空分布上的特征。<br>【地理实践力】结合实例,评价我国粮食安全保障策略优劣势,并提出全面的粮食安全保障策略。<br>【家国意识】树立关注国际形势、国家政策的意识;坚定中国特色社会主义的道路自信、理论自信、制度自信、文化自信;积极维护国家安全与世界和平,反对霸权主义 |
| 社会环境分析 | ①国际环境:俄乌战争引发了诸多国际性安全问题;世界粮食危机日益严峻。<br>②国内环境:维护国家安全面临重大挑战;我国提出坚守18亿亩耕地红线政策;社会需要具有家国意识的人才 | |

① 中华人民共和国教育部.教育部关于印发《大中小学国家安全教育指导纲要》的通知[J].(2020-10-20)[2022-05-30].http://www.gov.cn/zhengce/zhengceku/2020-10/28/content_5555255.htm.

② 贾蓉.赵磊磊.席晶.地理教学中渗透爱国主义教育的策略研究[J].中学地理教学参考,2022(2):15-19.

续表

| 教学内容 | 选择性必修三第二章第二节“中国耕地资源与粮食安全” | 教学目标 |
|---|---|---|
| 学情分析 | ①授课对象：高二地理选考生。<br>②认知层面：对国家安全有一定了解，但不深入；提取图表信息能力较弱。<br>③兴趣层面：对国家安全问题有较高的探究兴趣。<br>④思维层面：时空思维较弱；国家安全意识较为薄弱 | |

### (二)设计教学活动

在本体—边缘教学理论下，教学活动设计围绕两大核心问题：①以何种教学方式开展教学活动？②如何设计教学关系以发挥最大教学效用？“中国耕地资源与粮食安全”一课具有较强的时事性特征，与时事热点密切联系，情境教学法在本节课中具有明显的教学优势。通过筛选国际国内粮食安全热点话题，选择“俄乌战争引发的全球性粮食安全”话题为教学案例，充分挖掘教学情境中所包含的教学资源，并将其整合为三个阶梯式核心问题(图5.22)：中国耕地资源分布有何特征？影响耕地质量的因素有哪些？中国未来如何保障粮食安全？核心问题阶梯性表现在时空要素递进、认知程度递进、实践能力递进三个方面，达到分层次落实地理核心素养的目标。在核心问题基础上，进一步设定八个基本问题(图5.22)，使学生通过解决基本问题获得基础知识。

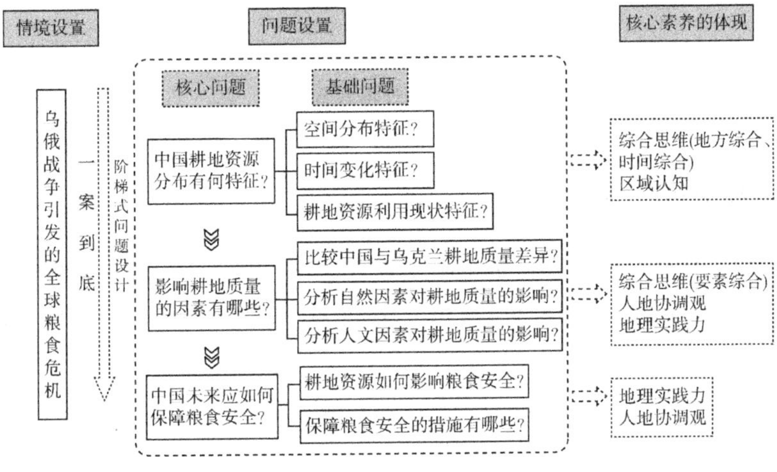


图5.22 教学方式设计

### (三)关注学生自我再教育

再教育设计以维果茨基“最近发展区理论”为理论基础，要求教师在教学活动设计及实施过程中积极关注学生自我再教育的达成能力，包括课后自主复习、下一堂课学习、高中阶段地理学习、终身学习四个层次。阶段、深度和广度是自我再教育的三个重要维度(图5.23)。随着时间推移，学生再教育深度和广度不断增加，具体表现为以下几个过程：①能够应用课堂所学知识完成课后作业及检测(知识应用)；课后能够独立进行知识深加工，形成系统的知识结构(知识创造)。②能够从耕地资源特征描述迁移至其他资源特征描述，从耕地资源对国家安全影响迁移至其他资源对国家安全影响(知识迁移)。③能够用综合思维分析地理现象，从人地协调观角度看待地理活动，形成区域认知，积极践行地理实践活动，努力维护国家安全(知识创造与应用)。④积极关注国际国内时事政策，树立国家安全意识与终身学习态度(知识应用)。

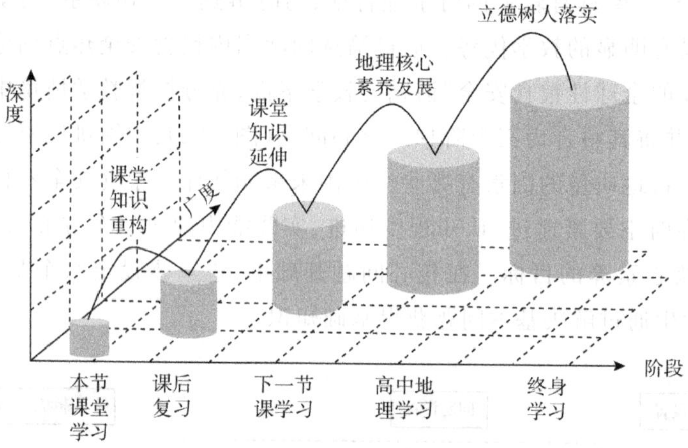


图5.23　地理再教育模式

## 三、教学设计案例

基于教学设计思路，选择学生独立思考、小组合作探究、师生合作探究等教学活动关系推进“中国耕地资源与粮食安全”教学过程，落实教学目标。具体教学过程如表5.28所示。

**表5.28 教学活动设计**

| 教学过程 | 教学关系 | 再教育目标 |
| --- | --- | --- |
| 【课程导入】教师播放“俄乌战争引起的全球政治经济危机”视频，视频播放结束后引导学生根据视频内容说出俄乌战争带来了哪些安全问题？教师播放“2022年中国秋收”视频，根据两段视频的对比，引发学生思考为什么中国在全球性粮食危机的影响下仍能实现国家粮食安全？<br>（设计意图：以俄乌战争为导入案例，拓展学生国际视野，激发学生关注国际形势，引发学生对粮食安全问题的思考） | 教师指导；学生独立思考 | 能够在今后学习生活中积极关注时事新闻，树立终身学习的态度。<br>能够运用地理知识分析时政问题 |
| 【承接/核心问题一】中国耕地资源有哪些特征？ | | |
| 【教师活动】PPT呈现中国耕地质量饼状图、中国耕地类型分布图、耕地资源总量及人均占有量变化趋势图，提问学生中国耕地资源在数量及质量在空间分布上有哪些特征？在时间上有何变化特征？<br>【学生活动】学生以小组为单位进行探究，结合教师所给材料，从时空多角度总结中国耕地资源特征。<br>（设计意图：利用地图让学生直观地感受到中国耕地资源特征，锻炼学生从地图中获得地理信息的能力，培养学生从空间和时间角度思考地理问题） | 教师指导；学生小组讨论；教师总结 | 能够独立完成课后耕地资源图表信息读取题。<br>能够将耕地资源图表信息提取方法迁移至其他各类图表，提高读图能力 |
| 【承接/核心问题二】比较中国中西部地区耕地质量与乌克兰耕地质量差异，分析其受哪些因素影响 | | |
| 【教师活动】教师总结中国耕地质量现状及问题，再通过PPT图文展示乌克兰耕地质量，引导学生比较中乌两国耕地质量差异。<br>【学生活动】对比阅读中乌两国耕地质量饼状图，独立思考两国耕地质量差异。<br>【教师活动】耕地土壤的肥力在一定程度上可以反映出当地耕地资源的质量，教师带领学生回忆影响土壤肥力的主要因素有哪些，在此基础之上提问影响耕地质量的因素有哪些，并说出这些因素如何影响耕地质量？<br>【学生活动】学生通过小组讨论、查阅资料等方式，尽可能多地回答出影响耕地质量的因素及其影响机制。<br>（设计意图：教师给出思考的方向，但不框定具体内容，激发学生思维的广度）<br>【教师总结】教师从中国耕地质量分布图中框选出陕西省，并给出我国陕西省和乌克兰地区的气候图、地形图、自然带类型图、人类活动图等资料，总结这些因素对两地耕地质量的作用机制。<br>（设计意图：锻炼学生从地图中获得地理信息的能力，能够综合各要素对比分析地理事物时空差异，培养学生综合思维与区域认知能力） | 教师指导；学生小组讨论；学生独立思考；教师总结 | 能够独立完成课后耕地质量分析题。<br>形成时空思维与综合思维，并迁移至高中阶段地理学习，分析生活中的地理现象 |

续表

| 教学过程 | 教学关系 | 再教育目标 |
| --- | --- | --- |
| 【承接/核心问题三】在全球粮食危机影响下，中国未来应该如何保障粮食安全？ | | |
| 【教师活动】粮食安全问题本质上是粮食供需问题，中国粮食供给量一部分来源于本国粮食生产，一部分进口于其他国家，那么我国粮食生产总量受耕地资源的哪些方面影响呢？我国应如何保障本国生产的这部分粮食不受到粮食危机的威胁呢？<br>【学生活动】通过小组合作探究分析中国耕地资源对粮食生产总量的影响路径，提出保障我国粮食生产总量的途径。<br>【教师活动】日本耕地资源非常有限，但是日本粮食安全指数居于全球前十，引导学生思考日本为什么能够保障国家粮食安全，同时通过PPT展示日本地图、耕地资源总量图、粮食进口结构图。针对进口粮食这一问题，我国应该如何保障粮食进口不受全球粮食危机的威胁呢？<br>【学生活动】学生结合日本粮食安全保障途径，提出我国保障进口粮食安全的途径 | 教师指导；<br>学生小组讨论；<br>教师总结 | 能够独立完成课后粮食安全保障对策题；<br>能够从粮食安全保障策略迁移至其他各类国家安全保障策略分析研究 |
| 【课堂总结升华】我国有14亿人口，国家粮食安全关乎着人民的生命，保障国家粮食安全不仅是国家的使命，更是我们每一个人的使命。中国走在时代发展的前沿，面临着许多不可预测的挑战，不仅有粮食安全问题，更有领土安全、军事安全等一系列问题，因此，每一位同学都应树立起国家安全意识，坚决维护国家安全，守卫我们共同的家园。当然，在我们力所能及的情况下，也要向处在逆境中的国家伸以援手，共同走向和平光明的未来 | 教师引导；<br>学生独立思考 | 树立国家安全意识，坚决维护国家安全；<br>树立和平与发展的观念，维护世界和平 |

本体—边缘教学规律综合考虑了教育系统、社会系统和生物系统中各要素对教学设计产生的影响，并从再教育角度提出教学不仅局限于传授教材知识，更要培养学生思维素养和终身学习的能力。基于本体—边缘教学规律的基本观点，充分挖掘“中国耕地资源与粮食安全”课程中所蕴含的教育系统、社会系统和生物系统各要素联系，设计阶梯式问题教学案例，在教学过程中落实地理核心素养，培养学生国家安全意识，推进达成立德树人目标，为国家安全教育提供一种新的教学思路。